U0845774

浙江传媒学院“国一流”广播电视编导专业资助
浙江传媒学院浙江省一流学科（A类）戏剧与影视学科资助

马纶鹏　著

新媒体艺术概论

中国国际广播出版社

《新媒体艺术概论》序

马纶鹏

“未来已来。”我们正处于一个急速变化且缺少确定性的时代。其中，技术在重塑艺术，艺术也在反哺技术。数字媒介、人工智能、信息技术、量子科学、生物解码等领域的迅猛发展不仅改变了信息的传播方式，更深刻重构了艺术的创作逻辑、感知体验与文化意义。从算法生成的虚拟景观到交互式沉浸剧场，从社交媒体上的行为艺术到人工智能参与的诗歌绘画——艺术与科技的边界从未如此模糊，又从未如此充满可能性。

“猛进如潮。”在这样一个急需定义和诠释的时代，似乎一切的说明都显得多余和滞后，因为很多语言、很多知识，乃至很多定理在提出的时候就落伍了。人工智能可以智能到帮人类完成一系列的工作，写作这篇序言，它也许比我更能胜任。然而在这种“猛进”的时代浪潮中，我们不仅需要高歌，也需要一些沉淀去重思“人性”“机理”“人机一体”等更高级、更具有思辨性的话题。

新媒体艺术，作为这一变革的核心载体之一，既是技术的先锋实验场，也是人文精神的当代回声。它打破了传统艺术门类的藩篱，将代码、数据、网络、像素、基因、量子等转化为创作语言，迫使人们重新思考何为“艺术”、何为“作者”、何为“观众”。在这一领域中，观众从被动观赏者变为共同创作者，空间从物理场所延伸至虚拟维度，时间从线性叙事裂变为可交互的碎片……这种颠覆性，正是新媒体艺术的魅力所在。

所以这本《新媒体艺术概论》是为高等院校，特别是艺术类、新闻传媒类等高校的数字媒体艺术、新媒体艺术、视觉传达设计、动画、影视制作、网络媒体、新媒体等相关专业量身打造的新兴读物。本书系统地介绍了新媒体艺术的历史发展、媒介特性、理论框架、技术基础、艺术类型及创作实践等，帮助学生构建对新媒体艺术的整体认知，培养跨学科创新思维与实践能力。

《新媒体艺术概论》的内容特色主要有以下几点。首先，学科交叉性。教材编写过程中融合了艺术理论、计算机科学、传播学、社会学、文学、戏剧影视学等多学科视角，解析新媒体艺术的多元属性和“科艺”结合的特点。所以，从“技术 + 艺术双维度”展开既涵盖交互设计、虚拟现实（VR）、人工智能（AI）生成艺术等技术原理，同时探讨其美学价值与社会影响。再次，本书专门设计了一系列案例教学，通过 PBL 让读者学以致用，理论联系实际。我们的案例涵盖中外经典和时尚的艺术类型与作品，包括播客、具身智能、新媒体艺术家白南准与《参与电视》、遗传艺术、大卫 · 霍克尼（David Hockney）的 iPad 绘画等，绝对让读者眼界大开。最后，本书特别强调“与时俱进”，无论是理论引入还是案例展开，都力求做到新、快、准、酷。在此原则下，本书既有最新的媒介理论，也有 2022 年 AI 匿名参赛拿下国际绘画大奖的案例，还有对中国具有代表性的 MCN 机构的介绍和讨论，更有英国国家美术馆（The National Gallery）最新推出的虚拟导览案例。

全书共分为十一章，按照历史和发展规律来安排，分别是新媒体艺术基础、新媒体艺术发展简史、新媒体艺术类型概况、网络剧、网络综艺、短视频艺术、新媒体与表演艺术、其他新媒体视听艺术、新媒体艺术与文化创意产业、新媒体艺术与多元文化、新媒体艺术的未来发展。其中前三章是介绍新媒体艺术的定义、类型、历史和相关理论，第四章至第八章是注重探讨有代表性的新媒体艺术的各种具体类型，第九章至第十一章主要聚焦新媒体艺术和重要社会现象的联系及未来发展。

本书出版得到了浙江省“十四五”“四新”重点教材专项资助，是浙江省普通本科高校“十四五”重点立项建设教材。同时，该书也得到了浙江传媒学院“国一流”广播电视编导专业资助和浙江传媒学院浙江省一流学科（A类）戏剧与影视学科资助。在编著过程中，彭宇灏老师参与了第五章的写作，罗磊老师参与了第七章的写作；朱嘉琪、付韵芳、李梦凡也做出了部分贡献，在此一并感谢。但书中的疏漏，都由作者本人负责。

希望这本《新媒体艺术概论》能引领各位走向艺术的未来、媒介的未来、技术的未来、人类的未来。

是为序。

2025年7月18日

于上海“宁缺堂”

目　录

新媒体的概念和历史

新媒体视听艺术与内容

新媒体艺术与产业发展

新媒体的概念和历史

第一章 新媒体艺术基础

媒体与新媒体的关系错综复杂、含混难辨，呈现出你中有我、我中有你、互相融合、互相促进的趋势。新媒体的“新”字带有很强的相对性，这种相对性多源于媒体自身的演化和社会的不断进步。20 世纪初期，印刷还是当时占据统治地位、最高效快捷的媒介形式；随后无线电的普及让广播成为大众期盼的无识字门槛的媒体；声、光、电的发明与融合又让电影成为全球娱乐方式。到了 20 世纪中期，随着计算机和信息技术的普及，我们熟悉的“广电”（广播电视）成为最时髦、最热门的媒体，这就完成了从印刷媒体到电子媒体的转变。而到了 20 世纪后期，社会上讨论的新媒体主要是互联网上的各种数字化内容，以数字化、互动性和实时性为特点的媒体形式，如社交媒体（social media）、博客、视频分享平台等。但是这种新媒体无时无刻不在吸收和借鉴旧媒体的内容形式乃至传播特性。很多人之前就预言广播这种没有影像、很难互动的媒介形式会消亡；但事实恰恰相反，现在很多广播电台还在，为无数车友提供服务。而且借助新媒体，播客（Podcast）成为一种新的媒体形式，它通过互联网发布、传播和剪辑音频节目，听众可以随时随地在各种平台上收听，还能互动，从而实现了“旧瓶新酒”的涅槃重生。

这一章我们将关注媒体和新媒体的若干核心问题，分析的重点首先是从新媒体的发展入手，通过比较分析来辩证看待媒体与新媒体之间隐秘而共振的关系。其次将辨析新媒体的概念，从中尝试界定新媒体的定义与特征，从而展望新媒体的未来和诸多可能性。再次将关注的焦点从形而上转到物质层面，来看看新媒体的相关设备，从中总结新媒体和新媒体艺术发展的某些规律，并用马克思主义辩证唯物论来理解新媒体设备发展。最后我们会简要介绍下新媒体艺术的文化形态与体系，从而为之后新媒体的发展历史、类型概括，以及第二板块中新媒体视听艺术的各项具体艺术形式如网络剧、网络综艺、短视频、新媒体表演艺术等打好基础。

第一节　媒体与新媒体

一、媒体的定义、类型与功能

媒体这一词语以及它所指代的内容，相信很多人都很熟悉。但细究其来源、功能、形式与内容等，我们似乎并没有那么了然于心。新闻学、传播学、影视学等学科会对媒体有更多的补充，这里我们只做最基本的介绍。媒体（复数 media 或者单数 medium）源自拉丁语“medius”，意为两者之间的联系与沟通。媒体有两层含义，一是指承载信息的物体，二是指储存、呈现、处理、传递信息的实体。所以媒体既可以指人类借助用来传递信息与获取信息的工具、渠道、载体、中介物或技术手段，也可以指任何形式和渠道的信息传播媒介。而新媒体艺术语境下的媒体更多是指后者，将媒体理解为一种广泛使用的传播工具，用于传递信息、新闻、观点、娱乐和文化等内容给大众。

既然媒体可以通过多种形式传播信息，包括文字、图像、声音和视频等，那么其类型也必定是丰富多样、不断演化的。主要的媒体类型包括印刷媒体、广播媒体、网络媒体等。从类型上来看，媒体包括以下几种。

（1）印刷媒体：包括报纸、杂志、宣传册、书籍等，通过印刷技术将信息传递给读者。

（2）广播媒体：包括广播电台和电视台，通过电磁波将声音和图像传播给观众。

（3）网络媒体：包括互联网上的网站、社交媒体平台、博客、在线新闻等，通过互联网技术传递信息和内容。

（4）社交媒体：这是网络媒体中的一个细分类型，但是其重要性越来越凸显。社交媒体指的是一种在线平台，允许用户共享文本、图像、视频等内容，并与其他用户互动，形成某种虚拟的共同体。

（5）电影和电视媒体：这与广播媒体有所重合，包括电影院和电视节目，通过播放电影和电视剧来传递娱乐内容和信息。

从功能上来看，媒体包括以下几种。

（1）新闻媒体：这主要是从功能上来分类，可能涵盖上面介绍的印刷、广播、网络等媒体形式。新闻媒体主要关注并报道最新的新闻事件、社会问题和政治动态等。

（2）娱乐媒体：包括音乐、电影、电视节目、综艺节目等，旨在为观众提供娱乐和放松。

（3）学习媒体：之前主要依靠印刷媒体特别是书本来完成其功能实现，但如今越来越多的学习形式和内容依托于新媒体，例如社交平台和用户共享。

当然还可以从技术手段上来划分，比如移动媒体就偏重于手机应用、移动网站、全球接入等，以满足移动设备用户的需求；而交互式媒体则更强调用户与内容进行互动，如选择自己喜欢的游戏角色、参与决策等，形式可能是互动小说、角色参与、沉浸式戏剧等。

英国著名学者詹姆斯·卡伦（James Curran）在其不断再版的《媒体与社会》一书中尖锐地指出，媒体在社会中扮演着重要的角色，它能够影响公众的意识形态、价值观和行为方式。同时，媒体也具有权利和责任，需要遵循道德和伦理准则，提供准确、客观、平衡的信息，以促进社会的理解、沟通和进步。在书中，他和全球很多知名学者用“媒体与社会：基本视角”“媒体体系：生产和平台”“媒体的问题与挑战”这三部分充分展现了媒体与社会复杂而联动的关系。①

每种媒体形式都有不同的特点和传播方式，但它们都有一个共同的目标，即在社会中传递信息、观点和娱乐内容。共同的目标下有各自不同的功能。媒体在社会中具有多种功能，它不仅是信息传播的工具，还在文化、社会、政治和经济等方面发挥着重要作用。媒体的主要功能大致有下面几点。

（1）信息传播和教育普及：媒体是主要的信息传播渠道，通过新闻报道、文章、教育节目等向公众提供各种信息，帮助人们了解世界和各种事务。教育节目和纪录片等也可以在教育方面发挥作用，为观众提供知识和学习机会。

（2）意见塑造和观点表达：媒体是社会上各种观点和意见的表达平台。通过社论、评论、专栏等，媒体可以影响公众的看法、观点和态度，同时也为人们提供发表自己观点的机会。

（3）娱乐和文化传承：媒体提供各种娱乐内容，如电影、剧集、音乐、综艺节目等，为观众提供放松和娱乐的机会。同时，媒体也有助于传承文化，通过电影、电视剧、文化节目等展示不同地区和民族的文化特色。

（4）监督和信息透明：媒体在社会中扮演着监督角色，通过新闻报道和调查揭示政府、企业和其他机构的不当行为，促进企业的信息公开并承担社会责任。新闻媒体可以帮助维护社会的公正和公平。

---

① CURRAN J，HESMONDHALGH D. Media and society［M］. 6th ed. London：Bloomsbury Publishing，2019.

（5）社会凝聚和集体共鸣：媒体可以帮助构建社会认同感和集体性共鸣，通过报道社会事件、庆祝节日、弘扬社会价值观等，增强人们对社会的归属感和认同感。

（6）经济影响和广告宣传：媒体作为商业实体，通过广告和营销来获得收入。广告不仅是媒体经济模式的一部分，还影响着消费者的购买决策和市场趋势。

总的来说，媒体的功能多样，它在社会中既是信息传播者，又是文化传承者，同时也在塑造意见、监督权力、提供娱乐和促进民主等方面扮演着重要角色。不同类型的媒体可以在不同领域发挥不同的功能，共同影响着社会的各个方面。

二、媒体的新与旧

正如之前所介绍的，媒体与新媒体的关系错综复杂、含混难辨，两者之间的界限并非绝对，而且还会相互转化。理解媒体的新与旧涉及不同时代和技术条件下的媒体形式与传播方式。这种理解有助于我们分析媒体的发展趋势、变革以及对社会的影响。所以，新旧媒体之间并非严格区分，而是在技术、传播方式和媒体生态系统等方面存在不断的互动和融合。随着技术的进步，一些传统媒体也在数字化时代逐渐转型，借鉴新媒体的元素来适应新的传播环境。就数字新媒体而言，有学者指出，“数字计算机不仅复制了先前所有的表征与交流媒介的特征，而且将它们重新整合于一个统一的软硬件物理平台上”[①]，完成了新旧媒体的融合，就像之前介绍的播客利用网络和广播的双重优势成为新媒体。综合来看，新媒体和旧媒体共同塑造着现代社会的媒介生态。

媒体的历史可以追溯到万年前人类语言开始出现的时期，人们最初通过口头交流的方式传播信息。但对于正式的媒体历史，可以视为从公元前

① 延森．媒介融合：网络传播、大众传播和人际传播的三重维度［M］．刘君，译．上海：复旦大学出版社，2012：73.

4000年左右古埃及的雕刻及商业贸易等记录开始，这是世界上最早的媒体之一。比较典型的旧媒体及其传播方式包括原始媒体和口头传播。在书写技术出现之前，人们主要依靠原始方式，特别是口头传播来分享信息、故事和知识。这种方式通过口头传统、民间故事、神话等将信息代代相传。之后是文字传播和印刷媒体。发明文字和书写技术是媒体发展的重要里程碑。早期的文字出现在古埃及、美索不达米亚、中国中原地区等，随后逐渐演变为不同的书写系统。印刷术的发明使得书籍和文本的大规模生产成为可能，从而极大地推动了知识和文化的传播。在印刷术的基础上，报纸成为信息传播的重要工具。17世纪，欧洲出现了最早的商业报纸，为人们提供时事新闻、商业信息和其他内容。其后是广播、电视媒体传播。20世纪初，无线电和电视的发明引领了广播和电视媒体的时代。广播通过无线电波传播声音，如音乐等。电视则将图像和声音结合，成为一种强大的视听传播工具。进入广电媒体时代，已经是非常先进的新媒体了，而随着技术的更快突破和产品的不断迭代，计算机和网络为我们带来了更新的媒体和媒体体验，才有数字媒体、移动媒体、社交媒体、数据驱动媒体等一系列新媒体。

同学们也可以进行更多的思考和追问：从技术和形式的角度，媒体的新与旧有什么显著区别？比如，传统媒体例如印刷术使用雕版、竹节、纸张等物理媒介，通信方式基本是单向的，难以实现互动，不具有实时性；而新媒体则以电波信号、光纤设备等非实物性媒介为基础，其通信方式为双向、多向，具有实时性和高互动性，以及跨越时间和空间的跨平台传播特点。而从价值和文化的角度，媒体的新与旧有何不同？传统媒体如报纸、电视台、广播和书籍等崇尚权威性和专业性，注重纪实和披露信息，传递的价值更倾向于理性和智慧。新媒体则注重民主参与和个性化，充分利用社交网络来强调用户的自由表达和互动交流，传递的价值更多倾向于情感和个性。

PBL案例分析和学习——利用播客推广健康生活

PBL（problem-based learning，基于问题式学习；或者project-based

learning，基于项目型学习）是一种以问题为导向、以具体项目为抓手的学习方法，通过学生自主探究和解决问题，从而促进知识和技能的综合应用与提高。本书的一个重要特点就是以各种鲜活案例为契机进行 PBL 分析，从而使学生更好地理解和运用新媒体艺术。

播客是典型的新兴媒体，但它也充分利用了广播这个 20 世纪曾风靡全球的“旧媒介”。在视觉转向的今天，播客却独辟蹊径，让人暂时从眼花缭乱的视觉世界中脱离，尝试聆听内心的声音和社会的真实。很多大学生都是播客的受众，这次我们就用播客来推广健康生活。

在当今社会，人们的生活节奏加快，健康生活方式成为越来越重要的话题。你作为一名大学生，对健康生活方式有浓厚的兴趣，并决定通过制作播客来对其进行推广。播客是一种广泛应用的新媒体形式，具有极高的人气和知名度。

采用 PBL 学习方法，可以让学生通过自主解决问题的方式，用具体项目的形式来了解沉浸式播客制作流程和运营特性。通过本次实践，学生不仅能够理解新媒体制作的技术和过程，还能够实践如何制作一期高质量的沉浸式播客，以突出音频内容制作的能力，为未来更好地学习和发展打下基础。

那么根据以上背景和材料，你应该如何设计和制作播客，以吸引听众并有效传达健康生活方式的信息？因为这是同学们第一次接触 PBL，这里可以做些提示，之后的 PBL 操作和思考就需要你们自己努力了。大致可以分为以下几步。

（1）问题定义和情境理解：明确目标是通过播客来推广健康生活方式的，同时要考虑播客的受众是谁，他们的兴趣和需求是什么。

（2）调查研究：开始调查研究有关健康生活方式的信息，包括健康饮食、锻炼、心理健康等方面的知识，了解流行的健康问题和解决方法。

（3）团队合作和讨论：与志同道合的同学们组成一个小组，有共同的目标和相互配合的手段。在小组中讨论你们的想法和观点，特别是和同类型节目相比较，从而发现你们的特性与长处，分享研究成果，共同制定策略。

（4）解决方案制订：根据你的研究和讨论，制订一个明确的解决方案。确定你的播客的主题、内容结构、每集的主要内容，以及吸引听众的策略。

（5）制作播客内容：制作你的播客。编写脚本，选择适合的语言和风格，录制声音，添加音效和音乐。确保内容生动有趣，并能够有效传达健康生活方式的信息。

（6）发布和推广：一旦播客制作完成，你可以选择将其发布在各大播客平台上，国内知名的有喜马拉雅、荔枝、网易云音乐等。同时，你可以使用社交媒体、校内宣传等方式来推广你的播客，吸引更多听众。

（7）评估和总结：在播客发布一段时间后，评估其影响和效果。通过观察收听率、听众反馈等来判断你推广健康生活方式的目标是否达到。

三、媒体与艺术的关系

一个非常关键的问题：媒体有没有艺术性？很多人理解的媒体是狭隘和静止的，媒体只是信息的载体、传播的媒介、交流的平台。它最多承载艺术内容，其本身并没有艺术性的实质。从哲学思辨角度，媒体本身就有艺术性。一个很好的例子就是看似平平无奇的电波媒介，其在表现出波粒二象性的神奇以外，还以特殊的衍射波形、粒子运动等创造出具有美感和动感的图像。早期数字艺术家和数学家本杰明·拉波斯基（Benjamin Laposky）就利用电子示波器作为抽象艺术的创作媒介，制作了最早的计算机图形艺术；而被称为“计算机图像艺术之父”的约翰·惠特尼（John Whitney）更是利用计算机创作出更富有动感和意义的作品。我们将在之后的章节一一介绍。

对这一问题的探讨不仅牵涉深刻的哲学问题，如什么是美、什么是艺术，还关系到如何定义媒体、媒介本身是什么等终极问题。本书理解的媒体是多样和变化的，其本身就具有审美特性，媒体可以具有艺术性。媒体不仅是传递信息的工具，也可以成为艺术的表现形式。许多媒体作品在创意、审美和情感表达方面都展现出艺术性。而媒体与艺术的结合即媒体艺术，它是一种结合了媒体技术、创意表达和艺术观念的艺术形式。它利用各种媒体形式，如声音、图形、数字影像、互动技术等，来创作具有独特审美和创意的艺术作品。现如今，媒体艺术旨在探索数字化时代的创作方式和传达方式，同时也反映了科技、文化和社会变革的影响。有代表性的媒体艺术的形式或运用有以下几种。

（1）摄影：摄影本身就是一种媒介形式，照片是存储和表现时空的重要媒体。摄影艺术则是一种通过捕捉图像来表达观点、情感和故事的艺术形式。摄影师通过构图、光线、色彩等要素来创造出令人难忘的视觉效果，从而传达出深层次的艺术意义。

（2）电影和电视节目：电影是一种集合了视觉、声音、剧情、演员表演、服化道、建筑等多种元素的艺术形式。导演通过摄影、剪辑、音乐等手法来表达情感、传达主题，从而创造出视觉和情感上的艺术体验。电视节目也可以通过画面构图、音效、导演风格等来呈现独特的艺术性。

（3）MV（Music Video）或 MTV（Music TV）：MV 或 MTV 又叫音乐视频或音乐电视，它结合了音乐和影像，可以通过影像的叙事、美学和视觉效果来增强音乐作品的情感表达。一些音乐视频以其独特的创意和视觉效果而成为艺术品。

（4）数字艺术：随着数字技术的发展，许多艺术家开始创作数字艺术作品，如数字绘画、虚拟现实艺术、互动艺术等。这些作品融合了技术、创意和表达，呈现出新颖的艺术性。

以 MV 为例。20 世纪 80 年代挪威 A-Ha 乐队的 MV *Take On Me* 是一个经典的媒体艺术作品。这个音乐视频使用了手绘动画和实景拍摄相结合的技术，创造出一种独特的视觉风格。音乐和视觉元素相互融合，使观众沉浸在这个视听艺术的世界中。

第二节 新媒体的概念与发展

一、新媒体的概念与特征

每个时代都有富有时代特性的新媒体。在 21 世纪的今天，新媒体是指利用数字技术和互联网等新兴通信技术，通过电脑、智能手机、平板电脑等数字设备传播信息、创作内容和实现交互的媒体形式。具体而言，新媒体以数字信息为基础，包含了网络、移动通信、数字广播、数字电视、社交媒体等形式。相比于传统媒体，新媒体在信息传播的速度、形式和内容方面有了更大的跨越，成为人们获取信息、进行交流和创新的重要手段。所以，新媒体具有实时性、互动性、个性化、跨媒介性等特点，是数字化时代对传播方式和体验的革命性改变。新媒体不仅包括媒体内容的传播渠道，还涵盖了内容的创作、分享、交流和网络社交等方面。

新媒体可以理解为以互联网为基础，通过数据集合、云端共享、个体服务、终端设备等完成的媒体形态。本书讨论的新媒体主要落脚点还是在新媒体艺术，由新媒体引申、拓展到新媒体艺术。所以有关新媒体的技术性、社会性、伦理挑战、经济规律、人群适用、文化比较、精神实质等不做系统性介绍。

既然我们都知道媒体的新旧只是相对的，而且随着时代的变化有不同的发展轨迹，同时新旧媒体之间也没有绝对的界限，相互之间还可以吸收彼此的特性，融会贯通、融合发展，那么我们对于新媒体概念的探索就没有必要给出非常狭义并主观的定义。本节一开始就指出了新媒体的一些核心要义，接下来我们就用 12 个不同向度的特征来定义新媒体，从而更好地理解新媒体的内容、形式及其所承载的社会意义与价值。

从马克思唯物主义观点来看，新媒体的诞生、发展和创新离不开科技的进步，媒体硬件基础设施（media infrastructure）的作用至关重要。所以与之相关的新媒体特性包括以下几点。

（1）以计算机为根本：新媒体的诞生与发展根植于计算机技术，计算机是信息处理、存储和传输的主要工具，也是新媒体赖以生存、不断进化背后的科技动力。比如现代影视作品中的 CGI（Computer-generated Imagery），或者叫电脑三维动画，就是利用计算机强大而精准的软件产生的影像。

（2）以网络技术为基础：除了计算机，新媒体还依赖于网络技术。网络技术使信息的传输变得更加快速、便捷和灵活。前文介绍的娱乐媒体、社交媒体、教育媒体等都是以现代网络技术的互联互通为基础的。

（3）以数字通信技术为中介：数字通信技术使得媒体信息的传输更加可靠、高效和安全。比如我们熟悉的 HTML 协议（Hyper Text Markup Language，超文本标记语言），这种计算机标记语言通过标签可以将网络上的文档格式统一，使分散的 Internet 资源连接为一个逻辑整体。HTML 文本是由 HTML 命令组成的描述性文本，HTML 命令可以说明文字、图形、动画、声音、表格、链接等。

建立在上述三个硬件基础之上的新媒体特性则包括以下几点。

（1）数字化：新媒体内容以数字形式存在，而不是模拟信号或物理存储等旧形式。比如电影胶卷，包括电影摄影用的负片、印拷贝用的正片、复制用的中间片和录音用的声带片，在整个 20 世纪都是用物理、化学方式来生产、使用和存储的，但数字化之后大幅提升了效率，保障了安全性。数字化可以通过数字设备进行创作、编辑、传播和存储。这种数字化特性使得信息能够以高效的方式传递和处理。

（2）互动性：新媒体强调用户与内容之间的双向交流和互动。用户可以对内容进行评论、分享、点赞等操作，从而参与信息的传播和共享。“Z 世代”的中国年轻人每天都在微信朋友圈这样的社交媒体上点赞、转发、评论和相互问候，这就是他们的社交生活。

（3）实时性：因为有了前面介绍的强大而可靠的媒体硬件基础的保障，新媒体能够实现信息的即时传递和反馈。社交媒体、即时通信等平台使信息能够在瞬间传播到全球范围。这样的功能突破实际上从电视直播就开始了，但电视作为相对较旧的媒体形式，其直播需要大量专业的技术手段、资源调用和信息保障。而新媒体时代的实时性实现起来就相对简易和方便多了。

（4）多媒体性：新媒体融合了文本、图像、音频、视频、动画甚至虚拟现实等多种媒体形式，以丰富内容的呈现和传达方式。虽然多媒体的概念从20世纪末就开始出现，但真正能流畅使用是近十年才开始的，这也必须归功于光纤宽带网的升级改造，以及手机运用从2G到3G再到4G、5G的网络支持。比如，1G网络只支持声音传播，2G网络是声音+文字，3G网络升级到声音+文字+图片，4G网络多了视频，而现在5G网络则是声音+文字+图片+视频+万物互联。在传输速度方面，1G网络是语音时代，2G网络的传输速度在20K/s左右，3G网络是500K/s左右，4G网络为5M/s左右，5G网络可以达到1GB/s。

（5）个性化：新媒体可以根据用户的兴趣、喜好和行为，提供定制化的内容推荐，从而为用户提供更符合他们需求的信息体验。比如，RSS（Really Simple Syndication，简易信息聚合）就是一种基于XML标准的内容包装和投递协议，用于描述和同步网站内容，如新闻、博客文章、视频等。RSS提供了一种简单的方式，让用户可以实现个性化订阅和更新内容，而不必访问网站。

（6）多样性：新媒体形式多样，包括社交媒体、视频网站、电子商务、博客、移动应用等，用户可以选择适合自己的形式进行信息获取和交流。这种多样性不仅体现在媒体形式上，更体现在文化内容和消费模式上。比如网络上细分的各种年轻人群体和文化偏好都是依靠新媒体来传播和表达的，你可以方便快捷地找到最合适的“搭子”。

（7）社交性：社交媒体平台使用户能够与朋友、家人以及全球范围内的其他用户进行在线互动、分享和交流。我们经历了从打电话、发消息、发语音到即时视频通话的社交阶段，以及未来可能的全息投影或虚拟世界交流。此外，各种新媒体语境下的游戏更是虚拟社交最强悍的表达。

（8）全球性：新媒体突破了地域和时区的限制，使信息能够在全球范围内传播。用户可以在不同国家、地区之间进行交流。地球村（global village）的比喻说法大家已经非常熟悉，现代科技的迅速发展，不但大大缩小了地球上的时空距离，而且通过新媒体让全球的人、事、物紧密相连。在中国的你可以随时通过社交平台关注远在大洋彼岸的美国朋友的社交信息，也可以随时通过视频直播看到欧洲某明星的演唱会。

（9）创新性：以上所有的特性都可以归结为创新和运用。新媒体不断引入各种新的技术和应用，推动了传媒领域的创新和变革，带来更多、更新的变化，新媒体本身也以更新的形式出现。同时，新媒体不仅改变了信息传播的方式，也催生了新的内容创作和艺术表现方式。

二、新媒体的发展与展望

新媒体的发展日新月异、变化多端，有其内在逻辑，更是社会不断进步和前进的推动力。新媒体自 20 世纪末开始兴起，经过 20 多年的发展，已经成为人们日常生活、工作和学习的重要组成部分，它已经在过去 20 多年中取得了飞速发展，同时也在不断变化和演进。借此机会，我们可以回顾一下新媒体的发展轨迹，并对它做出一些展望。

我们已经对媒体的发展有了初步了解，前文已经交代了媒体的进化过程包括原始媒体、文字媒体、印刷媒体、广播媒体、电视媒体、网络媒体、社交媒体等不同阶段；从传播学的角度，这些进化过程一一对应着口语传播、文字传播、大众传播、分众传播以及个性化传播等不同方式。所以，不同的媒体形式适合传递不同类型的内容，而不同的内容也可能需要采用适合的媒体形式来达到最佳传播效果。新媒体未来的发展一定会随着技术的进步而不断创新，媒体形式和内容的关系也在不断演变。可以说，我们的社会由于被新媒体所塑造而越来越“媒介化”。所谓“媒介化”，指的是媒介、文化和社会之间关系的长期、大范围的结构性变迁。“媒介化应当被看作是与全球化、城市化和个体化同等重要的一个现代化过程。”①

“未来已来。”新媒体方兴未艾的同时，我们可以大致勾勒一下新媒体未来发展的一些大概率的发展方向。之后我们将在第二章“新媒体艺术发展简史”中详细介绍“人工智能与媒体未来”，而且还会专门开辟一章“新媒体艺术的未来发展”来谈谈对新媒体艺术的展望。这里先简要介绍一些新媒体未来发展的大趋势、大方向及重要特点。

首先，移动优先。随着智能手机等移动设备的普及，移动互联网已成为人们获取信息和娱乐的主要方式。移动应用和社交媒体平台不断优化用户在移动设备上的体验。其中移动应用指的是计算机程序或软件应用程序在移动设备，诸如电话、平板电脑或智能手表上完成运行，由此带来了很多移动 App，这些 App 又分为原生应用、Web 应用和混合应用等类型。在移动优先的原则下，未来将会看到社交媒体的更多爆发式发展。社交媒体更多是从用户体验角度出发，指的是互联网上基于用户关系的内容生产与交换平台。移动应用中很大一部分都是社交媒体，它已成为新媒体生态系统中的核心组成部分。中国的社交媒体如抖音、微博、小红书等，国外的如 Facebook（脸书）、Instagram（照片墙）、Twitter（推特，现名 X）、TikTok（抖音国际版）等，不仅改变了人们的社交方式，还成为信息传播、品牌推广和社会互动的重要渠道。

其次，多媒体和互动体验。新媒体将文本、图像、音频、视频等多种媒体形式融合在一起，为客户创造出更丰富、更多样化的内容体验。此外，互动技术如虚拟现实、增强现实、全息投影等也为用户带来了全新的媒体交互方式。一旦交互实现了，就从根本上打破了生产与消费之间单向

① 夏瓦．文化与社会的媒介化［M］．刘君，李鑫，漆俊邑，译．上海：复旦大学出版社，2018：9.

不可逆的过程链条，也将很多权利和责任让渡给了顾客和大众。由此，各种个性化和定制化内容层出不穷。新媒体平台能够根据用户的兴趣和行为，提供定制化的内容推荐，使用户能够更容易找到符合自己需求的信息和娱乐内容。

然而，新媒体的未来发展并不一定是一帆风顺、一路坦途的。一个最重要也最具争议性的焦点就是数字隐私和数据安全问题。随着数据泄露事件和隐私问题的增加，数字隐私和安全问题变得更加重要。保护用户的个人信息和数据安全将成为新媒体发展中的一个重要关切点。一个基础性的问题就是，用户每天使用各种移动应用和社交媒体，所生产的数据的所有权究竟属于谁？是用户自己还是各大 App 开发者，抑或是手机厂商，甚至是国家？这不仅牵涉到用户的隐私问题，甚至还可能涉及国家安全、国际合作等问题。

最后，新媒体的飞速发展也会催生内容创新和营销转变。虽然仍有很多重复和跟风的作品，但创意、原创内容及影响力营销在新媒体中变得日益重要。吸引人们关注的内容和创新的传播方式将成为内容创作者和品牌推广者的关键竞争优势。举个例子，OpenAI 公司研发了 ChatGPT，将人机互动推向了新高度，再也不是我们平时习以为常的人工智能那般简单日常。而 ChatGPT 这种基于大模型和 NLP（Natural Language Processing，自然语言处理）的内容创新会让各个网站、品牌以及产品的推广发生质的变化。最直接的变化就是在未来，每一种好营销都必须学会和机器或人工智能打交道。

PBL 案例分析和学习——具身智能的潜力开发

大家对于人工智能已经耳熟能详了，但可能每个人都对其理解不同，实际上这也反映了人工智能已经在各个方面影响和控制着我们的生活。现在我们通过这个具体的 PBL 案例来展望一下科技和新媒体发展的一个重要方向——具身智能。

具身智能（Embodied AI），首先要理解什么是具身。具身（Embodied），顾名思义，具有身体的，可参与交互、感知的，指有支持感觉和运动的物理身体。所以具身智能指的是智能系统或智能机器拥有类人的身体或身体功能，能够通过感知和交互与环境进行实时互动。而与此相应的概念就是非具身智能（Disembodied AI）：没有物理身体，只能被动接受人类采集、制作好的数据。

所以在不远的将来，具有具身智能的机器会像人类一样通过观察、移动、说话和与世界互动来完成一系列任务，而不仅是简单机械式地回答或回应人类的低级需求。相反，它会具备感知、认知、决策和行动的能力，能够通过感知器和执行器与环境进行交互。这是基于多模态、大模型、NLP、主动交互、计算机视觉等科技突破之后的未来图景。

那么根据以上背景和材料，请同学们思考：

（1）具有具身智能的机器可以用在哪些领域？是不是除了人形机器人、自动驾驶车，还能有其他更广泛的应用场景？

（2）分组畅想并规划一款具身智能的机器，主要功能在媒体运用上，可以是身边任何你觉得可能的媒介领域，比如音乐网站、社交媒体、游戏软件、资讯传播等，看看具身智能如何和新媒体结合，并擦出各种火花。

无论是从未来展望蓝图还是具体的具身智能案例来看，新媒体的未来将会继续充满活力和变化。随着技术的进步和社会需求的变化，新的创新和机会将不断涌现，为人们带来更多全新的媒体体验和互动方式。同时，随着发展，新媒体也需要应对内容质量、隐私保护、伦理问题等方面的挑战。

第三节　新媒体艺术的设备与发展

一、新媒体设备载体

任何媒介的进步和演化都离不开硬件设备的支撑，离不开载体帮助媒介完成信息传播、文化沟通、情感交流的过程。早在原始媒体阶段，人的自身就是最佳载体、最佳媒介。我们的眼睛完成信息辨别，耳朵进行信息搜集，鼻子获取气味，而嘴巴很多时候完成信息表达。文字媒体高峰时代的硬件设备包括笔墨纸砚，文字书籍由此得以书写、保存并流传。印刷媒体时代媒介进一步成熟，从西方引进的石版印刷、现代铅印技术帮助中国克服了之前雕版印刷工作重复而繁重的问题，大大解放了生产力，这就是媒体设备的力量。而在广电时代，广播、电视这些设备载体的普及又让我们实现了远古神话中常说的“顺风耳”“千里眼”的梦想，人类的感官和感知在设备加持下被放大了千百倍。

因为之后的章节我们会重点关注新媒体艺术，也就是新媒体在艺术层次、文化层面以及精神领域的呈现方式和表达手段，都是偏形而上的部分，所以我们就在本节对一些基础性、形而下的问题做简要介绍，以便让大家从物质基础角度来认识新媒体。

新媒体的发展与不断演进的媒体技术都大大依赖于设备的创新与进步。关键的新媒体设备和发展趋势对新媒体本身和信息传递起着至关重要的作用。我们熟悉的且具有代表性的是个人电脑。个人电脑仍然是许多人创建、编辑和消费媒体内容的主要设备。广播电视编导、影视创作、音效录音、摄像摄影甚至编剧专业的学生，以及众多视听爱好者都会用更专业的个人电脑来作为创作工具。智能手机等移动设备更是新媒体传播的重要平台之一。随着智能手机的普及，人们可以随时随地访问互联网、社交媒体、应用程序等，实现实时信息的传递和互动。此外，数字照相机和摄影设备包括数码相机、摄像机和无人机等，使摄影和影像创作变得更加便捷。高像素、高分辨率和多种拍摄模式推动了内容创作的创新。还有各种音频设备，包括录音机、麦克风、播放器、扬声器、专业收音装备等。音频设备可以录制声音，并且可以通过网络进行传输和播放。现在更普遍使用的是网络语音交互应用和音乐媒体播放器等。

大家可能听到比较多但是并没有那么熟悉或亲近的新媒体设备载体包

括虚拟现实和增强现实设备。虚拟现实头戴式显示器和增强现实眼镜等设备，使用户能够体验沉浸式的虚拟世界或将虚拟内容叠加到现实世界中，为新媒体艺术和互动提供了新的可能性。还有云计算和云端存储设备。云计算技术使内容创作者能够存储和访问大量数据、媒体文件和应用程序，实现更高效的协作和共享。而云端存储设备则分为对客户端和对企业端。云端存储对企业端为大规模存储、高端工作负载和分布式企业服务；而对客户端大家比较熟悉的是云盘，现在全球比较知名的云端存储有腾讯微云、百度网盘、OneDrive、iCloud Drive、Google Drive、Dropbox 等。此外比较流行的新媒体设备载体还有互动设备和传感技术装置，包括各种传感器、触摸屏、手势识别装置等，使用户能够与数字内容进行更直接的互动，创造更丰富的用户体验。还有人工智能和自动化硬件设备，比如利用各种智能推荐算法、自动化内容生成等技术生成的机器人、机器狗、扫地机等。

总之，新媒体设备的发展是与信息技术的不断升级发展和数字化的变革联系在一起的。新媒体的设备和发展持续不断地推动着数字化时代媒体传播的创新和变革。随着技术的不断进步，新的设备和应用将不断涌现，为新媒体的发展带来更多机遇和挑战。

二、用马克思主义辩证唯物论理解新媒体设备的发展

用马克思主义辩证唯物论来理解新媒体设备的发展，可以从历史、社会、经济以及意识形态等角度进行分析。按照英国媒体、传播与社会理论教授尼克·库尔德利（Nick Couldry）的理解，媒介发展依托于社会与世界关系的进步。媒介包括一切制度化的、用于传播符号内容的结构、格式、形式和界面，媒介制度潜在的兴趣是维护其在社会的核心地位，但媒介制度，尤其是新媒体环境，又不得不受制于社会进步和世界发展的物质基础。[①]

① COULDRY N. Media，society，world：social theory and digital media practice［M］. Cambridge：Polity Press，2012：29-32.

新媒体媒介其根本就是生产力和生产关系的相互作用，而新媒体设备的发展可以被看作生产力和生产关系之间矛盾的表现。人类社会是不断发展变化的过程，而新媒体设备的出现以及不断变革和升级，相应地推动了社会的发展。马克思主义强调历史和社会的发展是由生产力和生产关系之间的矛盾驱动的。新媒体设备的发展也是在这一矛盾的影响下进行的。随着科学和技术的进步，新媒体设备的出现和发展是生产力水平提高的体现，也是社会发展的产物，更是适应和推动生产关系不断成熟的根本动力。比如手机芯片的不断智能化、微型化和高效化，从 28 纳米到 14 纳米，再到 7 纳米和 3 纳米，科技的不断进步带来了生产力一次又一次的突破，从而让新媒体的重要媒介手机获得了更好、更快的处理效果，适应了 2G 到 5G 的移动通信和媒介沟通的需要，让用户跨越了文字传输到语音传输，再到视听感受，甚至已经摸到虚拟沉浸世界的边缘，让生产力和生产关系一步步地协调。

从经济基础和上层建筑的辩证角度来看，马克思、恩格斯都强调经济基础决定上层建筑。新媒体设备的发展是伴随着第三次产业革命和新兴的科技浪潮而兴起的，它从根本上受到经济基础的制约，当然也受到经济体制的驱动。各类企业家通过投资和创新推动新媒体技术的发展，以获取更多的利润，客观上完成了媒介基础设施的普及。人类必须正视的一个事实就是，全球互联网、5G 通信技术、即时通信 App 等，已经像水、电、天然气、公共交通工具一样成为我们这个社会的媒介基础设施，或经济基础的重要组成部分。如果哪一天互联网或移动通信这样的基础设置在保供上出现问题，其后果与能源危机、断水停电是一样的，很多人可能已经无法想象在断网、无手机之后还如何在现实中生活。反之亦然，新媒体设备的发展也影响了上层建筑，包括媒体产业、文化表达方式以及社会意识形态的变化。媒介基础设施让我们了解到媒介的特异性和广泛度，看到了那个庞大和复杂到无以复加而又通常完全透明的技术体系。新媒体设备的普及除了像之前传统媒体一样能传递信息，更是无时无刻不在调整我们的社会关系。被我们看作媒介重要功能的信息传递变得并不重要，反而作为存在者的媒介如何建构社会秩序变得极其重要。

科学技术是第一生产力。如前所述，技术是生产力的重要组成部分，也是社会变革的重要推动力量，手机芯片的科技推动力量就是最好的佐证。新媒体设备的发展不仅改变了媒体产业的生产方式，也改变了人们获取信息、互动、社交的方式。技术的进步推动着社会结构和文化的变化。同时，新媒体设备的发展在一定程度上塑造了人们的思维方式、价值观和文化观念。这就是马克思主义理论中的意识形态论。意识形态是社会经济关系的反映，通过新媒体设备，特定的意识形态可以更广泛地传播和产生影响。

马克思主义辩证唯物论还强调，任何一个社会尤其是资本主义社会都存在着内在的矛盾，如生产力和生产关系的根本矛盾、资本与劳动的矛盾、贫富分化、分配不均、剩余价值被剥削等。从这个角度来看，新媒体设备的发展也存在着一些矛盾和不平衡，如信息不对称、数字鸿沟、数字隐私、新设备拜物教等，这些矛盾可能影响到社会的稳定和平衡。

综上所述，用马克思主义辩证唯物论来理解新媒体设备的发展，需要从经济基础、上层建筑、意识形态、矛盾发展等多个层面进行综合分析，揭示新媒体发展与社会结构之间的相互作用和影响。

第四节　新媒体艺术的内涵

一、新媒体艺术的范畴与体系

从新媒体到新媒体艺术是一个自然的过渡，也是一个从科技媒介思维到文化艺术实践的转变。我们将在之后更多的章节中介绍新媒体艺术的核心内容，包括概念特征、媒体进化、发展历程、艺术谱系、类型概述等，这里先提纲挈领地介绍新媒体艺术的范畴与体系，以及新媒体中文化形态与文化体系的多样性。

新媒体艺术是一个多元而广泛的领域，涵盖了许多不同的艺术形式和创作实践。其核心是新媒体媒介物质基础，而表达方式则是艺术化和富含文化意义的。新媒体艺术融合了数字技术、互联网、虚拟现实、增强现实等新兴技术，以及艺术家的创意表达，创造出与传统艺术形式不同的艺术作品。其范畴和体系可以有很多不同的划分方式，我们尝试对现阶段突出的或流行的做一些总结和介绍。

（1）互动艺术。互动艺术是新媒体艺术中的重要分支，强调观众的参与和互动。这种艺术作品可以根据观众的行为和反应发生变化，创造出个性化的艺术体验。互动艺术既可以在虚拟现实环境中实现，也可以在物理空间中通过传感器和交互界面实现。当代艺术中一个重要的分支——装置艺术就属于互动艺术，第二章将会详细介绍。

（2）虚拟现实（VR，Virtual Reality）艺术和增强现实（AR，Augmented Reality）艺术。现在 VR 的概念非常流行，不仅在游戏、音乐、综艺、影视领域，连年轻人最喜爱的剧本杀、特种兵式旅游、罗盘占星等领域都有了 VR 元素。顾名思义，虚拟现实艺术利用虚拟现实技术，将观众带入沉浸式的虚拟世界。艺术家可以创造出虚拟的景观、场景和体验，让观众有身临其境的感觉，从而创造出全新的艺术体验。而增强现实艺术则是将虚拟内容叠加到现实世界中，通过增强现实技术呈现出与现实环境互动的数字元素。观众可以通过增强现实眼镜等设备，与虚拟内容进行实时交互。这两者以及相关的概念在之后的章节中也会一一介绍。

（3）网络艺术。网络艺术按狭义来理解是在互联网环境中创作和展示的艺术形式，包括网页设计、网络互动、在线创作等。这种形式的艺术作品通常可以在全球范围内访问和分享，突破了传统艺术展示的地域限制。从广义来看，网络艺术包括我们之后会详细分析的各种新媒体文娱形式，包括短视频、网络直播、播客、微电影、微纪录片、新媒体戏剧、网络综艺等。

新媒体艺术的范畴和体系丰富多样，艺术家通过探索新兴技术和创意表达，创造出了各种形式的艺术作品，为观众带来全新的艺术体验和思考。同时，新媒体艺术的范畴与体系正在不断壮大和延展，其形式和题材也在不断变化和拓展。在此大背景下，对新媒体中文化形态与文化体系的多样性进行探讨是必要和适当的。

二、新媒体中文化形态与文化体系的多样性

先要明确的是媒体与文化的关系。媒体与文化之间存在着密切的关系，可以说是互动共融、息息相关的。它们相互影响、相互塑造，共同构成了社会的一部分。媒体是信息传播的渠道，而文化是社会中的价值观、观念、习惯、艺术和传统等的集合。媒体作为文化传播的一种载体和手段，对文化的发展和传播产生影响；同时，文化也对媒体的形态和内容进行塑造并产生影响。

媒体是文化的表达和传播方式。任何媒体都承载着文化的内容和形式，通过图像、文字、声音、视频等形式将文化价值和观念传达给大众。媒体是文化表达的重要工具，能够在全球范围内传播和传承各种文化内容。比如在自媒体出现之前，个人很难在网上表达观点、形成共识，而如今自媒体的发展给了很多年轻人以表达的自由，比如，用弹幕“666”来惊呼电视剧中的神奇场面，或是在微博超话中不停跟帖来支持自己的明星，或是制作 vlog 来展示自己的日常爱好。媒体同时也塑造和影响着文化，在塑造社会文化方面具有巨大影响力。媒体不仅能够引导大众的价值观、行为习惯和审美趣味，还能够影响文化的演变和变革。例如，具有影响力的电影、电视剧等媒体作品能够影响人们对历史、社会和道德问题的看法。例如中国影视出现的温暖现实主义作品就和风细雨式地浸润着当代文化。电影《我不是药神》让整个社会意识到进口药、仿制药和抗癌药这

一问题，推动了国家医保谈判、创新药审评审批制度改革。而电影《孤注一掷》则让电信诈骗无处可逃，可以说是给国人上了一堂生动的普法课，文化影响力巨大。

不仅是文化表达和文化塑造，媒体对于建构个体和群体的认同感与身份认同也有着重要作用。媒体呈现的文化符号、角色塑造和故事情节等都影响着观众对于自身身份和所属社群的认知，比如《山海情》这样的电视剧对中国新农村建设、脱贫攻坚期间和成功之后新时代农民的身份构建以及易地搬迁的新社群融合等都有着重要的作用。当然，媒体还有助于文化的传承和保护。通过媒体，许多传统的文化艺术、习俗、故事等可以被传播给新一代，保持其活力和延续。现在有关非物质文化遗产的影视、动漫、音乐、游戏作品都对非物质文化遗产的保护和推广有着新媒体式赋能。综艺节目《国家宝藏》《舞千年》《了不起的匠人》等成功讲述了独具匠心的非遗传承故事。非遗网络剧《正好遇见你》采取多样和时尚的媒体形态，诸如剧集、纪录片、小剧场、综艺等向我们介绍了各种非遗习俗、传统技艺和名家能手。

新媒体的兴起和发展带来了丰富多样的文化形态和文化体系，因为它为不同地域、群体和文化传统提供了表达和交流的平台。新媒体作为多种传播媒介的集合体，涵盖了众多文化形态和文化体系，具有很强的多样性。这种多样性不仅体现在文化形态上，也体现在文化体系中。文化形态的多样性是指在新媒体中，文化表征与交流的形态非常多样，有文字、音乐、舞蹈、电影、动画、游戏等各种文化表现形式。同时，新媒体提供了更容易产生和发掘新文化形态的机会，例如网络游戏、VR/AR、直播娱乐等。文化体系的多样性则是指新媒体中的文化体系丰富多样，既有展现历史特征的传统文化、民族文化、经典文化、宗教文化，也有富有活力的现代文化、流行文化、网络文化等，每个文化体系都有其独特的内涵、价值观和生命力，这些文化体系也在不断地相互融合、交流、创新。此外，文化受众的多样性、文化交流的多样性、文化消费的多样性、文化话语的多样性都是新媒体发展之后的题中应有之义。

之后的各章节都会对新媒体语境下的文化多样性做一系列具体的案例式分析，这里我们先简单介绍下新媒体中文化形态与文化体系的多样性的几个突出方面。首先，全球性文化交流。新媒体打破了地理和时间的限制，使不同国家和地区的文化能够迅速传播和交流。人们可以通过互联网和社交媒体了解来自世界各地的文化内容，这促进了全球范围内的文化交流和融合。其次，国家、民族或本土文化自觉。新媒体不仅促进了不同国家和地区的文化交流，同时还提供了本土文化保护、传承、发展、融合的机会。人们可以通过新媒体平台分享本地的文化传统、故事、艺术作品等，从而保护和传承本地的文化特色，这就是联合国一直强调非物质文化遗产的原因所在。再次，文化多元性。新媒体让各种不同的文化形态得以表达。人们可以使用不同语言、符号和表达方式来展示他们的文化身份，从而呈现出多元、多样的文化特征。许多移民国家如美国，或者资源少、引进多的国家如新加坡，都是多元文化的代表。最后，次文化和亚文化。新媒体为次文化和亚文化提供了表达和连接的平台。这些文化在传统媒体中可能得不到充分的关注，但在新媒体中可以找到自己的受众，形成独特的文化社群。现在流行的青少年亚文化就是非常重要且活力四射的一个分支。

新媒体在促进文化形态和体系的多样性方面扮演了重要的角色。它使文化表达更加自由、开放，同时也挑战了传统文化的界限，创造了新的文化可能性和创意空间。新媒体的发展为全球范围内的文化交流和多样性带来了新的机遇和挑战。

课堂或课后思考

（1）媒体不断进化与发展，新媒体所谓的“新”只是暂时领先。你是否可以畅想一下未来的新媒体是怎样的？有哪些新特征、新形式、新应用？

（2）从技术和形式的角度，媒体的新与旧有什么显著区别？而从价值和文化的角度，新旧媒体的异同又在哪里？

（3）面对层出不穷的各种新媒体定义、特征、概念、功能等不同角度的解读，你有没有自己的理解？尝试了解以下不同角度的新媒体定义：浸媒体、融媒体、湿媒体、流媒体、全媒体、智媒体、自媒体等。看看是不是对新媒体有了更全面、更丰富的感受。

（4）年轻人无疑是新媒体最活跃的消费者，也是未来的生产者，但新媒体对年轻人的负面影响也是不容忽视的。比如过度沉溺于新媒体设备，“手机不离手、耳机不脱耳、电脑依赖症”等现象普遍存在。而由于数字设备的存在，年轻人正在接收大量令人担忧的信息，负面情绪有时候会汹涌而来，无法抵挡，“emo”甚至成了流行词。你如何看待“新媒体设备上瘾症”？这与青少年亚文化的流行又有什么关系？你认为应如何合理利用这些新媒体设备来实现更健康、更积极的亚文化形态？

第二章 新媒体艺术发展简史

如第一章所展现的，新媒体艺术（new media art）于20世纪初就开始萌芽酝酿，直到20世纪中后期随着计算机和数字技术的出现才开始实现加速生长。正因为新媒体本身的新生、迅猛、多元、混沌、包容，其定义的内涵和外延也在不断变化，而在此基础上的新媒体艺术虽然顾名思义指通过新式媒体技术制作、修改或传播的当代艺术，但已有了极其丰富的内容和思想，单从类型来看，就至少包括数字艺术、装置艺术、互动艺术、互联网艺术、虚拟艺术、NFT（Non-Fungible Token，指非同质化通证，实质是区块链网络里具有唯一性特点的可信数字权益凭证，这里可以简单理解为数字藏品），以及使用AI、基因技术、生物技术、3D打印等新技术进行创作的艺术作品。

这一章我们将关注新媒体艺术的发展历程，辨析“新旧”的可能性与相对性，从中找出某些规律，看到不同新媒体艺术类型之间的差异和联系，建立谱系，从而一探新媒体艺术的未来。因为新科技一日千里，新媒体日新月异，所以新媒体艺术也不断更新迭代，令人眼花缭乱、应接不暇。同学们在学习过程中要“以快制快”“以新对新”，在夯实艺术与媒体的基础上，拥有一颗永远开放而接纳的心，让新媒体艺术为我所用，绽放光芒。

第一节 媒体、新媒体与媒体进化

有关媒体的定义、功能、历史、形式与内容，我们已经在第一章介绍过了，当然挂一漏万。当有人试图给新媒体艺术下定义时，问题出现了：有太多类似的概念和术语，而且经常被混用或误用，比如计算机艺术、抽象艺术、城市艺术、数码艺术、虚拟艺术等。这些艺术实践难道不是新媒体艺术的一部分吗？答案是肯定的。新媒体艺术实际上是一个非常广泛、概括性极强，又有某种统称的术语。既然如此，那为什么我们要为一个专注于新兴艺术的实践单独命名，称其为新媒体艺术？原因有内外两个维度：从内部来看，定义和使用新媒体艺术可以被理解为一个涵盖许多不同当代艺术实践的实用范式，从像素艺术到 GIF（动图）艺术都可以纳入其中；从外部来看，许多其他艺术形式和内容在展示艺术品的过程中也使用了新媒体技术，这也可以被认为是一种"新媒体艺术化"，比如，绝大多数令人惊叹的装置艺术作品或博物馆数字化展品在没有新媒体的情况下无法呈现。如果不接受新媒体艺术的概念和实践，传统的表演或抽象概念作品的收藏也难以成为可能。

所以，这一章我们更多是从新旧、前后等发展的眼光来进行审视。20 世纪中期，著名的传播学家马歇尔·麦克卢汉（Marshall McLuhan）认为，教育在理想情况下是防止"媒体失利"的一种防御手段，但我们还没有创造出"以自己的方式与新媒体见面"的手段。[①] 广播的放松管制和新信息技术（尤其是以计算机为代表的新技术）的发展速度让人类的各种需求更加迫切。信息管理已经成为一个大型行业，有时关乎社会的一些基本权利。而信

① MCLUHAN M，FIORE Q. The medium is the massage：an inventory of effects［M］. Toronto：Bantam Books，1967：18.

息和媒体的飞速发展带来的“信息焦虑”正在蔓延，并且没有明显的补救办法。所以麦克卢汉在半个多世纪前的判断犹在耳边，“我们还没准备好如何与新媒体见面甚至打交道”，更新的媒体形式和内容已经来了，由此带来的政府监管、消费需求、情感归属等问题都缠绕在一起，有种“乱花渐欲迷人眼”的感觉。

新媒体随后在20世纪80年代和90年代变得更加广泛和普遍，且影响深远。新媒体在学术界和艺术界也越来越重要，特别是扩展到新媒体艺术领域。媒体实践、新媒体艺术和数字媒体艺术等各种概念之间的交叉和重叠，对于混合实践和亲身体验的探索至关重要，而从“模拟—数字”之间跨越天堑般的变化，不仅让我们看到媒体进化的路径和风景，也打开了基于新媒体之间交叉的广泛新兴研究和经验。

让我们先从最根本的媒体与新媒体的关系入手。定义新媒体艺术几乎和定义艺术一样困难。很多普通人乃至专家学者都有不同的理解和迥异的思路。为什么？一个可能的答案是，新媒体对当代艺术实践的参与和表达是一个持续的过程——新媒体和新技术在当代艺术领域几乎无处不在，又日新月异，这是完全的“现在时”，所谓“只缘身在此山中”。然而，随着新媒体和数字设备的不断发展，大家从理论上对当代艺术中的这一重要流派进行定义从未停止过，新的问题接踵而至：新媒体艺术的边界是什么？新媒体艺术的可能性与不可能性分别是什么？新媒体艺术既然如此包罗万象，令人无处可逃，那么有没有抵抗或者消解新媒体艺术的艺术或尝试？

这些本体论的问题和答案也许并不重要，提出来供大家思考、引出更多的讨论才是其价值所在。这不仅关乎新媒体的定义，更关乎“媒体进化”的路径与选择，及其产生的巨大影响。

社会文化视角下的媒体进化，可以类比人类社会的进化，似乎有种“达尔文式”的进化论在起作用。其实这种进化不仅有人类社会发展的必然规律，也蕴含着技术进步的必然法则，以及艺术表达的可能性、神秘性。[①]

① BRIGGS A，BURKE P. A social history of the media：from Gutenberg to the Internet［M］. Malden，MA：Polity Press，2005：117.

这就使媒体进化既遵守技术哲学的必然要求，也受到社会大环境和艺术主观表达的制约。

一、媒体进化中的技术因素

新媒体艺术，顾名思义，是在不属于传统艺术表达模式的媒体中创造的任何形式的艺术作品。这使得它与技术的发展紧密联系在一起，其中至关重要的是新技术对艺术家的可用性。技术发展及其背后深远的社会背景，对这些当代作品的创作手段、表达方式、接受程度等都有着明显的影响。这里最好的例子是互联网。互联网基于计算机技术，后由高速网络加速，现在又出现了 5G 甚至 6G 技术；一开始只是一种邮件表达途径的互联网逐渐被设计成一种高效沟通的工具，通过它，人们不仅实现了电子信息沟通，还可以共享大量数据。因此，许多互联网艺术都围绕着“互动”这一核心技术和功能实现，新媒体艺术作品通常都会关注“制作者—参与者—消费者”之间的联动。网联网艺术只是新媒体进化中技术展现的一个例子，同学们可以留意你们身边更多其他的生动领域。

我们再从技术的角度来看新媒体的不断进化与发展。如上一章所讲，新媒体艺术起源于 19 世纪末，新技术开始进入艺术生产、分发、消费等各个关键领域。这可以追溯到当时的移动摄影装置〔如活动视镜（praxinoscope），1877 年〕。第二次工业革命之后到第二次世界大战后的 20 世纪 50 年代，各种新技术层出不穷，一方面是社会发展要求，另一方面也由于战争的不断推动，比如原子能技术、计算机技术和为远程通信准备的大众媒体技术。这些新技术可以被视为未来新媒体作品扩散的基础。

1958 年，沃尔夫·沃斯特尔（Wolf Vostell）成为第一位在其作品《黑屋》（*The Black Room*）中使用电视机的艺术家。20 世纪 60 年代，视频制作领域的新发展允许对视觉元素进行各种实验，影响力显著的是艺术集体激浪派（Fluxus）。他们不仅在行为艺术中融合多媒体形式，还从实践中挑战西方一直根深蒂固的“所见即真实”（seeing is believing）的现代主义逻辑。直到 20 世纪 90 年代初，计算机图形学的发展和互联网的出现为新的艺术作品提供了新的平台，直到最新的人工智能（AI）作画，比如用 AI 绘画工具 Midjourney 生成的绘画作品（见图 2-1）。

图 2-1　用 Midjourney 生成的 AI 画作

PBL 案例分析和学习——新媒体艺术家白南准与《参与电视》

美籍韩裔艺术家白南准（Nam June Paik）是最早运用视觉媒介来创造和追问艺术性的大师之一，他可谓是亚洲第一位现代艺术大师。他出生于日本殖民统治下的朝鲜，后辗转求学于中国香港、东京和德国，涉猎范围包括音乐史、艺术史、哲学和前卫装置等。

正是如此坎坷的经历和多元的视野，培养了白南准敏锐而富有特质性的艺术眼光和手法。早在 20 世纪 60 年代的德国，受到新达达主义、激浪派艺术以及大众文化的影响，尤其是电视机这个“新鲜怪物”的冲击，他在自己第一个个人艺术展“音乐—电子电视展览”（Exposition of Music-ELectronic Television）中就突出了电视机这种新媒体。在展览中，他将电视机散落地布置在画廊各处，并用磁铁来扭曲电视机的影像。

白南准之所以要这么“折腾”当时风靡一时的电视，其本质就是要挑战这种单向度的大众媒介；他看到太多观众沉溺于电视无法自拔。虽然电视的视听界面无与伦比、形象生动，但他还是深深怀疑技术革新带来的更多深层次的问题与挑战。

所以在他 20 世纪 60 年代的系列代表作《参与电视》（*Participation TV*）中，将其设计为一个先锋的交互装置艺术作品。该作品的电视屏幕由 RGB 三色管组成，除此之外还有脚踏板、麦克风等交互输入装置（见图 2-2）。观众可以将自己行为的物理信息转化为光电信息并呈现在电视屏幕上。该作品的呈现具有交互特点、确定性和不可保留性，体现了反抗文化工业复制属性的艺术思想。

图 2-2 《参与电视》

白南准本人也充分理解这个由他引领的新时代的艺术挑战。他并不是简单地怀疑和否定新媒体艺术，或者反科技论，而是坚持艺术和科技结合的理念，并进一步坚信艺术和科技结合的中心目标“不是制造另一个科学玩具，而是将科技和电了媒介人性化”。

那么根据以上材料和分析，请同学们思考：

（1）白南准的另一个作品《电视佛像》（*TV Buddha*，作品将一尊 18 世纪双手合拢成冥想状态的黄铜佛像放置在一台装有摄像机的电视前，完成了循环画面的实时转播，见图 2-3）想要表达什么样的社会乃至哲学与技术的关系？

图 2-3 《电视佛像》

（2）他在《电子超级高速路》(*Electronic Superhighway*，是使用 50 个电视屏幕组合而成的美国地图，见图 2-4）这个新媒体艺术作品中预言了什么样的未来？这种预言在网络社会的当下实现了吗？

图 2-4 《电子超级高速路》

二、媒体进化中的社会因素

今天，新媒体艺术是一个充满活力的艺术领域，媒体发展的日新月异为艺术表达提供了前所未有的工具。新媒体艺术正变得越来越流行和高参与度，主要是由于具有强大计算能力的计算机和基于 5G 技术的社交网络的普及。由于新媒体艺术这种开放、自由、平等、创新的性质，它被赋予了“理想社会基石和灯塔”的标签。但新媒体艺术是否都是积极因素，是否没有道德风险，是否与社会发展必然和谐共生，答案并不是显而易见的，这在本书之后的诸多章节中会有更深入、全面的讨论。这里先借用麦克卢汉的论断来看媒体进化中的社会因素。

麦克卢汉曾经提出著名的“媒介即讯息”（The medium is the message）观点。简言之，他认为媒介不仅有传递信息的重要功能，而且媒介本身（比如口语传播中的通告、印刷传播中的报纸、大众传播中的广播电视等）也是重要的信息，起着重要的作用。[①] 换句话说，“故事的内容并没有比故事的形式更重要，或至少一样重要”。

“媒介即讯息”的观点第一次将媒介放在了媒体进化和社会发展的大框架中，但麦克卢汉的工作只是媒体社会理论的初级阶段，或者还存在很多不足。他其实并不像马克思、恩格斯那样将媒体和新媒体永远放置在社会体系中考察辩证关系，他并不承认媒体和信息是复杂社会关系中的元素。他在某种程度上还持有“媒体独立、媒体决定”论。从根本上来看，媒体本身是通过社会和文化活动创建和维持的，而 21 世纪出现的各种新媒体无疑也是如此。

如前文所说，新媒体艺术是指运用数字技术和多媒体平台创作、展示的当代艺术形式，包括虚拟现实、交互式装置、数字影像等。在新媒体艺术中，我们可以观察到各个不同社会发展和抉择的不同结局。虽然艺术无国界，但每一种社会的艺术类型和创作都有其独特样态。所以媒体进化中的社会因素也不是虚幻和抽象的，而是和国家、民族、性别、宗教、流行、传统等有着千丝万缕的关系。[②] 这些不同元素体现了全球化、新媒介大发展背景下多元社会的交流与碰撞。

---

① MCLUHAN M. Understanding media：the extensions of man［M］. New York：McGraw-Hill，1964：7.

② NEUMAN W R. Media，technology，and society：theories of media evolution［M］. Ann Arbor：University of Michigan Press，2010.

从国家与民族来看，新媒体艺术具有跨国界、跨民族的特点。当代艺术家通过新媒体展现了各个国家和民族的文化特色与视觉美学，同时反映了在全球化进程中各个国家与民族之间的联系和差异。前文介绍的白南准就是一个跨国界、跨民族、跨不同艺术领域的最好例子。而中国当代“网红”李子柒将中国特有的农耕文明、劳动美学通过直播和短视频的形式行销到欧美，大受欢迎，也是一个很好的范例。

从性别角度来看新媒体艺术的进化，新媒体艺术以其先锋性、批判性及大众化为性别议题提供了表达与发声的平台，例如男女平等、女性主义等。当代艺术家通过创作关注性别议题的新媒体作品，不仅挑战了传统的性别刻板印象，同时也推动了性别平等观念的传播与践行。例如，如今的新媒体艺术，尤其是异军突起的微影像、网络综艺、短视频乃至脱口秀等带给女性生产者无数机遇，从而更好地为女性发声。女编剧、女导演、大女主等女性话题层出不穷，我们之后的各章都会有相应的介绍。

宗教在新媒体艺术中更像是一种文化符号、审美元素，抑或是艺术的灵感来源。新媒体艺术家可以通过创作来揭示宗教与现实生活、社会问题之间的内在联系，或展示不同宗教之间的文化差异与交流。白南准的作品《电视佛像》当然是先例，而很多当代艺术家都认为新媒体的出现和演变，尤其是机器与 AI 的运用，是一种崭新的“创世纪”。

流行与传统是永恒的话题，也是新媒体艺术中不可避免的主题。各个社会的流行与传统都可以看作一种文化的传承与创新。艺术家通过运用新媒体技术来表现、传播传统文化，使之融入现代社会生活，成为新的流行元素。同时，新媒体艺术也能吸收当下流行文化的元素，形成个性化和具有创新性的艺术作品。当下的中国，传统戏曲如何积极探寻在新媒体的这场暴风骤雨中保留特色并持续创新是讨论的热点之一。比较成功的例子有虚拟偶像“洛天依”与京剧老生王珮瑜的京剧合唱，也出现了流行手机游戏《原神》中化用京剧《神女劈观》的精彩演绎。

总的来说，要深入理解新媒体艺术中国家、民族、性别、宗教、流行与传统，甚至不同年龄之间的文化异同，我们需要有开放包容的社会心态、敏锐的文化洞察能力以及对新媒体技术和当代艺术理论的熟练掌握。物质第一性、精神第二性的基本唯物辩证法驱使我们对媒体进化中的社会因素有更深切的理解，从而对层出不穷的新媒体做出明智而积极的反应。我们随时能够自信地评估新媒体艺术并对其有批判性回应，这不仅需要深厚而专业的科技素养，也需要有社会基本层面的认识，以及对文化与艺术的理解。

三、媒体进化中的文化因素

媒体进化中的文化因素是指随着媒体技术的不断更新，人们创作、传播、接受和理解媒体内容的文化观念和价值观念也在不断演化。这些文化因素反过来又影响着如今新媒体的各种形式和内容，从而影响着当下社会和文化的方方面面。[①] 具体来说，新兴媒体进化中的文化因素有很多，比如文化产业化、文化大众化、文化多元化等。下面我们就举一些例子。

随着文化产业的兴起，媒体内容如今呈现出更加商业化、市场化、消费化的特点；文化产业中，网络文化和数字文化无疑是“弄潮儿”，它们使得媒体的传播方式和传播效果都发生了很大的变化。前文中传统京戏《神女劈观》和手机游戏的结合就是一个例子。此外，另一款火爆的手机游戏《王者荣耀》中“霸王别姬”皮肤的灵感也来自京剧《霸王别姬》，其设计、展示动画、对白戏腔都成功融入了我国传统戏曲。

大众文化的崛起也是媒体进化中不容忽视的一个元素，它使得新媒体内容更加注重受众的需求和兴趣。此外，文化多元化和跨文化交流的趋势，使得媒体内容更加注重反映和表达多元文化与族群特征，使得媒体内容的传播范围更广，文化之间的交流和影响更加频繁和深入。这些文化因

① SCOLARI C A. On the evolution of media：understanding media change［M］. London：Routledge，2023.

素共同推动着媒体进化的步伐，也为媒体传播和文化传承提供了新的机遇和挑战。

上述这些文化因素在媒体进化中体现在文化的传播、融合、创新、消费和批判上。具体来看，随着媒体的发展，传统文化和新兴文化得以突破地域和国别的限制，更加便捷地进行传播。这使得不同文化之间的交流越来越丰富多元，形成全球化的文化网络。新兴媒体的发展促使文化实现跨界发展，各类文化并不是孤立存在的，而是相互影响、相互学习的。随着新媒体的不断进化，世界各地的文化在交流互动中愈加融合，形成了一种新的多元文化现象。

媒体进化促使人们在传统文化的基础上进行创新。新媒体平台为新文化创作提供了条件，使得人们能够在保留传统文化特色的基础上创作出更具创意和符合时代精神的作品。而随着传媒行业的迅速发展，文化消费已经成为人们日常生活的重要组成部分。从书籍、电影、音乐到网络文学、直播等，人们可以轻易接触到丰富多样的文化产品，并产生相应的媒体消费行为。比如我们一直在强调的“传统文化的传承和振兴”主题，新媒体为传统文化的传承和振兴提供了新的平台，传统文化可以通过微电影、网络小说、在线游戏等形式在互联网进行再创作和传播，吸引大量年轻用户的关注，使其焕发出新的活力。

媒体进化中的媒体批判尤其重要，特别是文化霸权的出现和反霸权的行为。相关研究指出，主流文化在新媒体环境下具备更强大的传播力，这容易导致文化霸权现象的出现。同时，新媒体也为非主流文化和边缘文化提供了反击的舞台，使得文化多元化得到了进一步的维护与发展。在之后的章节中我们会提到新媒体艺术与多元文化，其中 21 世纪初集中涌现的“非主流”文化，尤其是代表性的“杀马特”文化就是一个很好的例子。

综上所述，文化因素在媒体进化过程中起着举足轻重的作用，经历了传播、融合、创新等多重阶段。这对于不同文化遗产的传承与发扬具有重大的意义，也推动了全球化背景下文化多样性的不断发展。

PBL 案例分析和学习——文心一格与 Midjourney 的 AI 作画对比

大模型驱动下的新媒体玩法变得越来越有趣，这不仅和技术有关，也和背后的文化因素紧密联系。国外既有 ChatGPT 这样风头正劲的生成式人工智能，也有各种 AI 作画工具。据不完全统计，国外 AI 绘画领域有 Midjourney、Stable Diffusion、Reimagine，以及微软 Bing 推出的 Image Creator（图像生成）功能（它实际上是基于 OpenAI 开发的 Dall·E2，一款通过文本描述中生成图像的人工智能程序），Adobe 公司推出的 Firefly（包含文本生成图像和文本生成字效两种功能）。而中国比较领先的 AI 绘画工具则有百度文心一格、Tiamat、触站 AI、搭画快写、美术加 AI 等。

接下来比较一下 Midjourney 与文心一格生成的图片，来探讨其背后的文化因素。分别向上述两款 AI 中输入“一条来自中国的白色巨龙盘旋在天空中”，图 2-5 是 Midjourney 生成的，图 2-6 是文心一格生成的。

图 2-5 Midjourney 依据“一条来自中国的白色巨龙盘旋在天空中”生成的图片

图 2-6　文心一格依据“一条来自中国的白色巨龙盘旋在天空中”生成的图片

如果把描述词换成“身穿漂亮旗袍走在街头、披着长发的中国姑娘”那么结果见图 2-7 和图 2-8。

图 2-7　Midjourney 依据“身穿漂亮旗袍走在街头、披着长发的中国姑娘”生成的图片

图 2-8 文心一格依据“身穿漂亮旗袍走在街头、披着长发的中国姑娘”生成的图片

那么根据以上材料和分析，请同学们思考：

（1）同样的描述词，图片虽然相似，但是折射出东西方（或者说东西方的 AI）对于特定文化概念不同的理解和表现。从中我们可以看到哪些文化因素在媒体进化中的作用？

（2）生成这样的图片，很容易产生“二次传播”。你认为这些 AI 图片在文化传播、融合、创新、消费上有哪些功用？

第二节 新媒体艺术的发展历程

新媒体艺术涵盖广泛、发展迅速，且种类繁杂，但无论形式和内容如何发展，其核心就是各个时代的新兴媒体和新兴技术的碰撞与融合。新媒体艺术的起源可以追溯到 19 世纪运动图像的发明，这与当时对物理学尤其是光学仪器的发明有关。其主要艺术形式包括幻透镜（phenakistiscope，1833）、活动视镜（praxinoscope，1877）和西洋镜（zoopraxiscope，19 世纪 90 年代，见图 2-9）。从这条线索来看，从 20 世纪 00 年代到 60 年代，各种形式的动态和光艺术层出不穷，从托马斯·威尔弗雷德（Thomas Wilfred）的“光艺术”（Lumia，1919）和“光器官”（Clavilux）到让·丁格利（Jean Tinguely）的自毁雕塑《向纽约致敬》（1960 年，该雕塑是一架自动毁灭的机器，一架不能预知其运动过程的偶发机器），都可以被视为新媒体艺术的先驱。

图 2-9　西洋镜“跳华尔兹的夫妇”

史蒂夫·迪克森（Steve Dixon）在其《数字表演：新媒体在戏剧、舞蹈、表演艺术和装置中的历史》一书中指出，20 世纪早期的前卫艺术运动——未来主义是技术和表演艺术融合的发源地。一些早期的先锋艺术家尝试了当时最先进的照明、电影、投影等作为艺术灵感和表达方式。[①] 所以，当摄影、录像、无线电、电影、电视等不断出现并流行后，新媒体艺术就一直在发展壮大。从 20 世纪 70 年代末开始，通过计算机技术、互联网和数字生成技术等新兴媒介的介入，新媒体艺术进入了一个新的发展阶

① DIXON S. Digital performance：a history of new media in theater，dance，performance art，and installation［M］. Massachusetts：MIT Press，2007：8.

段。现如今，新媒体艺术已经发展成一个重要的艺术领域，无数艺术家在这个领域的各个方面进行了丰富的探索。

根据以上非常粗线条的归纳，我们大致可以将新媒体艺术分为六个阶段。

（1）早期起源：19 世纪末，运动摄影装置的发明，如前文提到的活动视镜和 zoetrope（也就是 zoopraxiscope，西洋镜），标志着艺术界一个新时代的开始。

（2）黑屋的启示：1958 年，艺术家沃尔夫·沃斯特尔在他的《黑屋》中加入了一台电视机，将现成物艺术的概念扩展到了技术领域。这是新技术被纳入既定艺术制作实践的第一个例子。

（3）激浪派和多媒体的出现：20 世纪 60 年代，激浪派集体尝试将技术与行为艺术相结合的多媒体作品。新媒体艺术家如白南准和小野洋子开始了他们在激浪派运动中的创作生涯。

（4）机器人技术：20 世纪 60 年代，艺术家开始尝试机器人技术，以创造更具动态的雕塑。最早使用这项新技术的人之一是前文提及的法国艺术家让·丁格利，他在激浪派和达达主义的启发下，将机器人技术融入了他的自毁雕塑《向纽约致敬》。

（5）互联网的普及：20 世纪 90 年代，计算机图形学和互联网的出现进一步扩大了新媒体艺术的可能性。许多新媒体艺术家使用网站、视频游戏和其他形式的数字图形来制作他们的作品。

（6）社交媒体时代的到来：21 世纪，社交媒体技术的扩散催生了艺术家接触观众的新模式，以及艺术家批评这些技术的新方式。2010 年，表演艺术家玛丽娜·阿布拉莫维奇（Marina Abramović）在纽约现代艺术博物馆（MoMA）展出了《艺术家在场》(*The Artist is Present*)，与新媒体艺术家安肖（An Xiao）的《艺术家也算在场》(*The Artist is Kinda Present*）一起，邀请画廊观众通过文本或推特与艺术家本人进行互动。

在 MoMA，阿布拉莫维奇还主导了一场名为“艺术家在场”的扩展表演。这表演的灵感来自她的信念，即延长表演的长度超出预期有助于改变我们对时间的感知，并促进艺术家与一般观众之间更深层次的体验，完成某种“社交实验”。阿布拉莫维奇在布满各种新媒体设施的大厅中静静地坐在一张空椅子对面的木桌旁，等着人们轮流坐在椅子上，与她对视。在将近 3 个月的时间里，每天 8 个小时，她遇到了 1000 个陌生人的目光，其中许多人感动得热泪盈眶。她总结道，“这是我行为艺术的开始。当我第一次把我的身体放在观众面前时，我明白了：这就是我的新媒体”。

本书虽然涉及前面三个阶段的内容，但大部分篇幅还是集中在对机器人技术、互联网技术以及社交媒体领域出现的新媒体艺术的分析，因为这些种类不仅代表着流行，更是新媒体艺术的未来。

PBL 案例分析和学习——克里斯蒂安·马克雷的当代影像艺术作品《时钟》

美国人克里斯蒂安·马克雷（Christian Marclay）的当代影像艺术作品《时钟》（*The Clock*）是他在 2010 年创作的 24 小时持续播放的拼贴视频作品。这件艺术品本身的功能就像一个时钟：它的呈现与实时同步，显示在一个场景中的时间是真实的时间。《时钟》被《卫报》称为“我们这个时代的杰作”。具体来看，它汇集了数千个来自电影和电视剧的片段，每个片段中都出现了时钟或时间的元素。这些片段被仔细编辑、拼接在一起，并按照真实时间排序。观众在观看这个作品时，会发现视频中的时间与现实中的时间相一致。

克里斯蒂安·马克雷一生致力于拍摄钟，从中体会到的可能是时间的流逝。也许在录像艺术家的影片中，时间这样的东西就算在录像之中，也在流逝。他花了 3 年时间，通过超过 1000 个电影片段来捕捉一天中的 24 小时，制作成了一个广受欢迎的蒙太奇风格的视频作品，并在 2011 年威尼斯双年展上赢得了金狮奖。

那么根据以上材料和分析，请同学们思考：

（1）对于仪器、机器、机械的迷恋，人类从来就有，从故宫博物院清朝皇帝收藏的各式西洋钟表就可以小窥一二。能不能举出当代新媒体艺术作品中对于机器迷恋的例子，比如钟表？

（2）如果不是前文论述的新媒体艺术发展的第五个阶段互联网的普及，以及第六个阶段社交媒体时代的到来，很难想象克里斯蒂安·马克雷如何找到这么多影像作品，并一一拼接完成这个作品。很多当代艺术的诞生都离不开互联网和社交媒体，请举出你的例子并做分析。

第三节 新媒体艺术谱系

探讨新媒体艺术发展的简史既要有纵向的发展历程，也要兼顾横向的艺术勾连。本书将在第三章“新媒体艺术类型概况”中详细介绍新媒体艺术的主要类型，本节我们会从艺术谱系的角度来简要分析。所谓谱系（genealogy），借用尼采和福柯的理论，即指某种考察对象的定位与分类，它不仅是一种分析方法，更是一种哲学思辨。所以，考察新媒体艺术谱系，有三层价值与意义：宏观上其涵盖的各大类型，这些类型彼此的发展历程和相互作用，最关键的是背后的权力形式和权力关系。

我们已经得出结论：定义新媒体艺术是一项艰巨的任务。但是，定义其他运动和流派呢？一样也是知易行难。例如，我们可以说概念艺术是一种艺术类型，其中作品中涉及的概念或想法优先于传统的美学和物质关注。类似地，形式主义是一种艺术运动，它以有限的颜色范围绘制图形，并专注于基本的几何形式，如圆形、正方形、直线和长方形。[①] 所以，当我们清楚要定义的概念或术语是什么，疑问只会越来越少，真理只会越辩越明。

同理，新媒体艺术是一个非常广泛的术语，它是一个涵盖多种艺术形

① RUSH M. New media in art［M］. London：Thames & Hudson，2005：15.

式的宽泛领域，包括了与科技、数字以及互动元素相关的艺术创作，比如视频艺术、网络艺术、虚拟现实、生物艺术、机器人艺术等。从谱系的角度来看，它至少包括以下诸多方面。

（1）数字技术：指通过数字技术手段创作的艺术。它可以包括计算机图形学、人工智能或虚拟现实。具体类型有数字绘画、数字雕塑、算法艺术、软件艺术等。

（2）交互式艺术：指邀请观众参与或与作品进行互动的艺术形式。例如，观众可以使用计算机、智能手机或其他设备来控制声音、图像、光线等。更极端的例子就是前文提到的阿布拉莫维奇在 MoMA 主导的“艺术家在场”展览。

（3）虚拟现实艺术：将艺术作品呈现在虚拟空间中，利用虚拟现实技术让观众身临其境地体验艺术作品。很多人都尝试过虚拟现实（VR）和增强现实（AR）等装置，戴上酷炫的头盔，就会开启一段虚拟历程。

（4）生物艺术（BioArt）：结合生物技术和艺术实践的一种艺术形式，探讨生命科学与文化、社会、伦理等方面的关系。现阶段这种艺术还处在萌芽阶段，主要是通过人体和环境来表达艺术家的艺术理念。

（5）机器人艺术：利用机器人技术进行创作的艺术形式，研究机器人和人类、自然、文化之间的关系。这个类型最典型的就是前文介绍的各种 AI 绘图工具，此外还有由英国科学家和艺术家联合创作的“第一个能像艺术家一样画画的机器人”艾达（Ai-Da）。她和她的作品甚至进入了威尼斯双年展。

除了上述这些主要类型，新媒体艺术的谱系还包括大家比较熟悉的视频艺术（通过电子影像技术进行创作的艺术，如实验电影、录像装置、动态影像等），声音艺术（以声音为主要创作媒介的艺术，包括声音装置、声音雕塑、电子音乐等），媒体表演艺术（结合舞蹈、戏剧、音乐等表演艺术与新媒体技术的实践，如利用投影、虚拟现实、互动设备等进行表演），以及数据艺术（通过处理和可视化数据来创作的艺术，如数据雕塑、数据可视化、数据驱动的表演等）。

新媒体艺术的发展与技术的进步息息相关，许多艺术家都在不断探索新的技术手段来实现他们的创意。随着科技的不断发展，新媒体艺术各个领域和类型的相互影响和相互作用也越来越强、越来越紧密。所以研究新媒体艺术谱系，不仅仅是考察各个艺术类型，更重要的是看到它们之间的互动关系。前者可以看作艺术谱系的承载和内容，后者则是这种谱系宇宙中功能与作用的展现。举个例子，当你戴上最新的 VR 装置进入虚拟世界，这是一种虚拟现实，但同时你也在和数字技术创造出来的空间进行有效互动，其间有各种影音展示和表演，甚至还能和机器人对话，共同创作艺术，推进人类发展。最后当你退出这个虚拟世界时，所有的过程会生成一个数据包，你可以随时随地将其可视化展现。这基本涵盖了刚刚介绍的新媒体艺术谱系。其实这个过程在电视剧《三体》中主角汪淼玩的同名 3D 游戏《三体》中几乎都体现了。

新媒体艺术谱系之间的互动和交流是显而易见的，其互动更代表艺术作品与观众、艺术家与观众、艺术作品与创作者之间的互动，这也是媒体的不断演化给我们最大的启示。但在认识到新媒体艺术的发展、互动以及谱系之间相互作用的同时，必须看到背后的社会意识和权力关系。

PBL 案例分析和学习——图像运动

图像运动（Imagetics Movement）是一个关注图像、时间、空间、动作、感知的新媒体艺术运动。如前所述，随着摄影、录像、无线电等新兴媒体的不断涌现，20 世纪初像建构主义和达达主义这样的艺术运动将图像塑造成制造的物体，这些艺术家强调主观的创造，其作品与相机的“客观”图像捕捉刻意保持距离，从而看到艺术作品背后的权力欲望、社会批判力及政治进步性。比如德国的约翰·哈特菲尔德（John Heartfield，1891—1968）是最早使用照片蒙太奇作为工具来说明视觉概念的艺术家之一。他认为自己是一个“蒙太尔”（monteur，建设者），认为从事图像创作的艺术家将是一名“机械师”，一名社会“工程师”，在机械艺术中担任重要角色。在新兴媒介中的实验是艺术作品的本质部分。观众在欣赏这些作品的时候，不再关注图像表面，更多的意义来自图像实验背后的文化实践、社会隐喻及权力批判。这些艺术家遵循了一种图像构建模式，采取了一种艺术和文化相融合的方式，利用技术调整媒体内的实验过程，提升了艺术创作的文化性质。

在《超人阿道夫吞金吐粪》中，哈特菲尔德从暗室引进工具和技术，用胸部 X 光片覆盖了一张希特勒的宣传照，讽刺了希特勒残暴的本性，也暗讽了纳粹时期的社会和政治环境（见图 2-10）。

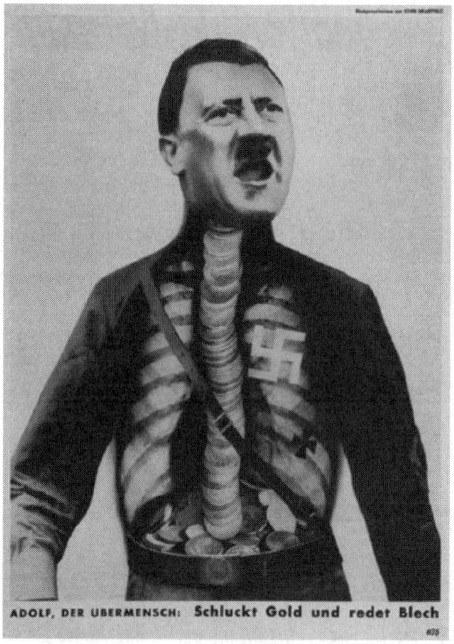

图 2-10 《超人阿道夫吞金吐粪》

那么根据以上材料和分析，请同学们思考：

（1）在这幅同样是合成和拼贴的照片《战争和尸体》（见图 2-11）中，哈特菲尔德想要表达什么？有什么样的社会批判性？

（2）这种合成、再造与创新的艺术表达方式是不是和现在的很多 CG 画面（Computer Generated，计算机生成）有种异曲同工之妙？

图 2-11 《战争和尸体》

第四节 人工智能与媒体未来

新媒体艺术在理论和概念上仍有进一步的发展空间，它的最大魅力就是一切都是“进行时”，一切都充满不确定性；或者说人人都感慨着“未来已来”之时，如何展望这一新兴又富有活力的艺术的发展之路。艺术实践似乎进行得更快——专家和理论家无法跟踪这一流派的所有新发展，很多概念都难以完全解释新媒体艺术的种种变化。但是，这些不确定中唯一确定的是新媒体艺术有着光明的未来。随着科技的空前发展，可能会有更多的年轻艺术家接受这一流派。预计这一运动的受欢迎程度也将不断增加。此外，一些来自更传统艺术运动的艺术家开始利用新媒体艺术提供的所有可能性——他们不一定会成为新媒体艺术家，但他们会使用一些新媒体艺术的类型元素和科技手段。

我们将在本书最后一章对新媒体艺术的未来发展——包括科技创新推

动艺术创新、新媒体带来的新机遇、新媒体带来的新挑战等话题进行详细介绍。新媒体艺术的未来必定是全球文化的对话与交流，在此大背景下，艺术的产业链和创作链变得更加多样化和丰富化，此外，新的艺术发展一定是跨学科、多领域的合作，其特点也一定是强调交互性、参与性、个性化和可持续发展。这些特点最核心的就是科技推动和科技赋能。

如今 3D 打印受到了各种关注，成为许多新媒体艺术家的主要表现形式，其关键就在于 3D 技术和先进的机器呈现。3D 技术的兴起使艺术家能够将新媒体艺术的计算基础与雕塑的传统物理形式相结合，使创意人员能够接近并改造雕塑这一传统的艺术形式，革命性地取代原来雕塑所需要的各项物理过程。3D 打印的出现为新媒体艺术搭建了一座新的桥梁，连接创意世界和物理世界。英国艺术家乔恩迪·赫维茨（Jonty Hurwitz）是这一领域的先驱。他用 3D 打印创造了变形雕塑，这些作品依赖于物体的反射，而且只能从单一视角看到。他花费数月用有机玻璃、钢、树脂等来实现他的想法，他会在实验室中使用 Mathematica 或其他 3D 软件工具来处理模型。这是典型的以视觉方式表达计算的方式来实现尖端制造，因为在不可思议的变形片中，算法就是使 3D 空间中的原始雕塑变形的最大魔力。

所以新媒体艺术前驱的根本动力来自科技。人工智能（AI）正逐渐成为引领媒体产业变革和艺术创新的关键技术。随着 AI 技术日益成熟，媒体行业已经开始利用 AI 来优化内容创作、传播和运营方式，从而改变艺术创作各个环节的内容获取和交互模式。以 AI 为例，我们来看看科技如何引领新媒体艺术的未来发展。

在内容生成领域，AI 技术可以自动撰写新闻文章、编辑视频、创作音乐等，提高媒体生产的效率和质量。例如，一些新闻机构已经在使用无人机和自动化编辑软件来生成视频报道。2023 年的一部网络剧《神女杂货铺》并不那么引人注意，但其中数字人“果果”完成了她的出道首秀。这是 AI 创作的数字人“果果”和人类演员第一次“平等”地进入影视圈，不点破她的身份，观众甚至无从察觉。

同时，数据驱动可以实现精准营销，并建立智能推荐系统。通过对海量用户数据的智能分析，AI 可以帮助媒体公司精准定位目标受众，推送相关有价值的内容。通过这种方式，广告和营销活动可以实现更高的转化率，同时也避免了用户在信息过载的环境下挑选内容的困扰。此外，AI 还可以依据用户的兴趣和需求量身定制内容，提供更加个性化的体验。AI 可以根据用户的行为模式、兴趣爱好以及社交网络等进行智能推荐。这种个性化推荐有助于增强用户的黏性和满意度，提高内容消费频次。例如，流媒体服务平台如 Netflix（奈飞）和 Spotify（声田）都在利用 AI 技术为用户推荐适合的影视作品和音乐。

进一步，虚拟现实技术能够促进沉浸式体验。AI 技术可以提升 VR 和 AR 等沉浸式体验的质量。通过智能理解和分析现实世界的数据，AI 可以为用户创造出更接近现实的虚拟世界，使其在体验新闻报道、游戏、教育等领域时更加身临其境。同时，AI 技术让语音辨识和自然语言处理成为可能，从而使得语音助手和智能音响等产品广泛应用于媒体行业，带来更沉浸式的体验。随着更多用户逐渐习惯通过语音交互获取信息，媒体领域将迎来全新的内容表达和传播形式。

关键是，AI 为新媒体艺术带来了许多独特的创作方式和技术应用。利用 AI 技术，艺术家们可以完成过去难以实现的创作，同时创造出独特的视觉和感知体验。2018 年，艺术家团队 Obvious 创作出作品 *Edmond de Belamy*，这幅作品在 10 月的佳士得拍卖会上以 43 万美元的价格成交，令人大吃一惊。与它一同被拍卖的不乏像毕加索、安迪·沃霍尔这样的大艺术家的作品。该作品是使用人工智能生成对抗网络（GAN）创作的一幅肖像画。AI 算法在学习了大量的历史肖像画后，根据所习得的知识生成了一幅全新的独特肖像画。具体而言，GAN 是一种专门用于艺术品创作的 AI，之所以叫生成对抗网络是因为 GAN 有两种意识，一个是画师，另一个是分辨师。画师学习绘画，努力让自己的画作变得像是人类所画；分辨师则负责鉴赏，努力区分出 AI 和人类画作的不同。在这种不断对抗和揭穿的过程里，GAN 的能力也会变得越来越强。*Edmond de Belamy* 就是 GAN 进化了第三代以后的产出，这个实例展示了 AI 如何使用户创新性地参与视觉艺术创作。

PBL 案例分析和学习——AI 拿下艺术大奖

无独有偶，AI 的发展日新月异。在 AlphaGo（阿尔法围棋）击败一众职业围棋选手后，AI 又在绘画领域崭露头角、一举夺魁。2022 年，美国科罗拉多州博览会举办的美术比赛上，一名网名叫“Sincarnate”的男子使用 AI 作画工具 Midjourney 生成并自己进行微调的画作《太空歌剧院》斩获了头奖。随后他的真实身份暴露：美国一家桌游公司的总裁杰森·阿伦（Jason Allen）。科技媒体 TechCrunch 评价未经审查的“AI 画师”为“Deepfakes for all”（全能的深度伪造）。

这幅《太空歌剧院》的画面中，在巴洛克风格的大厅里，古典风格的女子们透过圆形窗口凝视着阳光普照、光芒四射的景观，有一种奇特的美感（见图 2-12）。

图 2-12 《太空歌剧院》

那么根据以上材料和分析，请同学们思考：

你们的生活和学习中有没有类似的案例或者相似的经验？

课堂或课后思考

（1）如果不接受新媒体艺术的概念和实践，传统的表演或抽象概念作品是否可以收藏？

（2）新媒体艺术的边界是什么？新媒体艺术的可能性与不可能性分别是什么？新媒体艺术既然如此包罗万象，令人无处可逃，那么有没有抵抗或者消解它的艺术或尝试？

（3）互联网艺术只是新媒体进化中技术展现的一个例子，同学们可以留意你们身边更多其他生动领域，并举出具体实例和大家分享讨论。

（4）2022 年 8 月，重庆发生特大山火，大火一度蔓延至山脚下的村镇。山路坡陡沙多，而摩托车足够灵巧，一点点把物资运上山的摩托骑手们成为这场山火救援中的主角，也成为社交媒体上人们关注的焦点。同时，社交媒体上关于重庆山火的配图被网友指出“10 张有 8 张是 AI 作画，下面评论却一片感动哭了”。面对如今 AI 导致的信息信任问题，你有怎样的看法？

（5）AI 换脸都被拿去做什么了？更早为人所知的 AI 造假技术是深度伪造技术，俗称 AI 换脸。2019 年，一项报告称，当时互联网上就已经有上万个用深度伪造技术制作的视频了。你如何看待 AI 换脸这一现象？

第三章
新媒体艺术类型概况

新媒体艺术无论是其基本概念、发展简史还是艺术特征都展现出异常的多元化和时代性。如前一章我们介绍的一样，从新媒体艺术的发展轨迹和多样元素角度来分析，新媒体艺术在短短几十年的发展历史中，就融合了技术因素、文化因素、社会因素等，那么可以简单想象一下，新媒体艺术的类型也是异彩纷呈、不断变化、推陈出新、相互融合、彼此交叉的。

同样的逻辑，从基本定义和基础构成来看，既然新媒体艺术其实质在于利用计算机、数字技术和互联网等新媒体技术进行创作和表达的艺术形式，它就必然涵盖多种类型和表现方式。比如常见的新媒体艺术类型就包括：数字艺术（digital art），即利用计算机和数字技术进行创作的艺术形式，如数字绘画、数字摄影、数字雕塑等。数字艺术作品可以以静态的形式呈现，也可以是动态的互动作品。互动艺术（interactive art），即通过观众的参与和互动来创造艺术体验的艺术形式。观众可以通过触摸、声音、运动等方式与作品进行互动，改变作品的形态和表现。虚拟现实艺术（virtual reality art）或增强现实艺术（augmented reality art），即利用虚拟现实/增强现实技术创作的艺术形式。或是通过虚拟现实头盔等设备，观众可以身临其境地体验艺术作品，感受虚拟世界的视觉和听觉效果，或是通过手机、平板电脑等设备，看到现实世界中与虚拟元素交互的艺术作品。数据艺术（data Art），即利用数据和算法进行创作的艺术形式。通过收集、分析和可视化数据，艺术家可以创作出基于数据的艺术作品，探索数据与艺术之间的关系。

本章的重点并非要陈列这些艺术简单的定义和介绍，而是要把探究的目光放到具体而微的部分重要且具有代表性的新媒体艺术类型上，以点带面地分析这些重要类型，从而使大家更深入、更高效地了解新媒体艺术的方方面面。因为我们将在本书的第二大板块“新媒体视听艺术与内容”中详细介绍诸如微纪录片、微短剧、网络剧、移动直播、新媒体表演艺术等具体类型，在第三大板块“新媒体艺术与产业发展”中还会介绍影游互动和游戏艺术、新媒体与人工智能艺术等。本章的重点将是第二大板块没有覆盖或者较少讨论的新媒体艺术类型。

第一节 新媒体艺术类型简介

在本书第一、二章中我们就介绍过，新媒体艺术其实包含多种多样的类型，其关键就在于创造性地使用新媒体技术来生成艺术作品，包括数字艺术、遗传艺术、计算机动画、虚拟艺术、互联网艺术、互动艺术、视频游戏、机器人艺术、3D 打印和生物技术等艺术形式。此外，媒体本身就有艺术性。第二章中介绍的电波媒介，以其独特的波粒二象性、衍射波形、粒子运动等创造出具有美感和动感的图像。所以读者需要打破既有思维定式，跳出自己的舒适区，重新认识和审视丰富多彩的新媒体艺术类型。这一章中我们将把关注点放在几种有代表性的新媒体艺术类型上，其中既有传统的绘画和摄影领域的新媒体转型，也有传统与创新结合的媒介形式比如动画，重点则是新媒体艺术创新的代表——交互装置艺术和虚拟现实艺术。

粗略划分的话，新媒体艺术主要分为新媒介、新技术对于传统艺术的改造、升级和加持，以及创新式地催生新的艺术内容与形式这两种类型。前者包括对传统而古典的造型艺术、视听艺术、绘画艺术、表演艺术等的升华，比如数字雕塑、新媒体视频、Photoshop 绘画、数字涂鸦、互动舞蹈表演等。后者则包括遗传艺术、3D 打印艺术、机器人艺术、网络艺术、游戏艺术等。细究来看，这两者的界限也不是泾渭分明的。比如艺术和科技最佳结合之一的 3D 打印艺术就是在最新的 3D 技术之上来创作我们熟悉的艺术类型，比如雕塑、标本、绘画、精巧装置、室内装潢，甚至珠宝首饰等。3D 打印艺术是融合了视觉艺术、绘画艺术、雕塑艺术、装饰艺术等在内的综合艺术形式。

在上一章我们简略地介绍了 3D 打印艺术的代表人物和作品。此外，约书亚·哈克（Joshua Harker）的复杂 3D 几何雕塑、奈瑞·奥克斯曼（Neri Oxman）的多材料生物 3D 装置、珍妮·吴（Jenny Wu）的 3D 打印珠宝系列、来自荷兰的时装设计师艾里斯·范·荷本（Iris van Herpen）的 3D 打印时装都是比较突出的例子。

图 3-1 中是由年轻的意大利艺术家菲里波·纳塞蒂（Filippo Nassetti）设计的 3D 打印人脸面具。作品的灵感来源于“突变”（mutation）。他和他的伙伴们设计出一款软件，由游戏控制传感器扫描人脸，并在此扫描基础上制作面具。这些由 CRP 3D 打印机使用 Windform 聚酰胺材料制作的面具，就像树枝一样有着奇异的、超现实的盘根错节之感，非常复杂，仿佛是使用先进技术制造、来自未来世界的物品。戴在面容之上，辅之以交错的躯干，给人强烈的视觉冲击和艺术灵动感。

3D 打印技术带来的另一个变化是，曾经过于“纯粹”的设计师不再追求控制自己产品的最终形态，而是要设计出能让他人将最终产品个性化的方法。这既有风格方面的原因，也有功能方面的原因，更是“以人为本”“艺术服务于大众”观念的时代回音。同样，分形艺术（fractal art）也是从纯粹的数学公式出发，最终回到人类普遍的审美体验的一种艺术。

图 3-1 3D 打印人脸面具

简言之，分形艺术利用分形几何学原理，借助计算机强大的运算能力，将数学公式反复迭代运算，再结合作者和用户的审美及艺术性的塑造，从而将抽象神秘的数学公式变成一幅幅精美绝伦的图像。分形是一种复杂的几何图形，通过重复简单的规则或公式生成，具有自相似性，即在不同尺度下都呈现相似的结构。

分形艺术在 20 世纪 80 年代就出现了。不规则几何元素 fractal，是由 IBM 数学家伯努瓦·曼德布洛特（Benoit Mandelbrot）提出的，它并非整数的几何图形，而是在越来越细微的尺度上不断自我重复。分形诞生在当代，以其独特的几何图案和数学魅力，影响了数学、理化、生物、大气、海洋，乃至音乐、美术等学科，当然也是艺术的重要灵感。分形艺术与普通电脑绘画不同。后者是以电脑为工具从事美术创作，创作者要有很深的美术功底；而分形艺术是用数学的手段进行创作，作者要有很深的数学功底，同时要有色彩和造型方面的基本认识。分形艺术的主要亚类型有曼德布洛特集合（Mandelbrot set）、分形火焰（fractal flames）、朱利亚集合（Julia set）、IFS 分形（Iterated Function System）等，其主要特点是以数学公式和算法为基础，通过计算机程序生成。这些公式通常涉及复数和迭代过程；具备自相似性，分形图形的一个重要特点是在不同的放大倍数下看起来相似，呈现出无限复杂的细节；具有复杂的美感，分形艺术以其复杂的细节和视觉美感著称，常常给人一种超现实的感觉。

分形所呈现的无穷玄机和美感引发了人们的无穷幻想。即使不懂得其中深奥的数学哲理，也会为之感动。除了纯粹的艺术感，现在越来越多的设计师将这种风格作为背景和主要艺术元素。其流行度增长的另一个原因是越来越多的人使用分形艺术作为室内设计元素的墙壁悬挂和装饰点缀。

PBL 案例分析和学习——遗传艺术

遗传艺术（genetic art），又称基因艺术或生物艺术，是一种利用生物技术和进化算法进行创作的艺术形式。它结合了生物学、计算机科学和艺术，通过模拟自然选择、遗传变异和进化过程来生成和优化艺术作品。该领域最著名的艺术家兼学者乔治·格赛特（George Gessert）早在 20 世纪 90 年代初就提到了两部科幻小说《泰坦的女妖》（*The Sirens of Titan*）和《时间的花园》（*The Garden of Time*）中强烈的遗传艺术元素，一个是 DNA 变异下的雏菊和薰衣草的异形之美，另一个是能够暂停时间的绝美之花。这两部短篇小说都写于生命科学革命之前，却给我们带来对遗传艺术的无限遐思。威廉·弗卢塞尔（Vilém Flusser）于 1988 年在《艺术论坛》（*Art Forum*）上撰文预测，生物遗传技术将成为艺术家的工具，艺术家终有一天有可能创造出“一种巨大的配色……在这种配色中，每一个生物体的颜色都将与其他生物体的颜色互补”；新艺术家们将遗传和生物范式深深地刻画在他们的创作中。

21 世纪初，格赛特将遗传艺术定义为涉及 DNA 的艺术，并列举了几个突出的例子：苏珊娜·安克（Suzanne Anker）制作的染色体雕塑，强调这些雕塑与象形文字或字母表中的字母相似，其深层寓意是它们都是文化信息存储的基本单位。拉里·米勒（Larry Miller）对自己的 DNA 进行了放大复制和版权保护，并将版权表格分发给任何有兴趣合法拥有自己基因的人。亚历克西斯·洛克曼（Alexis Rockman）在油画中探索生物进化的美丽和恐怖，特殊的风格巧妙地呼应了19世纪的风景自然历史画面和科幻电影。卡尔·米哈伊尔（Karl Mihail）和陈金庄（Tran Kim Trang）创建了所谓的“名人基因档案库”（the Creative Gene Harvest Archive，1999），其噱头是恶搞大众成为名人的愿望，该档案收集了据称取自分子生物学家和名人的头发样本，但实际上均取自陈金庄的学生。

进入21世纪20年代，遗传艺术更是随着基因技术和生物科学的发展而突飞猛进。虽然遗传艺术种类庞杂，但其特点大致有以下四个方面：第一是扎实的生物学基础，遗传艺术基于遗传学和进化生物学的原理，模仿自然界中的进化过程；第二是依靠进化算法，利用计算机算法模拟自然选择和遗传变异，通过多次迭代生成具有独特美感的艺术作品；第三是强烈的随机性与变异性，艺术作品的生成过程具有随机性，通常通过变异和突变引入多样性；第四是互动性，有些遗传艺术项目允许观众参与选择和评价，影响作品的进化方向。

那么根据以上材料和分析，请同学们思考：

（1）对比之前我们介绍的3D打印艺术、分形艺术以及其他新媒体艺术，遗传艺术与这些艺术之间最突出的异同点在哪里？

（2）同学们可以进一步了解几位重要的遗传艺术家和他们的经典作品：卡尔·西姆斯（Karl Sims）的进化艺术；爱德华多·卡茨（Eduardo Kac）的荧光兔子、电子羊（Electric Sheep）项目。思考他们各自的内容与主旨，这对你的启发在哪里？

（3）把研究的目光转向国内，看看中国有没有新锐的遗传艺术家和鲜明的作品，并思考背后的成因。

第二节　传统与创新的结合：从绘画到动画

绘画是人类文化的重要组成部分，具有深厚的历史积淀和文化内涵。绘画作为一种视觉艺术形式，通过色彩、线条、形状等元素表达情感和思想，具有极强的表现力和感染力。无论是西方的油画、素描、水彩，还是中国的水墨画、工笔画，日本的浮世绘，印度的细密画，等等，传统绘画都在不同的文化背景下形成了独特的艺术风格和审美体系。绘画艺术作为人类历史上最古老的艺术形式之一，已经历了数千年的发展演变。它不仅是文化和历史的记录工具，更是人类情感、思想和创造力的直接表达方式。从洞穴壁画到现代数字绘画，绘画艺术在不断变化和发展的过程中，既传承了丰富的传统技法和美学，又融入了现代科技与创新理念。其中不变的逻辑就是我们一直在寻求新的技法、新的手段、新的物质表现手段去承载我们千万年积累的艺术冲动和思想内涵。

19 世纪末至 20 世纪初，现代主义绘画主要在欧洲各国兴起，伴随着猛烈而颠覆的产业革命的浪潮以及俄国十月革命新的社会实验，艺术家们开始探索新的表现形式和艺术理念，打破传统教会绘画、宫廷题材、写实主义风格等的束缚，大胆追求个性化和创新性，出现了很多具有代表性的绘画流派和代表人物。比如毕加索是立体主义的代表人物，他通过将物体分解为几何形体并重新组合，创作出具有强烈视觉冲击力的作品。其典型作品《亚威农少女》中五位少女完全扭曲变形，画面呈现出单一的平面性，没有一点立体透视的感觉。这种新颖的表现手法颠覆了传统绘画的观念，开创了现代艺术的新篇章。再如 20 世纪现代艺术的重要流派之一抽象绘画，在其艺术感召下，创作者不再拘泥于对现实形象的再现，而是通过色彩、线条和形状的自由组合，表达内心的情感和思想。瓦西里·康定斯基

（Wassily Kandinsky）被誉为抽象艺术的先驱，他的作品充满了对色彩和形式的探索，如《构图Ⅷ》（见图 3-2）。康定斯基通过纯粹的抽象语言，表达了音乐般的节奏和情感，开创了抽象绘画的新领域。

图 3-2 《构图Ⅷ》

步入 21 世纪后，绘画的艺术形式更加多元化和跨界化。艺术家们不断尝试新的媒介和技术，尤其是吸收新媒体的营养，出现了诸如装置艺术、数字绘画、数字动画、视觉沉浸艺术等，逐渐拓展了绘画的表现空间和观念。我们就以数字绘画作为切入口，来了解一下这种新媒体艺术的历史、特征以及代表人物与作品。

数字绘画是利用计算机和绘图软件进行创作的一种艺术形式，结合了传统绘画的技巧和数字技术的优势。它是新媒体艺术的一种重要形式，将传统绘画技法与数字技术结合起来，通过计算机软件进行创作。数字绘画的理论基础包括计算机图形学、色彩理论、艺术设计等。它不仅继承了传统绘画的艺术价值，还通过数字技术实现了更加便捷、高效和多样的创作方式。数字绘画依赖于计算机和绘图软件的支持，常用的工具包括绘图平板、触控屏、数码笔等。绘画要通过不同的软件进行，常见的绘图软件有 Adobe Photoshop、Corel Painter、Procreate、PaintTool SAI 2（SAI2）等。这些软件提供了丰富的画笔和图层功能，帮助艺术家实现高质量的创作。

因为实现了传统绘画无法做到的无痕涂改、颜色搭配、不在乎时空限制等，数字绘画有很多不同寻常的特征和美学形式，比如高效性。数字绘画工具和软件提供了多种画笔和效果，艺术家可以快速进行修改和调整，节省创作时间。又如创作内容和形式的多样性。数字绘画支持多种风格和技法的创作，从写实到抽象，从二维到三维，具有高度的多样性。再如便捷性。数字绘画工具便于携带和使用，艺术家可以在任何时间、任何地点进行创作。随着新技术的迅速迭代和新媒体的迅速普及，越来越多的艺术家选择拥抱新媒体带来的便利和高效。意大利艺术家阿尔贝托·塞维索（Alberto Seveso）是一个擅长将传统绘画技法与数字技术结合的画师，他擅长的是具有视觉冲击力的数字插画。他通过数码软件的图层、滤镜和特效等功能，赋予作品独特的质感和层次感。塞维索的作品展现了数字绘画在表现力和技术上的优势，为传统绘画注入了新的活力。

PBL 案例分析和学习——大卫·霍克尼的 iPad 绘画

英国著名艺术家大卫·霍克尼（David Hockney）是数字绘画领域的先锋之一。如今被称为“英国艺术教父”的他，早在 11 岁时就知道自己要当一名艺术家，26 岁时已声名大噪。他与安迪·沃霍尔齐名，是艺术圈中著名的艺术大师，他的艺术生涯横跨了多个领域，从拼贴摄影到歌剧舞台设计，从用传真机制作画作，到深入研究艺术史上的古典名家如何利用光学仪器进行创作，等等；而他最令人称道的贡献更多是在拓宽数字技术和传统绘画相结合的领域。他一直坚持使用时代最前沿的科技参与创作，包括传真机、激光打印机、计算机，以及近年来的 iPhone 手机、iPad 等设备。在他 73 岁高龄时拥有了第一台 iPad，他决定挑战艺术前沿，运用 iPad 进行创作，颠覆对于笔触和线条的习惯性表达。

他利用 iPad 进行创作，探索数字绘画的可能性，并不是一时冲动或所谓的灵感迸发。这其实一直扎根于他热爱将传统与创新相结合的思维和行为中。早在 20 世纪 80 年代，霍克尼就开始探索摄影拼贴画（photo collages）。他将数百张照片拼接在一起，形成一种新的视觉体验。这种拼贴画不仅展示了他对摄影的热爱，也体现了他在艺术形式上的创新。摄影拼贴画打破了传统的单一视角，探索了多视角和时间维度的表现方法。这种创新不仅丰富了摄影的表现形式，也为后来的数字艺术创作提供了新的思路。

进入 21 世纪，霍克尼对新技术的兴趣丝毫未减。他成为最早使用 iPad 进行创作的著名艺术家之一，还利用数字绘画软件 Procreate 创作了一系列作品。这些作品展示了他对数字技术的掌握和对新媒体的开放态度。霍克尼在 iPad 上创作的作品既保留了他独特的色彩运用和构图风格，又展现了数字绘画的创新性和便捷性（见图 3-3）。

图 3-3 大卫·霍克尼的“春天来了”（The Arrival of Spring）系列之一

他不仅在平面数字绘画方面进行探索，还将数字技术应用于影像创作。他使用多台相机拍摄并拼接成全景视频，创造出一种全新的视觉体验。“四季：温盖特伍德”（The Four Seasons，Woldgate Woods）是霍克尼使用 9 台摄像机拍摄的一系列全景视频，展示了温盖特伍德在不同季节的风景变化。这些视频作品不仅展现了自然的美丽，也展示了数字技术在艺术创作中的巨大潜力。

那么根据以上材料和分析，请同学们思考：

（1）霍克尼的人生和作品如何展示了传统艺术家借助新媒体技术进行创作、开拓艺术的新领域？

（2）感兴趣的同学们可以进一步去了解荷兰的概念艺术家、网红插画师、动画师、角色设计师洛伊斯·凡·巴勒（Lois van Baarle，网名 Loish）的故事，看看这位广受关注的画师是如何利用新媒体完成其艺术创作，推出大受欢迎的绘本 *The Art of Loish*，以及从二维绘画逐渐过渡到三维动画的。

无论是上面介绍的霍克尼还是洛伊斯，他们都显示了另一个不容忽视的趋势，那就是从静态的绘画逐步升级到动态的动画。动画艺术是一种通过连续播放一系列静态图像，产生运动效果的艺术形式。动画的理论基础包括运动图形学、时间轴理论、视觉心理学等。动画艺术不仅继承了传统绘画的艺术表现手法，还通过时间和空间的结合，创造出动态的视觉体验。当下很多人了解的动画形式，特别是以迪士尼、福克斯、追光影业为代表的动画电影，是一种结合了绘画、电影、文学等多种艺术形式的综合艺术，它通过快速连续的图像呈现运动，带来视觉上的动态效果。而动画艺术本身也从传统的手绘动画逐步发展到当代的数字动画，经历了显著的变革。

动画艺术的起源可以追溯到 19 世纪中后期，最早的动画尝试主要集中在光学玩具和手绘动画上。光学玩具如走马灯和动画片为后来的动画电影奠定了基础。比如早期的 zoetrope，中国人称之为走马灯或西洋镜，就是一种早期的动画装置：通过旋转带有连续图像的圆筒，观众可以看到流畅的动画效果。这种装置展示了早期动画技术的原理，为后来的动画电影提供了重要启示。

进入20世纪，手绘动画开始兴起，动画师从电影的连续运动画面形成我们视觉上的连贯画面的灵感出发，同样利用“视觉停留”原理，开始尝试逐帧绘制图像，并把它们按照每秒24帧左右的速度播放，就制作出了最早的动画短片。这一时期的代表人物是法国动画师埃米尔·科尔（Émile Cohl）。科尔被称为“现代动画之父”，他一生坚持对动画本体语言和美学形式的探索，不断研究新的动画形式。1908年，他运用摄影上的停格技术，开始拍摄第一部动画系列影片《幻影集》（*Fantasmagorie*）。在不到2分钟的动画中，科尔用简单线条完成变形动画，为观众做了多次变形，人变为酒瓶，酒瓶变为花朵，人又从酒瓶里面蹦出，等等。为了制作这部短动画，科尔将每一幅画放在一个发光的玻璃片上，然后在此基础上绘制下一幅画，完成所谓的动画动作。最终他大约用了700幅画来完成这1分20秒的作品。

随后在1914年，导演兼动画师温瑟·麦凯（Winsor McCay）创作出《恐龙葛蒂》（*Gertie the Dinosaur*）。它在法国安锡（Annecy）国际动画电影节上被评为“动画的世纪·100部作品”第一名，因为它是世界上第一部角色动画。不仅如此，它形式先锋，采用真人与动画相结合的形式；技术成熟，即使用当今的眼光来看，它的动作依然流畅；想象力丰富，可以被看作后来很多恐龙题材的鼻祖，当然包括电影《侏罗纪公园》。

20世纪30—50年代是动画艺术的黄金时代，迪士尼公司创作了大量经典动画电影。这一时期的动画作品不仅在技术上取得了突破，还在故事叙述和人物塑造方面达到了新的高度。多层动画技术（multiplane camera）是迪士尼在动画制作中的重要创新之一。这种技术通过分层拍摄不同距离的背景和前景，创造出更加立体和真实的画面效果。比如1942年的《小鹿斑比》（*Bambi*）就是代表作。

而计算机生成图像（CGI）更是让动画进入了一个崭新的时代。CGI是利用计算机技术生成视觉内容的艺术形式和技术手段。新技术和新媒体的迅猛发展彻底改变了动画艺术的制作方式。计算机动画不仅提高了制作效率，还提升了动画的表现力和视觉效果。好莱坞就是这方面的先锋。1995 年，皮克斯动画工作室（Pixar Animation Studios）推出了《玩具总动员》(*Toy Story*)，它是全球首部全电脑生成的动画电影，全部采用 CGI 合成技术，在技术上取得了革命性突破。

尽管数字动画占据了主导地位，传统手绘动画和数字技术的结合仍然为动画创作带来了新的可能性。许多现代动画作品在保持传统绘画风格的同时，借助数字技术实现更高效的制作和更丰富的视觉效果。比如日本的吉卜力工作室（Studio Ghibli），其创作的动画电影如《千与千寻》《龙猫》等，通过传统手绘与数字技术的结合，在动画艺术领域树立了独特的风格和高品质的标杆。其中，2001 年推出的《千与千寻》以其精美的画面和深刻的主题，获得了奥斯卡最佳动画长片奖。

其实数字动画艺术在发展的过程中，变形动画（morphing animation）与三维动画（3D animation）是两个重要的发展阶段。变形动画通过形态变化展示独特的视觉效果，而三维动画利用计算机技术创造出逼真的三维空间和角色。变形动画是一种通过逐帧绘制或计算，展示物体形态在不同状态之间平滑过渡的动画技术。这种动画形式强调形态的变化和转换，创造出流动感和变幻莫测的视觉效果。其主要的技术特征就是逐帧绘制，一开始通过手工逐帧绘制实现，每一帧都是前后状态的过渡，就像之前介绍的《幻影集》。变形动画的美学表征是能创造出不可思议的视觉效果，打破物理世界的限制，所以被广泛应用于电影、电视广告、音乐视频等领域，特别适合表现魔幻、幻想和变形等主题。随着技术的发展，计算机软件如 Adobe After Effects、Toon Boom 等能够实现更复杂和精确的变形效果。1974 年由彼得·佛德斯（Peter Foldes）导演的短片《饥饿》(*Hunger*) 是最早运用计算机技术完成变形动画的作品，在当时引起了巨大轰动，其犀利的批判性也是它风靡的原因之一。随后该片获得奥斯卡最佳动画短片提名。

与变形动画相对简单的关键帧技术和动图展现相比，三维动画则更复杂和系统化。它是通过计算机软件创建三维空间中的模型和场景，并赋予其运动、光影和材质效果的一种动画形式。三维动画的核心在于对三维空间和真实感的模拟，提供更加逼真的视觉体验，其主要步骤是三维建模。三维动画首先需要创建三维模型，包括角色、场景和道具等。之后要为模型添加材质、纹理和光影效果，使其更加真实。而整个过程中，动画控制是关键，通过关键帧、骨骼系统和物理模拟等技术，实现角色和物体的运动。最终必须通过渲染技术生成高质量的图像和动画片段。前文分析的《玩具总动员》就是最好的例证。

所以从历史发展以及新旧媒体碰撞交融的规律来看，从绘画到数字绘画，从动画到数字动画，都是如出一辙，每一个阶段的技术创新和艺术探索都为艺术带来了新的可能性，而其中起关键性作用的就是新媒体。现代绘画和动画不仅在技术上不断突破，还在题材和表现形式上日益多样化。随着虚拟现实和互动媒体的兴起，绘画、动画艺术将在未来迎来更多的创新性发展，为观众带来更加丰富和多样的视觉体验与情感寄托。

第三节 当代艺术新宠：新媒体交互装置艺术

要系统分析和鉴赏新媒体交互装置艺术，我们先要从装置艺术的定义、历史和特征开始谈起。装置艺术（installation art）作为一种综合性的艺术形式，其形式和概念可追溯到达达主义和超现实主义。自 20 世纪 60 年代以来，装置艺术在全球范围内得到了广泛的发展和应用。与传统的绘画、雕塑等艺术形式不同，装置艺术，顾名思义，主要强调在空间维度的装置和唤起，它通过各种媒介的综合运用，激发观众的体验，创造出沉浸式的艺术环境。装置艺术的出现从功能论上看，重新定义了艺术的作用、作品的功能。它通过对特定的展览空间进行转化，达到某种新的受众感受，很多时候拒绝形式主义的范式以及市场化的作品。还有一个非常重要的特征就是，装置艺术强调艺术与生活的融通，将较为抽象的艺术实践与非艺术的生活领域相联系。我们在第二章的 PBL 案例分析中介绍的美籍韩裔艺术家白南准 20 世纪 60 年代的代表作《参与电视》就是当时比较先锋的交互装置艺术作品之一。

具体来看，装置艺术是一种将各种艺术元素，譬如雕塑、绘画、影像、声光电，甚至其他艺术馆的陈列作品等，通过特定的排列、设计、组装、分配、呼应、再现等装置手法，在特定空间中展现的艺术形式。核心就是通过布置和排列各种物件和媒介，营造出一个供观众进入和体验的环境，使观众成为作品的一部分。它的主要特征有：综合性，装置艺术结合了多种艺术形式，利用各种媒介和材料，打破了艺术门类的界限；空间特性，装置艺术特别注重空间的使用，所展出的作品与展览空间密切相关，空间本身成为艺术创作的重要组成部分；无与伦比的互动性，当代很多装置艺术作品都鼓励观众参与和互动，使观众的行为成为作品的一部分；临时布展性，装置艺术往往是为特定展览或场所创作的临时作品，展览结束后可能被拆除或改变。

如前所述，装置艺术的起源可以追溯到 20 世纪初的达达主义和超现实主义运动，这些艺术家尝试打破传统艺术形式，利用现成物品和日常物品进行创作。马塞尔·杜尚（Marcel Duchamp）和曼·雷（Man Ray）等艺术家的作品为装置艺术的发展奠定了基础。大家可能比较熟悉杜尚的著名作品《喷泉》，那个被杜尚选中的现成物（也被称为“实物艺术”），也就是平凡而鄙陋的小便斗被他用来提交给一场艺术展作为艺术的宣言和姿态，这也成了装置艺术早期的尝试；而曼·雷则是异曲同工，在其重要的摄影作品《一个女郎和她的五颗眼泪》（*Larmes*，也即 *Glass Tears*，1932）中凸显摆拍和装饰：一张忧伤凝望的面容上，女主人公泪眼婆娑，她的眼泪如此晶莹而突出。为了这种明显摆拍的照片，曼·雷使用了五颗玻璃珠来代替真实的眼泪以制造气氛。夸张的装置和真挚的情感合二为一，成就了特殊的艺术效果（见图 3-4）。

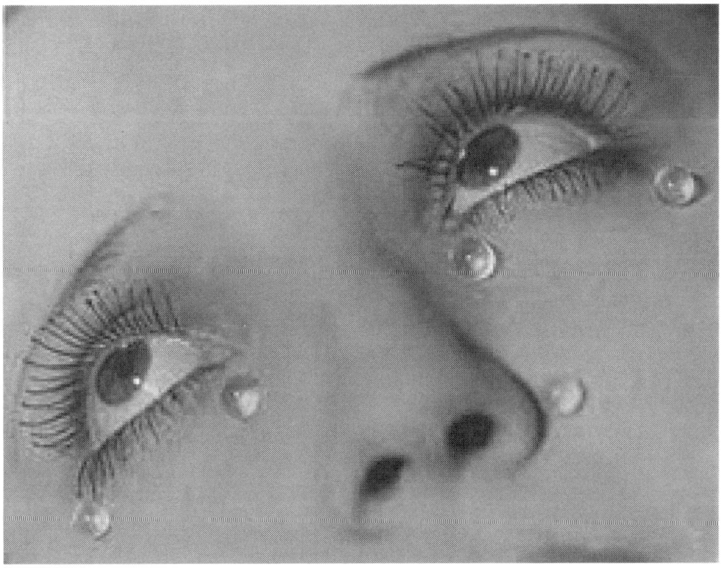

图 3-4 《一个女郎和她的五颗眼泪》

装置艺术在 20 世纪 60 年代得到了蓬勃发展，成为当代艺术的重要形式之一。这一时期，艺术家们受到极简主义、观念艺术、后现代主义、受众审美转型、后结构思潮等影响，开始更多地关注空间和观众体验。日本的草间弥生（Yayoi Kusama）和美国的布鲁斯·瑙曼（Bruce Nauman）等艺术家创作了许多具有开创性的装置作品。比如被称为“圆点女王”的草间弥生的成名作之一《无限的爱》〔*Love Forever*，从属于她的“无限镜屋”（Infinity Mirrored Room）系列作品〕就是利用无数小圆灯泡和大面镜无限反射的空间装置，造成了相当视觉迷幻和爱之迷离的效果（见图 3-5）。“无限镜屋”系列还受邀参加了第 33 届威尼斯双年展以及在 MoMA（纽约现代艺术博物馆）的展映。

进入 21 世纪，装置艺术继续发展，并与数字技术和新媒体艺术相结合，创造出更多样化和互动性的作品，于是新媒体交互装置艺术油然而生，而且不仅在各大艺术展和博物馆进行展示，还开始进入大众生活的方方面面，以及各种潮牌的产品展示。安尼施·卡普尔（Anish Kapoor，印度裔英国艺术家）、奥拉维尔·埃利亚松（Olafur Eliasson，冰岛艺术家）

图 3-5 《无限的爱》

等艺术家的作品在全球范围内引起了广泛关注。此外，日本艺术团队teamLab通过数字技术和互动装置，创作出沉浸式的数字艺术展览，如teamLab出品的Borderless艺术系列，观众可以在展览中自由探索和互动，体验绘画、音乐和科技相结合的艺术世界（见图 3-6）。这种跨学科的创作方式，拓展了绘画艺术的表现空间和观念。

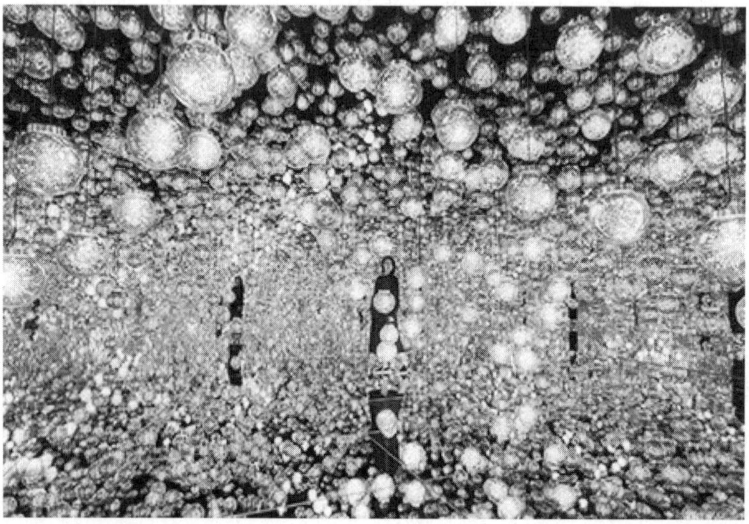

图 3-6 Borderless 艺术系列

装置艺术一开始就强调兼收并蓄，使用各种材料和媒介，从传统的石材、木材、金属到现代的塑料、玻璃、电子设备等。多样化的材料选择使得装置艺术的表现形式更加丰富。而到了新媒体时代，它更强调媒介特性，常常结合先进的科技手段，如光影效果、声音装置、视频投影、虚拟现实和增强现实技术。这些科技手段无疑增强了作品的互动性和沉浸感。其中，“交互”是最重要的新特点之一。交互装置艺术（interactive installation art）是装置艺术中一种融合科技与创意的新形式。它通过感应器、计算机、投影仪、LED 显示屏等技术手段，让观众在特定的装置环境中进行互动，产生动态的艺术体验。这种艺术形式不仅改变了传统的观赏方式，还促进了观众与艺术作品之间的深度交流。

交互装置艺术的核心在于交互感的创造、传播和感受，这就让其广泛使用各种新科技，比如感应技术、网络通信，同时也强调新媒介的融入，比如投影和计算机生成影像等。交互装置艺术首先是广泛应用感应技术，通过各种传感器，如红外传感器、压力传感器、声音传感器等，实时捕捉观众的动作、声音、触摸等互动行为。捕捉到的互动数据通过计算机系统进行处理，触发预设的程序或算法，生成相应的视觉、声音、光效等反馈。这种实时的反馈机制是交互装置艺术的关键，使得观众能够直接感受到自己的互动行为带来的变化。再下一步就是将这种反馈机制进行影像化和视听化处理。投影仪、LED 显示屏、全息投影等技术用于将处理后的视觉效果呈现给观众。这些技术可以创造出丰富的视觉体验，从平面图像到三维空间再现，提供多样化的艺术表达方式。现代交互装置艺术还常常结合互联网和无线通信技术，使得装置能够与远程设备或其他装置进行联动，扩展了互动的范围和可能性。

新媒体交互装置艺术的应用十分广泛，它在教育领域和博物馆展示中具有重要应用，因为它的互动性、科技性以及沉浸体验，打破了传统艺术和教育的单向输出模式，鼓励观众主动参与，提升了艺术体验的互动性和教育功能的个性化。通过互动装置，观众可以更深入地理解和体验展示内容。许多科学博物馆都会利用交互装置艺术，让观众通过互动实验和演示，学习科学原理和技术应用。例如，通过触摸屏、互动墙等装置，观众可以探索宇宙、细胞、生态系统等科学知识。

PBL 案例分析和学习——新媒体交互装置艺术《雨屋》(*Rain Room*)

《雨屋》(*Rain Room*)是由装置艺术机构“随机国际”(Random International)创作的著名交互装置艺术作品。“随机国际”是由哈内斯·科赫(Hannes Koch)和弗洛里安·奥尔特克拉斯(Florian Ortkrass)在2005年创立的艺术团体，他们的作品宗旨是探索人类与技术之间的关系，其最大的贡献在于充分利用互动装置艺术来挑战传统的观赏模式。自2012年首次亮相以来，《雨屋》这件作品迅速在全球范围内引起了广泛关注。利用先进的感应技术和水流控制系统，《雨屋》让观众在“雨”中行走而不被淋湿，创造出一种奇妙的互动体验。

《雨屋》于2012年在伦敦的巴比肯艺术中心(Barbican Centre)首次展出，随后在洛杉矶的洛杉矶艺术博物馆(LACMA)、纽约的MoMA、上海的余德耀美术馆等场馆展出，每次展出都吸引了大量观众。其主要的实现方式就是前文介绍的感应、控制、展示三大环节。首先，雨屋利用先进的感应技术来检测观众的位置和移动。整个装置中布置了大量红外传感器，这些传感器能够实时捕捉观众的动作，并将数据传输到中央控制系统。中央控制系统随后再根据传感器的数据来控制水流。当观众走进“雨”中时，系统会精确地停止他们头顶上的水流，形成一个避雨的空间，使观众在“雨”中行走而不被淋湿。《雨屋》的实现需要高精度的感应和控制系统，以及高效的水循环和过滤系统。为了确保水流的均匀和稳定，装置内的水通过过滤系统进行循环使用，并且系统能够快速响应观众的移动(见图3-7)。

图 3-7 《雨屋》

具体而言，这是一种特定场地的声音和光的交互装置艺术。《雨屋》使用了 2500 升自洁循环水，通过天花板周围放置的 3D 追踪摄像系统进行控制。这些摄像头检测到观众的移动，并向天花板上的水喷嘴组发出信号，在观众周围大约 6 英尺（约 1.83 米）的范围内停止水流。所以整个装置艺术的特点在于它的互动性和沉浸感。观众在《雨屋》中行走时，能够直接感受到自己的存在对环境的影响。这种互动体验打破了传统艺术的观赏方式，使观众成为作品的一部分；对观众而言，在《雨屋》中行走不仅是一种物理上的互动，更是一种心理和情感上的体验。观众能够感受到一种与自然现象的奇妙联系，这种体验既让人兴奋又令人放松。《雨屋》在全球范围内的展出引起了广泛的公众反响，尤其在社交媒体上，《雨屋》成为热门话题，许多观众在参观后分享了他们的体验感受和照片。

那么根据以上材料和分析，请同学们思考：

（1）在当代的交互装置艺术，尤其是这里介绍的艺术作品《雨屋》中，新媒体、新媒介或新兴技术如何扮演一个不可或缺的角色？它对于作品的成败、观众的体验，甚至观众的展后交流起到什么作用？

（2）对新媒体交互装置艺术感兴趣的同学可以进一步去了解由 teamLab 缔造的艺术作品《水晶宇宙》（*Crystal Universe*）以及由艺术家大

卷伸嗣（Shinji Ohmaki）创作的《光之森林》（*Forest of Light*）——它们都是当代交互装置艺术的代表作，并总结它们的特征、美学、技术先进性以及对社会的影响。

（3）同学们可以进一步拓展，仔细观察周边正在展出的活动，找到并分享在博物馆、艺术馆、美术馆、娱乐和表演艺术中心、大型 CBD、潮流商场，甚至社区中正在展出的新媒体交互装置艺术。

总之，交互装置艺术作为现代艺术的重要形式，凭借其强大的互动性和创新性，正在改变传统艺术的观赏和创作方式。尽管面临技术、成本和设计等方面的挑战，交互装置艺术在技术进步和多领域融合的推动下，必将在未来艺术的发展中发挥越来越重要的作用。通过增强技术和社会参与，交互装置艺术将继续拓展艺术的边界，为观众带来更加丰富和多样的艺术体验。

第四节　未来已来：虚拟现实艺术

虚拟现实（VR）技术在近年来得到了迅速发展，并在艺术领域中引发了广泛的关注和应用。虚拟现实，顾名思义就是虚拟和现实相互结合，它主要采用以计算机为主的诸多现代科技生成虚拟的情境，但最终模仿的是现实世界。虚拟现实通过计算机技术生成三维虚拟环境，其中包括三维视觉、触觉、嗅觉等多种感官体验。用户通过特定的设备（如 VR 头戴式显示器、手柄等）与虚拟环境进行互动，从而使处于虚拟世界中的人产生一种身临其境的感觉。随着社会生产力和科学技术的不断发展，各行各业对 VR 技术的需求日益旺盛，尤其是艺术领域，VR 技术的加入让许多新媒体艺术家如虎添翼，增添了很多灵感和创作手段。

虚拟现实不仅提供了一种全新的沉浸式体验方式，还重新定义了艺术创作和观赏的边界。而且它是典型的依靠科技突破来完成艺术表征的当代实践之一。虚拟现实主要依靠了哪些新兴科学技术呢？主要包括计算机生成图像技术，通过计算机生成三维图像，模拟现实或观众脑中想象的场景；头戴式显示器（head-mounted display，HMD），用户佩戴 HMD，可以看到虚拟环境中的全景图像，并通过头部移动来改变视角，从而能体验到虚拟世界带来的声光电的诸多刺激；此外还有位置追踪技术，虚拟现实利用传感器追踪用户头部、手部甚至全身的运动，实时更新虚拟环境中的位置和视角，从而初步达到人机合一、人机一体的效果；最后就是音频与触觉反馈技术，通过立体声耳机和触觉反馈设备，增强沉浸感和互动体验。

既然有了这么多新兴科技的加持，那么我们可以集中探讨一下虚拟现实在当代艺术中的应用。我们把具体应用分为三大部分：艺术创作、艺术展览、艺术传播。在艺术创作领域，虚拟现实技术的应用非常广泛和深入，最大的突破在于虚拟性的全方位实现：它不仅为艺术家提供了新的虚拟创作工具，还改变了观众体验艺术作品的方式。通过 VR，艺术家可以在虚拟空间中进行创作，观众则可以身临其境地欣赏并与艺术作品互动。比如在雕塑和绘画领域，VR 技术的出现和普及使艺术家能够在三维空间中进行绘画和雕塑创作，打破了传统二维平面的限制。最典型的是谷歌推出的 Tilt Brush 软件，它是一款著名的 VR 绘画软件，允许艺术家在虚拟空间中用光和颜色“绘画”，创造出立体的艺术作品。无独有偶，Adobe 公司推出的 Oculus Medium 也是一款在三维虚拟空间中进行创作的软件。它们都打破了传统二维平面的限制，创造出具有深度和空间感的艺术作品。比如 Medium 2.0 的 Move Tool 功能就能很好地用来进行雕塑，它允许用户移动、扭捏和拉伸虚拟黏土。艺术家可以用双手轻松实现平移、旋转和缩放，这就避免了烦琐的操作模式或键盘快捷键，从而让雕塑工作者能够直观地专注于创作过程。

在艺术展览方面，有一项非常重要的应用就是数字装置艺术。通过

VR 技术，艺术家可以创建复杂的互动装置，让观众在虚拟环境中探索和互动，如 teamLab 的数字艺术展览。这在我们之前的 PBL 中也让同学们进行了拓展和发掘。而虚拟现实在数字装置艺术中的成功运用，恰恰说明其在艺术展览与体验上的独特魅力。虚拟现实可以深入参与虚拟博物馆和虚拟画廊等类似的展示场景和平台。利用先进的 VR 技术，艺术机构可以创建虚拟博物馆和虚拟画廊，使观众在家中就能欣赏到全球各地的艺术作品。例如，英国国家美术馆（The National Gallery）推出的虚拟展览，让观众通过 VR 头戴设备参观馆内珍藏。除了这种专门机构提供的专业展示，虚拟现实最大的应用就是提供沉浸式艺术体验。一些艺术家和展览通过 VR 技术提供沉浸式艺术体验，使观众能够身临其境地感受艺术作品。例如，玛丽娜·阿布拉莫维奇的《生命》（*The Life*）是一个结合 VR 技术的表演艺术作品，观众可以在虚拟环境中与艺术家进行互动。上一章我们介绍过阿布拉莫维奇在 MoMA 的行为艺术，她是当代艺术界最具影响力的行为艺术家之一，作品以大胆、极端和挑衅著称，常常探索人类身体的极限和心理的边界。她自己经常出现在其作品中，用自身作为艺术表现的媒介，模糊了艺术与生活的界限，挑战了观众的感知和情感。

具体到《生命》这个作品，2019 年 2 月，阿布拉莫维奇在伦敦的蛇形画廊（Serpentine Gallery）装置了艺术作品《生命》。与她之前的所有作品不一样的是，这一次她充分利用了新媒体和新技术，即虚拟现实。与同样来自伦敦的 Tin Drum 团队合作，作品先用 36 台特殊的摄影机从不同角度拍摄并录制主角阿布拉莫维奇和她的故事。随后，参观者被要求交出所有物品，然后戴上特别准备的头戴式显示器，进入一个封闭的画廊空间，里面有一个直径 5 米的圆圈，在这里会看到阿布拉莫维奇的 3D 移动影像，这和她本人几乎完全一致，是像极了其真身的数字复原。最核心的是，观众可以全身心地沉浸在作品中。《生命》是一场 19 分钟的表演，在当时是 VR 技术比较大规模应用的公开展览之一，其门票在两个多小时内就卖完了。

最后一点是虚拟现实在艺术领域广泛而深远的传播。比如在艺术教育上，VR 技术在其中也有广泛应用，学生可以通过虚拟现实设备学习艺术史、参观虚拟博物馆、参与艺术创作实践，增强学习体验和效果。同时，通过 VR 技术，艺术作品可以突破时间和空间的限制，向更广泛的观众传播，提高艺术的普及率和影响力。还以《生命》这个虚拟现实作品为例，2020 年展出之后，它还被送到了佳士得伦敦拍卖行，这是拍卖史上首个虚拟现实行为艺术作品，拍前估价高达 40 万—80 万英镑，因为拍卖之前的大规模宣传，很多人对新兴的虚拟现实产生了浓厚的兴趣。虽然最终这次看起来非常前卫的拍卖尝试并未得到藏家的认同，《生命》仅以 25 万英镑成交，但其艺术影响力以及虚拟现实的魅力毋庸置疑。而且这也刷新了艺术家阿布拉莫维奇的拍卖纪录。

细究起来，《生命》并不是严格意义上的虚拟现实技术，而是使用混合现实（MR，Mixed Reality）技术来实现的。那我们就有必要对虚拟现实进行一个细分和比较。

沉浸式技术（immersive technology）正逐渐改变我们的生活和工作方式。虚拟现实、增强现实、混合现实和扩展现实是当前最重要的四种沉浸式技术，它们在娱乐、艺术、教育、医疗、工业等领域都展现了巨大的潜力。具体而言，虚拟现实是一种通过计算机技术生成的三维虚拟环境，用户通过特定的设备（如 VR 头戴式显示器、手柄等）与虚拟环境进行互动，从而获得沉浸式体验的技术；增强现实是一种将虚拟信息（如图像、声音、视频等）叠加到现实世界中的技术，使用户在现实环境中获得增强的感知体验；混合现实是一种将虚拟环境与现实环境无缝融合的技术，用户可以同时与现实世界和虚拟对象进行互动，前文介绍的阿布拉莫维奇的实验作品《生命》就是 MR 的运用案例；扩展现实（XR，Extended Reality）是一个涵盖所有沉浸式技术的总称，包括 VR、AR 和 MR。XR 技术旨在提供更广泛和灵活的沉浸式体验。

前面已经介绍过 VR，那么我们重点来看剩下的 AR、MR 和 XR 的技术原理与艺术运用。增强现实（AR）也是主要利用摄像头与传感器来捕捉必要信息，通过摄像头捕捉现实环境，并利用传感器获取观众的位置信息。之后就是图像识别与追踪，利用图像识别技术识别现实环境中的物体，并进行位置和姿态追踪。AR 最关键的科技展现就是虚拟信息叠加，将生成的虚拟信息叠加到现实场景中，通过显示设备呈现给用户。这方面比较经典的运用就是游戏《宝可梦 GO》(*Pokémon GO*)，这是一款风靡全球的宠物养成对战类 RPG（角色扮演游戏)，也是 AR 技术的尝鲜者之一。游戏玩家可以对现实世界中出现的宝可梦进行探索捕捉、战斗以及交换。《宝可梦 GO》通过 iPhone 和 Android 设备让世界各地的玩家在真实世界和宝可梦的虚拟世界之间进行游戏。

混合现实（MR）则更加注重对环境的理解。MR 利用传感器和摄像头捕捉现实环境的深度信息和三维模型，从而实现基本的虚实融合，即通过计算机视觉和图像识别技术，将虚拟对象与现实环境中的物体进行无缝融合和交互。比 VR 和 AR 更进一步的是，MR 强调互动控制，用户可以通过手势、声音等自然方式与虚拟对象进行互动。回顾前文介绍的《生命》这个艺术作品，利用 MR 技术，观众通过特定的头戴式显示器能够在物理空间内看到虚拟图像，而不需要 AR 中经常使用的中间媒介移动设备。这个虚拟图像就是阿布拉莫维奇自己，就好像她真的在房间里一样。项目的技术团队 Tin Drum 介绍道："虽然虚拟现实将你与世界隔绝，但混合现实实际上是将它与现实世界融为一体；（在《生命》中)，艺术家以同样的方式为每个人表演。你可能从前面看到她，别人也会从后面看到她的表演。"① 阿布拉莫维奇也被 MR 技术的强大所震撼："作品创作了一个真实的、另类的、数字版的自己。使用 MR 这项新技术，可以发现无限的可能性——因为这种技术能真正捕捉到表演最本质的东西——对我来说，这是

① YALCINKAYA G. Marina Abramović：The Life presents the artist as a 3D digital avatar［EB/OL］.（2019-02-28）［2024-08-23］. https://www.dezeen.com/2019/02/28/marina-abramovic-the-life-3d-digital-avatar-design/.

革命性的。”[①] 在艺术上，MR 还有更广泛的运用，比如设计师可以在现实环境中通过 MR 查看和调整虚拟建筑模型。

最后是扩展现实（XR），这是现阶段最集大成者的展示，所以它的要求最高，能力也最强。其特征是多技术集成、跨平台支持和智能适配。XR 集成了 VR、AR 和 MR 的技术特点，能够提供更灵活的应用场景。它可以在多种设备和平台上运行，如头戴式显示器、手机、平板电脑等。根据用户的需求和环境，XR 可以智能选择和切换不同的沉浸式技术。在艺术运用上，未来的游戏和娱乐都会逐渐开发与运用 XR 技术。而其更适用的环境是虚拟社交。用户可以在 XR 环境中进行虚拟社交活动，如虚拟会议、虚拟聚会等。

我们可以通过一张简单的表格来比较一下上面介绍的不同的虚拟现实技术和艺术运用（见表 3-1）。

表 3-1 不同虚拟现实技术和艺术运用情况

特点	VR	AR	MR	XR
沉浸度	高	中	高	视具体应用而定
环境	完全虚拟环境	现实环境中叠加虚拟信息	现实与虚拟环境无缝融合	集成了 VR、AR 和 MR 的特点
互动性	通过控制器或手势与虚拟环境互动	通过设备与现实和虚拟信息互动	通过自然方式与现实和虚拟对象互动	灵活应用不同的互动方式
应用场景	游戏、教育、虚拟旅游等	手机应用、工业维护、教育等	建筑设计、远程协作、医疗等	综合培训、多元娱乐、虚拟社交等
设备	头戴式显示器、手柄	手机、平板、AR 眼镜	MR 头戴式显示器	头戴式显示器、手机、平板、AR 眼镜等

① Christie’s. Marina Abramović’s *The Life* — the world’s first Mixed Reality performance artwork［EB/OL］.（2020-09-15）［2024-08-23］. https://www.christies.com/en/stories/marina-abramovic-the-life-40d9fc9474a7439eb8383b298b34f5f2.

PBL 案例分析和学习——虚拟现实作品《夜间咖啡馆》(*The Night Cafe*)

凡·高的名画 *Le Café de nuit*(*The Night Cafe*,《夜间咖啡馆》)创作于 1888 年，画作描绘了一个夜晚的咖啡馆场景，通过夸张的色彩和光影效果，表现了人类情感的孤独和挣扎。该作品目前藏于美国康涅狄格州耶鲁大学艺术画廊。那些凡·高爱好者可能会找机会目睹一下大师的真作，但想要亲眼看到凡·高眼中动态的夜间咖啡馆，估计这世间没有几个人尝试过。VR 技术正在让这变成现实。根据 Psfk.com 网站的报道，来自纽约的游戏设计师麦克·考利(Mac Cauley)将凡·高的 *Le Café de nuit* 搬进了 VR 设备中，通过这个设备，人们就能看到动态的夜间咖啡馆。这个项目的名称就叫《夜间咖啡馆》(*The Night Cafe*，见图 3-8)。

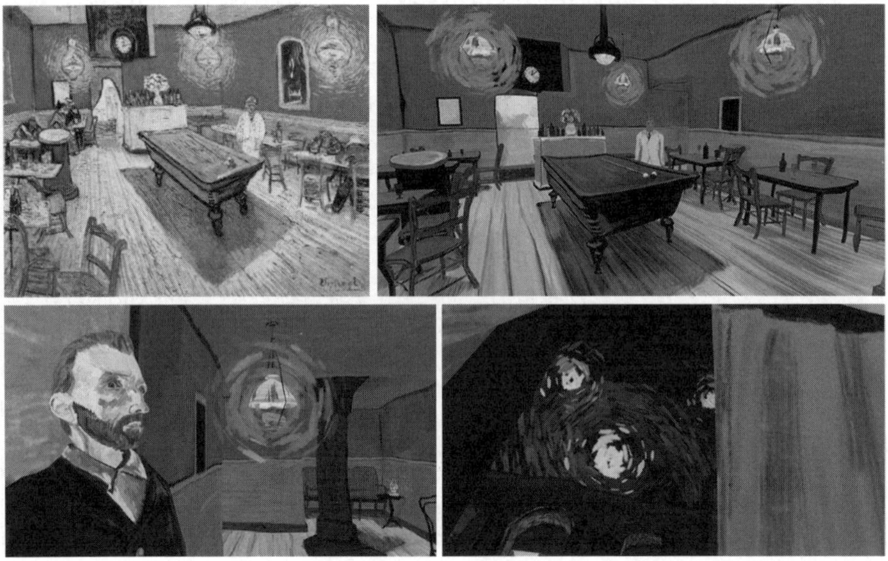

图 3-8 《夜间咖啡馆》

因为凡·高这幅作品的知名度，2015 年 Oculus 为其 Gear VR 移动头戴式显示器发布了一系列虚拟现实作品，其铂金级别的作品名为《夜间咖啡馆：向文森特·凡·高致敬》(*The Night Cafe: An Immersive Tribute to Vincent Van Gogh*)。这是由 Borrowed Light Studios 开发的作品。为了最大限度地还原经典，工作室首先需要对画作进行三维建模。利用计算机图形学技术，开发团队对画作中的每一个细节都进行了精细的建模，包括家具、灯光、人物等。凡·高的画作以其独特的色彩和笔触著称，因此在VR体验中再现这些元素至关重要。开发团队利用高分辨率扫描技术，获取画作的纹理和色彩信息，并将其应用到三维模型中，以确保观众能够感受到凡·高的独特风格。为了增强观众的沉浸感，VR体验设计了丰富的交互元素。观众可以通过控制手柄与虚拟环境进行互动，例如触摸家具、查看画作中的细节、与虚拟人物交流等。这些交互设计不仅增加了体验的趣味性，还让观众更深入地参与艺术作品。2015年10月，开发者宣布该应用正式登陆Gear VR平台，现在已经同时支持Oculus Rift和HTC Vive头戴式显示器。同时名字上也有一个小变动，现在名为*The Night Cafe: A VR Tribute to Vincent Van Gogh*，不过体验内容并没有变化。

该作品为用户展现了凡·高笔下的世界，这是一个能360°旋转的虚拟咖啡馆，观众可以从不同的角度领会既定的绘画细节。不仅如此，如果你足够仔细，并且了解一些该作品的历史的话，你或许会看到凡·高的其他作品元素和他常用的技法、主题以及笔触等。所以，这款VR应用构建了一个完全属于凡·高眼中的“现实”：观众能通过凡·高的“眼睛”清晰地看到人、夜空和其他物品——当然这一切都是用凡·高的笔触来呈现。画面中还嵌入了许多举世闻名的凡·高名画元素，例如《星夜》《向日葵》和凡·高自画像；应用还对这些画中的灯光、蜡烛、影子等做了动画处理，展示出梵高在作画时对这些元素的独到观察。这款独特的VR也许能帮助世人理解凡·高那些鬼斧神工的绘画灵感从何而来。

因为这款VR的异常成功，Meta推出了同名App应用，著名游戏平台Steam也推出了同名休闲游戏，可见其强大的传播力。

那么根据以上材料和分析，请同学们思考：

（1）传统的平面画作虽然能够传达艺术家的意图，但无法提供全方位的沉浸式体验，而VR再创作可以很好地克服这一弊端，这种像看电影一样的赏画方式，你觉得是更生动了，还是没有像经典画作那样保留艺术感和神秘性？

（2）当然，《夜间咖啡馆》并不是唯一令观众在VR中享受艺术的作品，开放平台Woofbert VR同样提供了类似的艺术体验。Woofbert VR是一个开创性的虚拟现实平台，利用VR技术变革人们体验艺术、文化和历史的方式，让观众可以从世界任何角落探索博物馆、画廊和历史遗址。感兴趣的同学可以做进一步拓展，并和《夜间咖啡馆》做一个比较，比如适用的平台、开发的作品、传播的效果等。

课堂或课后思考

（1）本章我们介绍的重点是绘画和动画、交互装置艺术、虚拟现实艺术等。大家可以拓宽思路，看看新媒体艺术的新旧融合、技术创新以及美学提升在其他领域有何体现，比如传统的文学领域和新兴的游戏领域。

（2）从本章的各个具体案例来看，科技和艺术的交融和促进已经打破禁忌、突破无限，连我们平时都认为是“硬科技”的遗传技术、计算机编码、人工智能都可以被用作艺术的手段和灵感。那么你认为艺术与技术之间还存在界限吗？或者两者之间更紧密、更互动的未来可能在哪里？

（3）新媒体艺术的类型和样态可以说是丰富而多元的，我们在本章所介绍的大部分例子都来自国外。请同学们再集思广益、头脑风暴，看看身边有没有中国艺术家或者艺术产业在新媒体艺术领域的代表人物、代表作以及新的突破和发展。

（4）我们把研究和关注的焦点转换一下，从艺术的设计、生产、创造环节转变到艺术的接受、传播和社会影响上。请同学们调研或访谈一下受众对于这些新媒体艺术类型的接受状况，看看这些艺术家和艺术作品是不是有市场、有观众、有二次传播？它们流行或者遇冷的原因和解决方案是什么？

新媒体视听艺术与内容

第四章 网络剧

在当下的影视市场中，有这样一股新兴力量，它早已进入观众的视线，但在近几年才逐渐以精品化的制作、短平快的戏剧模式走入影视的主流市场。中国互联网络信息中心发布的第 53 次《中国互联网络发展状况统计报告》显示，截至 2023 年 12 月，我国网络视频用户规模达 10.67 亿人，其中短视频用户规模达 10.53 亿人，较 2022 年同期增长 4145 万人，占网民整体的 96.4%。虽然用户规模持续增长，但其增速逐步放缓，用户增长的红利逐渐消退，行业真正步入存量竞争的时代。① 在本章中，我们将探索网络剧如何从传统影视艺术中脱颖而出，成为新媒体时代的一种新兴艺术形式，并将深度了解网络剧的起源、发展，以及网络剧的制播特点。

第一节　网络剧的定义、题材与类型

随着网络技术的发展以及视频网站的成熟，网络剧的出现已经有了良

① 黄楚新．嬗变与重构：中国 IPTV 发展现状与走向［M］．北京：中国传媒大学出版社，2008.

好且充足的物质条件。随着互联网技术的飞速发展，网络剧应运而生，它打破了传统电视剧的制作和播放模式，为观众带来了前所未有的观看体验。网络剧不仅是传统电视剧的一种延伸，更是一种全新的艺术形态。视频网站在脱离了盗版的限制后，开始在版权上进行新的竞争，逐渐开始自主研发产出内容，网络剧开始走向精品化的进程，观众的审美水平也随之提高，希望看到更多优秀的网络剧作品。与此同时，优酷、爱奇艺、腾讯视频、搜狐视频等知名视频网站根据互联网思维，结合自身优势，借助大数据分析，从用户角度出发，在内容、形式及营销模式上积极创新，希望打造出更符合观众需求的精品网络剧。

一、网络剧的定义与发展

网络剧，通常指的是通过互联网平台进行播放的影视剧，从广义上来说，网络剧是在网络平台播放的同时也在电视台播放，但定位受众比较年轻，迎合互联网人群审美的电视剧。而从狭义上来说，网络剧是指为互联网流媒体平台度身打造，从拍摄、选角、播放到反馈都特别具有“网感”的剧集，通常通过网络平台直接向观众播放。上海戏剧学院的钱钰最早提出“网络剧”的概念，其 1999 年发表的文章中对“网络剧”做了定义：网络剧是借助互联网传播戏剧的形式，前期借助数码摄像机录制，剪辑完成后上传网络，然后通过互联网传播的方式，观众直接利用 PC 终端便可收看。①

早期网络剧有爱奇艺的《盗墓笔记》、优酷的《万万没想到》等。网络剧的制作和播放方式相对较灵活，通常具有更多的创新性和多样性，因此在一定程度上能够满足观众对不同题材和风格的需求。与传统电视剧相比，网络剧的制作周期可能更短，制作成本也可能更低，这使得更多类型的创作者有机会将他们的作品呈现给观众，同时也为观众提供了更多选择。

---

① 钱珏．“网剧”：网络与戏剧的联合［J］．广东艺术，1999（1）：41-43.

不过，网络剧并不是我国原创的视频形式，它发源于海外，其起源会在后文中提及。为了让同学们更好地了解网络剧这一新媒体时代下的新兴艺术形式，接下来将以流媒体服务的先驱——Netflix（一般译作“奈飞”或“网飞”）为例，通过分析 Netflix 的发展以及在新媒体语境下对于内容及受众进行分析的特点，为我们更好地学习新媒体时代下的网络剧提供可学习、借鉴的案例。

Netflix 是美国的一家流媒体服务公司，也是全球最大的订阅型视频点播提供商之一，最初以邮寄租赁 DVD 的形式提供服务。随着互联网技术的发展，Netflix 逐渐转型为在线流媒体服务，用户可以通过互联网直接观看电影和电视节目。Netflix 采用订阅模式，用户支付月费即可无限制观看其平台上的内容，Netflix 的原创内容和全球化策略使其成为全球流行文化的重要组成部分，对全球娱乐产业产生了深远的影响。

Netflix 作为全球知名的流媒体平台，其新媒体特征为当下的网络剧发展提供了许多可以借鉴的地方。例如算法导向，Netflix 从个性化推荐、内容定制、市场预测三个方向出发。在个性化推荐上，Netflix 利用先进的算法向用户推荐个性化的内容，这些推荐基于用户的观看历史、评分和搜索行为等数据；在内容定制上，Netflix 通过分析用户偏好，定制内容以满足不同用户群体的需求，这有助于提高用户黏性和观看率；在市场预测上，Netflix 利用算法预测当下的市场趋势以及潜在的热门内容，这帮助 Netflix 在内容采购以及选题制作上做出更加英明的决策。

Netflix 拥有最庞大的全球流媒体用户群，从 Netflix 的经验中，我们可以提炼出一些关键点，作为我国网络剧在新媒体特征上的参考。

首先是算法导向。利用大数据分析用户偏好，为不同用户群体提供个性化的内容推荐。网络媒体用户在受众市场上会留下各种痕迹和资料，这就是媒体融合时代的“受众信息系统”（audience information system）。[①] 以

① NAPOLI P M. Audience evolution：new technologies and the transformation of media audience［M］. New York：Columbia University Press，2013.

视频网站为主的新媒体具有用户数据的信息系统及网络技术，与影视剧制作公司进行合作与融合，其盈利模式的主要内核就是“用户”和“点播量”。所有数据围绕“用户兴趣和观看行为”进行搜集和分析。当我们点击一部电视剧、一首歌时，网页立马会显示“您很有可能感兴趣”的其他内容，这就是通过大数据搜集并分析个人信息源之后过滤出来的。

其次是分季播出的模式。采用分季播出的模式，保持内容的新鲜感以及观众的期待值，延伸剧集的生命力。IP（intelletual property）意为知识产权。在影视行业，IP 主要指有大量粉丝基础的网络文学、游戏、动漫等的版权。[①] 视频网站对 IP 的开发主要表现为将这些题材与内容进行创造，改编为网络剧。当下的流媒体平台自制 IP 剧绝大部分来源于网络小说，如猫腻所著的小说《庆余年》改编为网络剧《庆余年》，紫金陈所著的小说《坏小孩》改编为网络剧《隐秘的角落》，尼罗所著的小说《无心法师》改编为网络剧《无心法师》，等等。IP 剧话题性强，从筹拍到播出都拥有很高的讨论度。IP 剧通常采用分季播出的方式，如《无心法师》《余罪》《庆余年》《白夜追凶》《鬼吹灯》等，每一季之间可以设置悬念，激发观众对于下一季的好奇心和讨论，如网络剧《庆余年》就在第一季留下了主人公身死的悬念，引发观众大量讨论，使得观众对于第二季有持续的期待。

最后是互动性与社区参与。通过在社交媒体上引发关于剧集内容的讨论，平台官方账号与粉丝互动，增强观众的参与感。围绕热门剧集建立粉丝社区，鼓励粉丝进行二次创作、讨论剧情，形成强大的粉丝基础。他们在网络空间上形成了“部落”和“社群”的人际网络，进行积极评价和讨论，甚至创造新的文本以及各种活动，如我们在 B 站等流媒体平台看到的关于原剧集的二次创作，通过混剪以及加入配音的方式对原剧集进行重构与解说，甚至创造新的文本等各种生产活动，通过互动交流增强观众的参

① 王爽 . 影视 IP 热的传播学解读［J］. 视听界，2016（1）：42-44.

与感和归属感。

二、网络剧的题材

前文中提到，网络剧是一个“舶来品”，我们在关注网络剧题材时不能局限于国内的网络剧，同时要关注海外的流媒体平台如Netflix、HBO（美国有线电视网络媒体公司）、Disney+（迪士尼流媒体服务平台）等，对其题材类型进行一定的对比。首先以迪士尼流媒体服务平台Disney+举例，作为Netflix最重要的挑战者，Disney+一直在穷追不舍。由于“先驱者”Netflix已经足够大（市场份额）和足够强（原创内容库），Disney+在短时间内不可能击倒Netflix——于是“猎豹式的捕杀”变为“马拉松式的长跑跟随”。而迪士尼在流媒体业务中的一个重要举措，就是在2023年底以86亿美元的价格从康卡斯特手上收购了Hulu（美国领先的视频服务平台之一），以此增加消费者接触点。在题材上，与迪士尼动画呈现出家庭友好型和儿童题材不同，Hulu提供更广泛的成人导向内容，有着自己独特的观众群体。通过这种方式，迪士尼能够吸引更广泛的观众群体，包括那些对传统内容（迪士尼动画）不感兴趣的观众。

而在提供更成熟的影视剧方面，HBO是行家里手，从《欲望都市》到《黑道家族》再到《权力的游戏》，HBO很多王牌剧集走的都是“逆”合家欢的路线。HBO是美国最大的电影频道，正如CCTV-6电影频道是中国最大的电影频道一样。“HBO”是“家庭票房”（Home Box Office）的简称。[①]因此，HBO自成立之初就确定了依靠订阅用户收费而不是依靠广告售卖的盈利模式，这一举动大大加强了HBO在题材创作上的相对独立性，使其敢于推出其他有线电视网力图回避的题材，如性、暴力、黑帮等，为其推出《欲望都市》《权力的游戏》《兄弟连》《黑道家族》等精品剧集提供了坚实的基础。

---

① 冯霞玲．HBO的成功对我国影视剧频道的启示［J］．新闻世界，2009（6）：98-99.

而正如前文中已提到的，作为全球受众最多的流媒体平台，Netflix 在题材上可以说是全面开花，并与多个国家影视公司达成合作，制作出海剧集，如《鱿鱼游戏》《黑暗荣耀》等；其本土化的剧集创作仍以 Netflix 的剧集标准为主导，在制作过程中坚持主题严肃、颠覆传统观念、追求电影美学、搭建跨国价值体系、运用多种语言的宏观标准[①]；两者相结合，呈现出具有本土性与全球性双重属性的影视剧作。同时，还基于内容和用户数据对其进行细分。目前 Netflix 已识别出 2000 种口味社群。口味社群的逻辑与协同过滤算法的逻辑不谋而合，成为一种与用户建立关系的新方式，形成了广阔的利基市场，拓展了订阅的来源。[②] 但随着会员数量增长遭遇瓶颈，Netflix 开始注重跨媒介叙事，并在此基础上对重要 IP 资源进行商业开发，如《三体》的版权购买与改编。

了解了这些海外流媒体平台后，我们更能在题材上将中国的网络剧与海外的网络剧进行对比，发现优势与劣势。首先是优势，近几年来网络文学出海已成为中国文化海外传播体系中的重要组成部分。中国网络文学发展 20 多年，已建立起成熟的 IP 生态链。作为重要的内容源头，网络文学带动了网络剧的发展，众多网络剧以网络文学为改编源头，如《白夜追凶》《隐秘的角落》《摩天大楼》《开端》等精品网络剧集。其次是劣势，在当下的新媒体时代，一切都是全球传播的时代，单纯的本土化思路会使市场越走越窄，并加剧市场内卷。Netflix 的经验说明，内容创作的眼光不应向内，而应内外兼顾。Netflix 这 20 多年来的市场拓展经历了美国市场、全球市场和全球市场的区域市场三个阶段，现在 Netflix 已经在全球 40 个不同的国家制作节目，提供 37 种语言的字幕和 34 种语言的配音，美国的

① 尤达 . 简约美学与共振传播：韩剧《鱿鱼游戏》的传播力提升策略研究［J］. 传媒观察，2022（1）：44-51.

② 张超 . 算法驱动下的内容深耕：Netflix 内容运营创新研究［J］. 电视研究，2022（5）：25-28.

非英语视频节目收视自 2019 年以来增长了 71%。[①] 对比海外流媒体平台在全球拥有的市场份额来看，我国的流媒体平台仍要加速发展，制作出更多如《三体》这样表现人类命运共同体思想的全球本土化精品剧集。

不难发现，2020 年就已然开启了网络剧变革的一年。在这一年里，由于疫情的暴发，人们的居家时间增多，网络剧的观看需求显著增加。也是在这一年里，爱奇艺推出“迷雾剧场”，众多精品网络剧打破了观众对于网络剧代表粗制滥造的成见；5G 技术的推广与应用，提升了网络剧的播放体验，高清视频流和互动剧的新形式开始出现。与此同时，剧集类型不断创新，不少大牌明星以及优秀的制作班底也纷纷加盟助力，不断推动着网络剧市场的革新与进步。

首先，悬疑类网络剧异军突起，成为当下最热门也是内容最为丰富的类型。从《隐秘的角落》直接掀起高潮，后续《白色月光》《摩天大楼》《沉默的真相》等一部部作品持续输出，悬疑剧成为当下最热门的话题。

其次，都市题材亮点十足。现代都市题材以现实的贴近性一直占据着各大平台播出的主要位置。而作为都市题材类别下的职场剧，推出了《怪你过分美丽》《谢谢你医生》《你好检察官》《正青春》《听说你喜欢我》等具有职场故事背景的剧集。

再次，女性题材持续与社会热点议题保持联系。无论在综艺领域还是剧集领域，“她力量”都是选题市场的一大热点，尤其是聚焦女性年龄、职场、情感等话题的剧集频频引发热议。如《二十不惑》《了不起的女孩》《怪你过分美丽》等，都将镜头对准不同的都市女性，透过女性视角讲述青春、成长的故事。

最后，甜宠题材经久不衰，仍然是网络剧市场中不可或缺的组成部

---

① MILLER L S. Netflix Says 97% of American Subscribers Watched a Non-English Title in the Last Year［EB/OL］.（2021-08-21）［2025-02-14］. https://collider.com/how-many-netflix-subscribers-watch-non-english-shows/.

分。网络剧市场的火爆，自然也少不了甜宠剧的身影。从《下一站是幸福》《冰糖炖雪梨》《传闻中的陈芊芊》《人间烟火花小厨》《我，喜欢你》到《我的时代，你的时代》《我的小确幸》，可谓热度不断，迎来一波又一波的收视高潮。

如今，多种题材类型相互融合成为网络剧创新发展的必经之路，如融合了穿越、武侠题材的《庆余年》，悬疑与社会现实相结合的《无证之罪》，悬疑与奇幻题材相结合的《镇魂》，等等。当下的网络剧受众已不再满足于收看单一的题材内容，而期盼从一部剧集中收获多层感受。为了满足观众的多元化需求，我国网络剧市场需要在题材创新与题材类型融合上继续耕耘。

PBL 案例分析和学习——类型融合网络剧《新生》

《新生》是由申奥执导，井柏然、周依然领衔主演的悬疑犯罪网络剧。该剧讲述了女记者何姗受邀参加费可的追思会，与同时受邀出现的五位陌生人展开回溯，逐步揭开关于费可的真相的故事。剧情以费可之死开场，通过封闭空间中五个“骗局受害者”的诉说，拼图式铺开费可的一生，讲述了一个关于人性的罗生门故事。

从类型上来看，《新生》从当下网络剧的主要题材——悬疑入手，在开头便设置主要人物死亡的情节，使得观众保持悬念，并根据剧中人的叙述展开层层思考。同时，申奥作为执导过《受益人》《孤注一掷》等票房极佳电影的导演，使用了自己熟悉的叙事情节。这两部电影都与“欺骗”有关，《受益人》是杀妻骗保，《孤注一掷》则讲述了电信诈骗。而在《新生》中，申奥导演沿用了“欺骗”的题材，费可虚构了自己的身份，利用信息差骗取了大量钱财，这是剧中的第一层“欺骗”；然而当剧情过半，观众才意识到，追思会上的五个人叙述的故事各有隐瞒，五个人也在为了自身利益而说谎，这是剧集的第二层“欺骗”，这一层是针对观众的欺骗。故而《新生》在类型上不再是单一的悬疑题材，而是聚焦当下社会热议的“反诈骗”现实题材。类型融合之下，使得观众在沉浸式追随剧情的同时，深入思考现代社会中因为信息差所带来的种种问题。

从制作上来看，该剧由《孤注一掷》的导演申奥执导，以及参演过多部电影和电视剧集的演员井柏然、周依然主演，成熟的电影制作团队进行网络剧的制作，演技过硬的演员与优秀的剧本产生了化学反应，让观众直呼过瘾。电影化的艺术质感以及罗生门式的故事叙述使得剧集在保持悬念的同时有着精巧的节奏、精致的视听效果以及精心的布局。

从市场上来看，《新生》作为优酷“白夜剧场”的首批剧集之一，于2024年5月6日在优酷独家上线播出，次日在奈飞上线。《新生》实现了类型化、现实化、艺术化的三重升级，引领悬疑犯罪剧的新风潮，有助于推动悬疑类型网络剧作品开启新篇章。

那么根据以上介绍，请同学们思考：

（1）以《新生》为例，探讨新媒体艺术在网络剧领域的发展趋势和未来可能性。

（2）《新生》采用了多时空交叉叙事手法，这种结构如何影响观众对剧情的理解和感受？

三、网络剧的类型化生产

网络剧这一形式首先诞生于美国。在1995年的纽约，一位名叫Scott Zakarin的广告创意者说服了他的老板Fattal和Collins，开发了一部名为*The Spot*的剧集，这部剧集被认为是世界上第一部网络剧。这部网络系列剧聚焦于Santa Monica海滩上的一座名为“The Spot”的房子，以及住在里面的俊男美女们的生活。这部剧风格幽默诙谐，播出之后得到了不错的反响。

而关于我国第一部网络剧的诞生时间，有学者提到，“中国第一部专门为网络制作的网络剧被认为是2000年由长春邮电学院五名大学生制作的《原色》”[①]，这一说法得到普遍认可。下面我们将中国网络剧的发展分为

① 王志荣.中国网络剧发展成因与特性探析［J］.兰州交通大学学报，2013，32（2）：120-122.

三个阶段，从三个阶段分别看当时中国网络剧遇到了什么发展契机，同时有什么现象级的作品出现，成为中国网络剧发展中不得不提的经典案例。

第一阶段：2000—2008 年。此时的网络剧多是用户自主生产，并上传到网站，呈现出非专业生产、非连续播出、非稳定的特征。此时的网络剧类型化暂未形成，2000 年《第一次的亲密接触》的第一次试水，开启了网络文学影视改编的热潮。网络小说逐渐成长为国内影视创作资源匮乏环境中一颗闪耀的明星。当代新媒介引领下的文化氛围和文学概念下，海量的网络小说涌现了五花八门的题材，青春、奇幻、穿越、网游、武侠、官斗等丰富多彩的类型，点亮了剧本创作的灵感，为影视产业的二度创作提供了丰富的脚本，淡化了影视产业改编传统小说题材“撞车”的现象，有效缓解了“剧本荒”；鲜活的各式网络 IP 资源迎合了人们的心理和概念，受到了影视产业与制作者的青睐，进而互动改编一拍即合，赢得快速发展。[①]2005 年，大学生胡戈以第五代导演陈凯歌的电影作品《无极》为素材戏仿制作的《一个馒头引发的血案》虽质量略显粗糙，恶搞嫌疑浓厚，但同时显现出网络剧的“恶搞、平民”特点。当然，当偶然的 UGC（User Generated Content，用户生产内容）模式持续为网络平台提供内容时，便为其演变为 PGC（Professional Generated Content，专业生产内容）提供了可能。此外，在这段时间，土豆网（2005）、优酷网（2006）等视频网站相继成立，为之后视频网站自制网络剧的爆发埋下了伏笔。

第二阶段：2008—2013 年。这一阶段网络剧类型初步形成，我国网络剧进入“专业影视公司生产网络剧的 PGC 模式”。PGC 模式的主要特点包括专业的制作团队和稳定且连续的播出周期。这一时期随着专业化的制作，网络剧的类型化也随之实现，市场上的网络剧从之前以 UGC 为主的网络短片，转向以 PGC 为主的连续剧集。PGC 模式相比于 UGC 模式更加专业，在制作流程和人员配备上都类似于传统电视剧的制作模式。而

① 郝雯婧，王雪梅，安静．“剧”说网络小说（IP）：改编剧对外传播研究［M］．成都：西南交通大学出版社，2017.

专业化团队的入局使得网络剧的类型化初步实现，市场上涌现出了一批优质的情景喜剧，但题材较为单一，如《屌丝男士》《万万没想到》《报告老板》等。

第三阶段：2014 年至今。网络剧在质量和数量上均有所突破，进入了 PGC 模式的高速发展阶段。2014 年，出现了悬疑、爱情、穿越、青春、奇幻、犯罪、古装、武侠等多样化类型的网络剧，并呈现出类型融合的态势，例如科幻加青春类型的《终极恶女》、喜剧加动作类型的《绝世高手之大侠卢小鱼》等。这一阶段随着移动互联网、视频网站的发展和普及，网络剧产业高速发展，逐渐走向成熟，网络剧类型也基本趋于完善。在这一阶段，市场上主流的网络剧是以视频网站为依托的平台自制剧，传统影视公司也纷纷入局网络剧市场，使得网络剧的数量和质量相比于上一个阶段更上一层台阶，网络剧在类型上也全面开花。而到了 2024 年，传统媒体与新媒体的媒介融合，IP 不再成为市场评判的唯一标准，制作者更加理智，网络剧的发展进入平稳阶段。从近两年上线的网络剧来看，现阶段网络剧已经覆盖了搞笑、青春、言情、职场、悬疑、奇幻、冒险、穿越、武侠、历史、年代、战争等多种类型，且每种类型下都有代表性的高质量作品。

探讨网络剧的类型化生产，从当下的新媒体语境出发，我们将从内容选择、内容制作、营销模式三个角度来进行探讨与分析。

在内容选择上，“IP+ 多种题材”是当下网络剧内容选择的主要模式。对于网络文学影视改编来说，2015 年是一个值得欣喜的年份。在这一年里，网络文学的 IP 大开发不仅再一次提升了知名度，也吸引了更高量级的资金和人力。网络文学 IP 是指网络文学通过向影视剧、动漫、游戏等下游产业进行形态转换获得知识产权的价值实现。而“IP 化”也从本身的文化产权摇身一变成为全新的商业概念。相关数据显示，2015 年网络剧 TOP50 中，IP 改编剧集为 12 部，占比 24%；2016 年网络剧 TOP50 中，IP 改编剧集为 21 部，占比 42%，网络文学 IP 改编占据头部市场，并且越发“野蛮生长”。但到了2018—2019年，在全网TOP50剧集中，IP改编剧集从2018年的35部，下降到了2019年的32部。[①] 大量的网络文学版权出售，各大资本纷纷入局，急于买断热门IP版权，致力于在网络文学泛娱乐全产业链中抢占商机。此时，网络文学IP剧亦随着IP的狂欢沦为了“文化商品”，当一种现象达到高潮之时，其问题也随之出现。为了抢占先机，作品粗制滥造，质量大打折扣，同时以玄幻、爱情、古装为主的改编作品呈现出大量同质化的问题，因此一些大IP网络剧改编受挫，IP改编总体数量也有所回落。在国家相关政策引导下，哄抢、囤积网络文学IP等狂热现象逐渐消失，盲目开发、流水线生产、粗制滥造等乱象也逐渐减少，如同上一节讲到的，网络剧制作者面对IP逐渐理智，不再盲从热门IP改编，而是将目光放到了具有跨媒介叙事优势、内容精品的文学IP上，如网络剧《漫长的季节》改编自于小千创作的小说《凛冬之刃》，《平原上的摩西》改编自双雪涛的同名小说，《摩天大楼》改编自中国台湾作家陈雪的同名小说，《新生》改编自珞珈的小说《费可的晚宴》，等等。

在内容制作上，网络剧开始向精品化进发，摒弃过去存在的制作问题，随着网络剧市场的不断成熟与扩大，顶级的电影制作团队以及电视剧制作团队开始涉足网络剧领域，这种向下兼容的现象不仅说明了网络剧市场的成熟，同时也显现出网络剧与电视剧、电影之间的差距在逐渐缩小，专业的制作团队能够为网络剧带来更高质量的内容以及更精良的制作水准。以2024年上线的优酷白夜剧场片单为例，《新生》由执导过院线爆款《孤注一掷》的导演申奥作为导演；《雪迷宫》由张艺谋首次担任网络剧监制，导演是执导过《无证之罪》的吕行，主演包括黄景瑜、章宇、王子奇等，从导到演全员都是顶级配置；《边水往事》由执导过《狗十三》《李米的猜想》的导演曹保平监制。顶级制作团队的参与不仅提升了网络剧的质

① 左小柚，郭小蜩.2015年—2020年网络文学IP赋能价值报告［EB/OL］.（2020-09-10）［2024-08-26］. https://t.cj.sina.com.cn/articles/view/6090508679/16b05c98701900w5r4?from=tech.

量，同时带来了更多的创新与突破，这些团队具有的专业能力与实操经验有助于带来更多高质量的作品，同时也反映了网络剧市场对于高质量作品的追求。

在营销模式上，以剧场为整体进行营销，以概念化海报对剧集进行预热，提升剧场悬念，营造神秘感。同时，塑造品牌整体概念，例如“迷雾剧场”在每一季每一集的片头均设置了魔方迷雾 logo 片头，以重复性播放效应对观众形成视觉劝说，这些剧集大多以“迷雾剧场”为整体进行营销，调动观众对于剧集的期待。秉持着打造“迷雾剧场”品牌的目的，从最早的演员群像海报，到整个剧场 6 部作品混剪的预告片，这些整体宣传能够加深用户对“迷雾剧场”的认知。在招商方面，由于“迷雾剧场”的所有剧集均为 12 集长度的短剧，单部剧集能够承载的宣传体量较小，因此很多品牌合作都是以剧场为主体进行的。

PBL 案例分析和学习——爱奇艺“迷雾剧场”模式

以爱奇艺“迷雾剧场”为例，爱奇艺平台为了破解“人随剧跑”的单剧放映困局，推出了“迷雾剧场”，以网络剧整体品牌 IP 孵化，借鉴了海外流媒体网络剧的播放方式，并结合了我国网络视听受众的观看习惯，进行了本土化创新。采用周播性集中放映与季播性密集排播相结合的策略对“迷雾剧场”系列作品的上线模式进行编排，对于单部作品而言采取的是周播方式，对于“迷雾剧场”而言采取的是季播方式。“迷雾剧场”第一季共上线了 6 部作品，6 部作品播完后为一季完结，下一批在该剧场内上线的悬疑剧播出时则为第二季。这种排播方式，一方面可以满足用户在普遍缺乏耐心的大环境中想要快速追完全剧的需求，另一方面也有助于打造“迷雾剧场”品牌。

该模式在播出顺序上就独具匠心。“迷雾剧场”以季播为单位，批量播出，循序渐进，实现剧集与剧集的差异化与交叉式的排播效果。“迷雾剧场”的第一部剧集《十日游戏》作为试水片，改编自东野圭吾的《绑架游戏》，利用硬汉形象与靓丽女性的典型结合来吸引观众。第二部《隐秘的角落》改编自紫金陈的《坏小孩》，自播出后口碑攀升，极大提升了“迷雾剧场”的整体口碑。接下来的《非常目击》《在劫难逃》用时间循环加梦境元素讲述了跨越时空的推理故事；《沉默的真相》采用三线并进的叙事，通过缜密的推理倒叙了一场十年接力的正义呼唤；《致命愿望》则是悬疑加科幻模式。

这种集中放映、灵活排播的方式也为平台增加了收益。当下，视频平台的收益途径主要有两条，其一为平台广告收益，其二为视频会员收益。这二者存在一定矛盾关系，一方面，受众希望充值成为会员后减少广告时间或直接跳过广告；另一方面，平台希望扩大受众规模以吸引更多的广告商进行投资，二者长期处于此消彼长的关系中。随着网络平台自制内容成本的不断提高，平台急需增加收益维持良性运转，广告收益与会员间的矛盾进一步锐化。为了解决此矛盾，网络平台需要对视听排播方式以及广告植入形式进行调整，试图消解二者之间的对立关系。

“迷雾剧场”采用会员特权切分上线内容，采取剧集差异化排播的模式，满足不同用户的需求。“迷雾剧场”的首部剧集《十日游戏》上线，采取了超前点映的模式；爱奇艺先后推出的多部“迷雾剧场”悬疑短剧好评如潮，其付费点播也销售良好。许多观众由于剧情设置，出于“按捺不住”“好奇”“认为该剧值得一看”等原因，积极地选择超前点映。经过研究爱奇艺“迷雾剧场”的超前点映发现，其超前点映是按照会员级别设计的，其中黄金会员 3 元 / 集、星钻会员 0 元 / 集，可以看出，这也是对用户的一种固化手段。

而在“迷雾剧场”的多部剧集中，可以看出其制作模式都是较为类型化的，符合当下影视工业美学的发展趋势。“新锐导演 + 优质小说（或真实故事）+ 青年演员 + 老戏骨 + 新锐编剧”的组合是最为常见的模式，作家紫金陈产出的小说改编的几部关注度较高的悬疑剧如《隐秘的角落》《沉默的真相》等均属于这种类型。影视工业美学的具体原则主要呈现为“市场化、发展新媒介文化背景下的电影产业、推行‘制片人中心制’、坚持类型电影观念及其实践、发掘‘体制内作者’、实行‘剧本医生制’等”[①]。“迷雾剧场”中固定的制作模式、流水化的作业形式，取代了原本网络剧的小作坊制作模式，也为今天的网络剧制作提供了模式范本。

那么根据以上介绍，请同学们思考：

（1）“迷雾剧场”如何通过其内容和营销策略建立起独特的品牌形象？这种品牌建设对新媒体艺术有何启示？

（2）“迷雾剧场”的目标受众是谁？它如何根据受众特点定制内容？

第二节 网络剧的叙事与风格

一、地域化表达

不难发现，近年来的网络剧作品，在剧情的表达以及角色演员的选取上，融入了对于剧情发生地的表达，开始更多地挖掘和展现不同地域的文化特色，将当地的风土人情、方言、习俗等元素融入剧情，增强剧集的地域色彩和文化认同感。同时，在新媒体时代，人们不再从地图上去认识一座城市，而是通过社交媒体平台的攻略、流媒体平台的视频图像去认知一座城市，故而通过增强网络剧的地域特点，在有利于增强观众的文化认同感的同时，也为当地文旅与影视融合做出一定贡献。如《漫长的季节》讲述了东北下岗潮时期跨越数十年的悬疑故事，邀请东北著名演员范伟出演。范伟在早年出演的《马大帅》中给东北观众留下了极其深刻的印象，因此范伟本人在一定程度上成为东北影视作品的一个代表性符号。《隐秘的角落》讲述了发生在广东的谋杀命案以及三个孩子和一个成年人的秘密，

① 陈旭光．“电影工业美学”与“中层理论”的观念及方法论：“电影工业美学”的理论资源与方法论阐述之一［J］．民族艺术研究，2020，33（5）：6-14.

取景地选在广东湛江，同时在演员的选取上选择了广东人张颂文，并由他承载方言对话的部分，增强角色的真实性。在细节上，“蚊子”一集中，将广东传统糖水设置成重要道具，父子俩同桌喝着糖水，心中却各自暗怀心事：父亲怀疑儿子杀了自己的女儿，儿子却偷偷在包里藏着录音笔。潮湿闷热的广东蚊虫偏多，此时一只蚊子落在洁白的糖水上，至此二人分散，也寓意着这对父子关系的破裂。除以上剧集外，还有《黑土无言》《平原上的摩西》《我才不要和你做朋友》等充满东北地域色彩的网络剧。

（一）真实化场景

《爱很美味》《三悦有了新工作》等剧十分注重对日常生活的表现，多变的都市场景有着浓厚的生活气息，观众在弹幕中对场景空间的真实性赞不绝口。《漫长的季节》灌注了鲜活的时代气息：20 世纪 90 年代，王响的卧室里有老相框、立式风扇、披着刺绣布的沙发等陈旧物件，吃饭区、待客区混合，钨丝灯光下一家三口其乐融融；20 年后，逼仄的客厅空间被划分出来，王响独处的卧室却空空荡荡、寂寥无比。空间的美术设计既符合生活常理，又营造出令观众感觉物是人非的效果。《胆小鬼》等剧也通过怀旧的细节为剧集增添现实效果，勾勒出日常生活的诗意美感。

（二）象征和隐喻

在象征和隐喻中，意义被隐喻在具体的事物里。《隐秘的角落》拍摄于广东湛江，那里常年潮湿闷热，主角的服装一般都是被汗水打湿的夏季短袖。导演经常将镜头对准废弃的靠岸船只，严良和普普就生活在这废弃的船只里。废弃的船只代表着遗弃，而严良和普普都是从孤儿院出来的孩子，他们也是被遗弃的孩子，被遗弃的孩子住在废弃的船只里，同时在空间上蒙上一层“隐秘”“角落”的感觉。

玉米是北方常见的农作物，在《漫长的季节》中出现在开端和结尾的那一大片金黄的玉米地，在视觉上给人广袤无垠之感。待剧情展开，可以窥见导演对于“漫长”的理解，不仅仅是跨越数十年的故事在时空范畴的

“漫长”，更是精神空间和心理空间的“漫长”。

拍摄于新疆的《我的阿勒泰》表现了处于深山里的社会，看似远离现代的文明秩序，实际保持着自己的心灵约束。原作者李娟是一位崇尚自然的作家，她的散文从女性的角度切入，关注人与自然的关系和女人的命运。同时，影视化的《我的阿勒泰》将镜头对准广袤的自然风光与阿勒泰的生灵，自然风光之下隐喻的是创作者对于游牧文明和现代文明之间融合与冲突的思考，以及阿勒泰美好的表象背后的残酷和阿勒泰女性的困境。

二、叙事

（一）非线性叙事

非线性叙事，指的是违背时间发展、前后逻辑等正常线性叙事来讲述故事的叙事方式的总称。具体常表现为先给出结局，再探寻起源和发展，并在叙述故事的过程中把段落打碎，重新排列组合。这种非线性叙事的结构在传统文学以及艺术电影中得到了广泛运用，而网络剧在继承非线性叙事的基础上，又结合网络特性对非线性叙事进行了一定的探索。如在以《屌丝男士》和《万万没想到》为代表的网络剧中，除主演是固定的演员外，并没有确定的故事主线，整个剧情是由多个小情景段落依赖了主演的遭遇为线索串联而成的。在《屌丝男士》中，大鹏在一部剧中转换多个身份职业，和不同的人在不同的场合中发生着不同的故事。从某种层面上来说，整部剧就是一些搞笑段子的拼贴。在网络剧《漫长的季节》中，剧情一开始展现的是2016年王响等人老年时期的故事线，从人物对话中可以隐约得知套牌案背后有一件更重要的事值得几人做，但此时的观众只能从只言片语中拼凑零星线索，从而达到制造悬念的效果。

（二）互动性影响下叙事结构的多变性

互动性是新媒体最大的特性之一，也是网络剧最大的优势。传统的电视剧内容较为繁多，在创作过程中，一般是编剧先给出完整的剧本，导演和主创在剧本的基础上进行创作，在全剧制作结束后交由电视播出机构进行分时段连续播放。在这一过程中，全剧叙事的结构和方向是事先确定下来的，主要取决于主创的艺术能力以及对于观众喜好的把握能力。而反观诞生于互联网背景下的网络剧，其继承了互联网时代天然的互动性，如前期的剧本创作，角色的挑选，拍摄中的选址、道具制作，观众都可以参与其中，对其进行讨论并给出建议。主创团队可以通过网络投票、微博留言等多种方式与观众沟通，从而打破了台前和幕后的界限，全方位地了解观众的收看意图，把握观众喜好，从而获得更好的收视率。

例如 2019 年的网络剧《东宫》，一位网友觉得《爱殇》这首歌十分符合《东宫》的故事，于是发私信给导演，最后这首歌成为《东宫》的配乐。以及 2024 年播出的网络剧《墨雨云间》，其原著结局与影视剧中的结局不同，是因为在拍摄时便设计好了两个版本，根据剧情播出时观众的反馈以及剧情的走向来决定最后播出的版本。这样的互动例子还有 2018 年由大卫·斯雷德执导、奈飞发行的《黑镜·潘达斯奈基》，这是首部沿用电影制作方式完成的互动电影，观众可以通过触发可选择的节点按键进行选择，从而决定剧情的走向，这意味着观众可以操纵主角的一切，这极大满足了观众的“控制快感”。但实际上无论观众做出什么样的选择，剧情中会有一只无形的手推动剧情走向固定的结局，这样的互动模式并没有实现完全的高自由度，对于剧情创作的成本也有一定的把控，同时可以引发观众的好奇，因为每个人触发的结局不同，观众总想亲自体验自己触发不同剧情而指向的结局。

（三）类小说叙事模式

小说是早期叙事的重要载体，在缺乏影像技术的时代，小说创造了许多优秀的故事和叙事模式。早期的电影有不少都是借鉴了小说的叙事模式。而在当下，在 IP 盛行的时代，改编优秀的文学作品是网络剧创作的重要创意来源，许多小说作品的叙事模式都运用在了影视作品当中。悬疑作为具有细致分类的叙事类型，有着较为完善的叙事模式和核心诡计设计，单以核心诡计设计论，就可以总结出密室、不在场证明、讯息类、身份隐匿类、叙事诡计等。这些核心诡计设计有着在各种类型叙事作品中运用的普适性，在许多影视作品中有所体现，而悬疑文本又有诸多代表性的叙事模式被运用在网络剧中。以下试举几例悬疑文本叙事模式在网络剧当中的运用。

1. 罗生门叙事模式

我们在很多地方都听说过“罗生门”这个名词，它已经超越了《罗生门》这个固有的一本书或者是一部电影的名称，而成为一种叙事的形容词。罗生门叙事（Rashomon Narrative）源自日本作家芥川龙之介的短篇小说《罗生门》以及黑泽明导演的同名电影《罗生门》（1950）。它用来描述一种特定的叙事技巧，指同一个事件被不同的角色从各自不同的角度和利益出发进行叙述，每个叙述者都提供了自己版本的真相。网络剧作为一种新媒体形式，具有较高的互动性和参与性。在罗生门叙事模式下，观众可以更积极地参与剧情的解读，这种参与感和网络剧的互动性相契合。如在《新生》中，一场为主人公费可举办的追思会邀请了被费可“欺骗”的五位主人公，他们各自叙述与费可的故事，在他们的视角里，自己都是被费可“欺骗”的被害者，同时“费可”这个名字音同英文 fake（假的），让观众自然而然地认为费可就是一个骗子。而当剧情走向后期，剧情推翻了每个人最初的故事，原来所有人都在自己与费可的故事叙述中有改动，每个人都并不是无辜的。

2. 暴风雪山庄模式

经常阅读悬疑小说的同学应该对暴风雪山庄模式（Blizzard Mountain Mode）并不陌生，这种模式起源于阿加莎·克里斯蒂的经典侦探小说《无人生还》。在这部小说中，角色们都被困在一座孤岛上，接连神秘死亡。暴风雪山庄模式通常指的是一种特定的故事情境或者叙事结构，其中角色们被困在与外界隔绝的环境中，如一座被暴风雪围困的山庄中。而在网络剧中，网络媒介的特质促使悬疑类网络剧在相对封闭的空间中完成叙事，或者说，网络文化空间赋予了悬疑类网络剧具有封闭性叙事空间的审美特质。须知，封闭场景意味着空间的排他性，是在特定的、排他的、此在的空间中展开悬疑故事，即通过光线、色彩、影调、构图、镜头运动等视听语言，暗示人物的心理活动。如《十日游戏》中，绑架者与被绑架者同时在一个房间里展开故事；《新生》中，被邀请来参加追思会的几人被困在一间地下室，要求他们必须讲出与主角费可的故事才可以离开；《摩天大楼》中，光影交错的晃动画面塑造出神秘莫测的命案场景。从以上几部网络剧可知，封闭空间是悬疑类网络剧重要的叙事技巧与表现手段，封闭空间能够参与人物的塑造，将戏剧效果发挥到最大化，同时营造氛围，推动推理悬疑故事的叙事过程，促使叙事空间向空间叙事跃升。

三、精品化趋势

（一）长镜头

同学们或许常在电影语言中听到“长镜头”一词，它通常出现在纪录片以及电影中。长镜头是一种拍摄手法，与蒙太奇拍摄方法相对。这里说的长镜头并不是实体镜头的长短或者是焦距，也不是距离拍摄物体的远近，而是拍摄的开机点与关机点的时间距离，也就是影片的长短。长镜头没有绝对的标准，而是相对比较长的镜头，常与快节奏的蒙太奇剪辑相提并论。如《战舰波将金号》中的敖德萨阶梯桥段，导演谢尔盖·爱森斯坦在 7 分钟内使用了 155 个镜头，平均每分钟 22 个镜头，每个镜头时长不到 3 秒钟，通过运用这种快速剪辑和蒙太奇手法，爱森斯坦成功营造出了紧张、恐怖的氛围。而与蒙太奇剪辑相对的是文艺电影导演常运用长镜头来表现电影中细腻的情感，创造一种沉浸式的观影体验。如侯孝贤在《悲情城市》中多次运用长镜头，在影片最开始就运用了大约 40 秒的长镜头，展示了大哥林文雄上香的场景，背景是无线电传来的日语广播和林文雄的妻子在分娩中的痛苦叫声，让观众仿佛置身那个时代，能够更加深入地感受到角色的内心世界和大时代背景下普通人的命运。而在近年来的网络剧中，即使在体量上呈现出短小精悍的形式，但在内容与表达上，长镜头以及艺术化的电影语言成为当下网络剧迈向精品化的主要途径，但这与新媒体语境下的观看习惯似乎是背道而驰的。短视频流媒体平台成为当下人们打发时间的主要娱乐方式，简短、快速的短视频能满足观众的碎片化观看习惯，在快节奏的生活中即看即走且不影响下一次观看进度，但前文中提到，当下观众的审美随着时代的发展日益提高，他们不再满足于只有内容没有深度、只能满足肤浅娱乐的影视作品，对于网络作品亦如此，网络剧需要在质量与深度上满足观众对于精致剧情以及高质感画面的需求。长镜头拍摄与舒缓的剪辑节奏增强了影像与生活的贴近感，也为演员提供了更开阔的表演空间。演员的姿态、神情、情绪被镜头细致地捕捉，真实细腻的情感与身体反应相关联，从而引起观众的情感共振。在《漫长的季节》第 1 集王响与王阳重逢的段落里，导演用近景长镜头凝视饭桌边的王响，演员用实在的表演填充了时空折叠的段落，老年独身、借酒浇愁的寂寥，儿子幻象出现、重逢已故亲人的欣慰，触及往事、探寻真相的决绝，种种复杂感情从演员自然的表演中流露出来。第 11 集里，丽茹来到殡仪馆看去世的龚彪，导演用 3 个近景长镜头刻画丽茹的反应，变调的吉他旋律勾起丽茹和观众的情绪，她提壶倒水、为龚彪擦脸、冷静自白，最后埋头呜咽。痛失亲人的悲伤、对两人情感结局的无措以及对命运荒诞的喟叹，凝结在每一个动作细节之中，这几组长镜头将人物内心激动而又克制的情感表现得淋漓尽致。导演辛爽在采访中提到，他希望通过长镜头来展示故事的完整性和人物的心理变化，同时创造出一种沉浸式的观影体验。

（二）互文关系

网络剧精品化的第二个特点便是多运用互文来丰富影像的内涵。影视作品中的互文关系（intertextuality）指的是不同文本之间的相互参照，引用、对话或影响的关系，这种关系可以跨越不同的媒介、体裁、时代和文化，形成一种文本间的互动和交流，主要表现为引用与致敬，如电影《一步之遥》开头致敬经典黑帮电影《教父》;《阿甘正传》中有对多个历史事件的致敬，包括肯尼迪总统的演讲和越南战争等。文化参照，指影视作品中包含对特定文化符号、历史事件、社会现象的参照，这些参照能够唤起观众对于相关文化背景的联想，如韩国电影《我能说》(*I Can Speak*)讲述了第二次世界大战中韩国“慰安妇”的维权现状。而在当下的网络剧集中，通过在内容上加入互文关系，能够与观众共享文化记忆和经验，建立起一种文化上的共鸣与认同感，为网络剧增加额外的层次，使作品拥有更深层次的文化和思想价值，热拉尔·热奈特将其称为“跨文本性”。观众在各种元素所搭建的对话关系中对文本进行释义。例如，《回来的女儿》引入《面朝大海，春暖花开》一诗，畅快明媚的诗词让母亲看到儿子卓卓治愈的希望，而诗歌中隐含的生命沉重凄凉的底色与卓卓所遭受的痛苦相呼应，同时预示着众人不幸的命运结局；《隐秘的角落》中多次出现笛卡尔的爱情故事——这个故事有两种版本，但多数观众只听说过真爱的版本，而剧集则把残忍的版本通过角色告知观众，同时在剧集上也呈现出温暖与残酷两种结局，构建出开放的意义空间；《漫长的季节》中，沈墨与王阳的爱情走向同他们定情时观看的《泰坦尼克号》结局相似，冰冷的河水让二人天人永隔。《新生》中，费可与成大的经济社团成员共同去野外徒步，最终由于准备得不充分以及对野外气温判断得不准确导致集体失温，最终被救援队营救。《不完美受害人》聚焦职场性侵案件，剖析人性的灰色地带，与当下社会新闻中的多个职场性侵案件形成互文关系，剧集引发的观众讨论与剧中力图纠偏的内容相互交织，形成了与现实的互文。网络剧的视听文本建构起传播与接受的互文空间，在新媒体时代，多个媒介之间交叉融合，互文关系的运用增加了剧集的社会话题度以及互动性。

（三）青年亚文化风格

菲尔·科恩在《亚文化冲突和工人阶级社区》一文中曾对亚文化风格有过相关论述：亚文化的风格主要由三种元素构成——形象、品行、行话。形象由服装、发型、珠宝饰物和手工制品等表现构成；品行由表达、仪态和步法组成；行话指一种特殊的词汇，以及它如何被传送。[①] 但这并不意味着一切独特的形象、品行、行话就能构成风格，亚文化风格还必须表达一种“拒绝、嘲笑、抵抗、颠覆”的姿态，成为“有意义”和“有价值”的形式。

随着互联网的发展和新媒介的出现，青年亚文化成员和群体有了更多表达自己个性和看法的渠道，他们逐渐获得更多的自主性和话语权。“如今，新媒介已经成了中国青年亚文化生长的良田和扩张的空间，成为新型青年亚文化传播的利器和青年一代寻找志同道合、建构文化族群和部落的文化场域。”[②] 得益于新媒介技术的发展，青年亚文化的风格呈现也不再单一，开始由传统的语言符号、声音符号和影像符号向综合的数字符号转变，获得更自由、更多样化的表达方式，多媒介和跨媒介也促成了不同圈层的兼容和互动，使得更多青年亚文化得以产生和传播。

亚文化风格常常不被大众理解，与主流社会和传统观念不协调，与不同世代的群体之间呈现出鲜明的差异性。近年来的网络剧塑造了反常规和反权威的人物形象，他们有着独特的人生理想和生活理念，往往不被主流社会所接纳。例如《开端》中那个背着猫包、戴着口罩，被男女主角怀疑是凶手的对象——卢笛，他将自己称为“卢·猫之使徒·哮喘征服者·被光选中的人·笛”。患有哮喘病的他却拥有一个拯救流浪猫的信仰，同时他还是一名热爱二次元的少年，在他的房间里有 5 只小猫以及无数动漫周边，俨然一个二次元小世界，父母对他的过度掌控以及不理解导致他极度缺乏与周围人交流的勇气，但当主角团在下一次循环中与他对上暗号后，他义不容辞地将炸弹抱在怀里，配合主角团进行拯救公交车的行动。

① COHEN P. Subcultural and working-class community［M］//HALL S. Culture, media and language. London：Hutchinson，1980.

② 马中红，陈霖 . 无法忽视的另一种力量：新媒介与青年亚文化研究［M］. 北京：清华大学出版社，2015.

1. 拼贴的叙事手法

网络剧中的青年亚文化风格还表现在拼贴的叙事手法上，最典型的就是把游戏的虚拟画面或其他电子信息与真人影像进行拼贴，从而达到叙事和表意的效果。“拼贴”一词来自符号学家列维－斯特劳斯，他最早使用这个概念来描述原始人的思维方式，即原始人利用拼贴的方式，从原有的物品和意义中创造出新的意义。[①] 在网络剧中，拼贴是最常见的叙事手法，尤其在古装网络剧中，拼贴是构建青年亚文化风格的主要途径。网络剧《从前有座灵剑山》便呈现出浓郁的拼贴风格，在服化道方面精心打造了青云峰、缥缈峰等场景，构建了一个气派又神秘的仙侠世界。而在现代流行风格方面，该剧融入了电竞游戏元素，前三集将角色的入门考试设置成游戏闯关的环节，每个角色类似玩家，需要完成任务才能加入灵剑派。同时，剧中在画面上还设置了“游戏 PK”的界面，融入了组队、触发剧情、副本、打怪等游戏词语，营造了一种打怪升级的游戏爽感。

此外，在剧中，每次女主角王舞讲解某些修仙术语或者是重要道具时，都会有动画风格的小剧场和特效花字上线，营造了一种二次元的“吐槽番”效果。

2. 反常规的主题构建

反常规的主题构建也是青年亚文化风格在网络剧中的重要体现。在以往的网络剧中总有着相似的主题，古装剧热衷于借助男尊女卑的情节表达对于封建制度的讽刺；爱情剧热衷于写“有情人冲破层层阻碍最终相守”的甜蜜故事；悬疑剧则表现“邪不压正”的主题价值。但当青年亚文化融入网络剧的创作后，不同类型的网络剧也开始构建全新的、符合当代社会价值和审美的主题。《赘婿》《十日游戏》《隐秘的角落》便是经典案例。

《传闻中的陈芊芊》作为网络古装甜宠剧在腾讯平台播放量破 24 亿，是同时期毫无疑问的爆款剧集。对比过往的古装剧强调男权封建社会，该

---

① 列维－斯特劳斯 . 野性的思维［M］. 李幼蒸，译 . 北京：商务印书馆，1987.

剧设定了一个反套路的女尊男卑世界，剧中的花垣城，男人是最底层，家家都盼望着生女儿。相似的剧情设定还在网络古装甜宠剧《卿卿日常》的丹川中出现，在丹川都是女子当家，男子操持家务。同样的反常规设定还出现在剧集《赘婿》中，该剧播出期间在爱奇艺的热度值高达 10745，是 2021 年爱奇艺首部热度值突破 9000 的剧集，长期霸占爱奇艺电视剧热播榜第 1 名。[①] 在第 1 集开篇，便借男主角之口反对了“女人在家相夫教子，恪守纲常”的观念。令人啼笑皆非的是，编剧在改编过程中加入了“男德学院”这一设定，所有的赘婿都要在此接受教育，学习家务等技能，该学院的理念便是“相妻教子，以妇为纲”，这实际上是对古代男权社会的反讽，而这一新奇的设定也使得观众被反套路化的风格和主题价值观所征服。

谈及近年来最为火爆的网络悬疑剧，“邪不压正”的单一主题也不再成为剧集表达的主要思想，更多的是侧重于对人性、对犯罪心理的挖掘，如爱奇艺“迷雾剧场”推出的《隐秘的角落》，聚焦三个未成年人与一个成年人之间的犯罪故事。值得一提的是，该剧集的原著名为《坏小孩》，三个未成年人在原著中均有人性“恶”的一面，尤其是主角朱朝阳，在继妹朱晶晶三番五次的言语攻击之下，将站上窗台的继妹推了下去。而在剧集中，虽然没有直接表现朱朝阳将继妹推下高台，但剧集很聪明地利用剪辑将这一段规避开，给观众留下了想象空间。同样也属于“迷雾剧场”的悬疑剧集《十日游戏》首先呈现一桩绑架案，让观众以为绑架者是反面人物，被绑架者是受害者。而在谜底揭开时，观众才意识到，这是一起自导自演的绑架案，被绑架者才是杀人凶手，而女主角失手杀人也有她自己的犯罪心理与积攒多年的情绪在其中。

网络剧全新的主题设定不仅为类型剧注入了活力，同时更贴合当代社会的价值观，如《卿卿日常》《赘婿》《传闻中的陈芊芊》中反对男尊女卑

① 郭婷婷．青年亚文化视角下的网络剧研究［D］．保定：河北大学，2021.

的观念符合当下时代女性受众的审美，《隐秘的角落》《十日游戏》对犯罪心理的挖掘反映出受众对于影视内容多元化表达的渴望。同时，新主题的构建也契合了青年亚文化群体对于传统观念的反叛。

PBL 案例分析和学习——青年亚文化风格在网络剧《庆余年》中的体现

《庆余年》是一部根据猫腻同名小说改编的大型古装权谋网络剧，由孙皓执导，张若昀、李沁、陈道明、吴刚等主演。该剧讲述了身世神秘的少年范闲在复杂的庆国朝廷中，凭借智慧和勇气，历经家族、江湖、庙堂的种种考验与锤炼，不断成长并揭开自己身世之谜的故事。《庆余年》第一季自 2019 年播出后，凭借其精彩的剧情、出色的演技、精良的制作，赢得了观众的广泛好评。剧集不仅在中国取得了巨大成功，还在海外获得了很高的人气，被视为中国古装剧的一部代表作。而作为一部受众定位为青年群体，且在网络平台播出的剧集，青年亚文化元素在该剧中多有体现。

首先是范闲这一人物的个性化追求。作为一个生活在封建时代但灵魂是现代人的人物，他不拘泥于传统礼教，认为人人平等，追求自我价值的实现。在面对传统权威和规则时，他常表现出反叛精神，多次挑战旧有的体制和观念。如看到礼部尚书之子郭保坤等人对于平民的不公行为时，范闲此时只是一个刚从老家来到京都，名不见经传的年轻人，但他挺身而出，痛打了郭保坤等人一顿，让观众直呼过瘾。在第二季中，面对春闱的舞弊现象，范闲不愿向旧有的不公习俗低头，宣布彻查近五年来的舞弊案。范闲身上体现的在困境时勇于表达自己的观点和立场，不向强权低头的性格，表现了青年群体对自我表达的重视。

其次是网络语言和流行文化元素在剧集中的运用。剧集中穿插了一些现代网络语言和流行文化元素，使年轻观众产生共鸣。如范闲来到京都，为了赚钱，他开始凭借自己的记忆将《红楼梦》出版为《红楼》，并采取章节式“更新”，导致书迷们纷纷“催更”。在第二季中，范闲打听被一场大火灭族的史家镇最后的活口史阐立的行踪时，被告知此人住在“同福客栈”，他便又问掌柜姓什么，被告知姓“佟”，于是范闲用经典情景喜剧《武林外传》中佟湘玉的陕西方言说出：“男滴，还是女滴？”《武林外传》播出于2006年，是众多“90后”“00后”的青春记忆，与收看《庆余年》的观众圈层高度重合，观众在观看此段时，会对剧集产生高度共鸣。

最后是反逻辑的情节设定。在传统电视剧的创作过程中，非常注重情节的合理性和逻辑性，是否贴近生活和现实是传统电视剧考量的一大要点。但青年亚文化渗透到网络剧之后，反逻辑、无厘头的情节逐渐成了独特的风格。范闲作为剧中最主要的人物，他和母亲叶轻眉都是从现代地球穿越到未来地球的人，而在这个未来世界，人类因为无休止地发展高科技，最终引发了全球范围的核战争，这场核战争导致冬天的降临，地球进入漫长的冰川期。核战争之后，人类文明几乎回到了起点，衰退至史前时期，幸存的人类科学家在离开地球前，在北极点留下了一台超级电脑和一座军事博物馆（“神庙”总部）。超级电脑的使命是监控世界核辐射指数，并培育“天脉者”对新生的人类文明进行引导，避免再次进入核战争的循环。也就是说，这个世界是未来世界中的一个封建文明，但在这个生产力低下的世界中，仍有“神庙”这样的空间拥有超越时代的武器和机器人力量。故而在这样的故事背景下，拥有绝对武力值的“五竹”，以及叶轻眉留给范闲一支狙击枪也不足为奇。科幻元素的加入与青年亚文化人群对于先进科技和未来世界的想象相契合，同时，在古装剧集中展现热武器以及机器人的设定让观众眼前一亮，拥有前所未有的观剧体验。

那么根据以上介绍，请同学们思考：

（1）《庆余年》为什么要融入这么多的青年亚文化元素？有什么影响？

（2）《庆余年》如何通过社交媒体等平台与观众互动？这种互动性如何影响剧集的传播和接受？

第三节　网络剧的文化产业发展与融合

一、走向高质量发展

新技术的出现是网络剧走向高质量发展的重要因素。前文中多次提到的大数据分析，通过分析用户喜好，在前期选题、后期制作、最终上线营销等环节，都可以根据观众的喜好来进行一定的修改。同学们有没有观察过，我们在网络流媒体平台进行观剧的时候，清晰度一栏已经从过去的最高 1080p 提升到了 4K+ 杜比音效。随着 5G、人工智能等技术的发展，超高清技术如 8K 分辨率等被应用于网络剧的制作，由此提供了更清晰的画质。同时，虚拟制作在当下影视剧中的应用越来越频繁，虚拟制作的出现可以大幅降低成本，提高拍摄的效率，并为创作者提供更大的创作自由。过去，我们在改编一个 IP 时，考虑到场景的可能性，可能要在原著的基础上适当地进行删减，而当新技术发展到一定地步，可以用技术去弥补现实的缺陷时，我们在创作上将有更大的发挥空间。如 2024 年上线的古装玄幻题材网络剧《狐妖小红娘·月红篇》，是国内首部应用虚拟制作技术的长篇商业剧集，与过去先在蓝、绿幕棚拍摄，后期进行特效制作的流程不同，虚拟制作采用的是“后期前置”的制作流程，需要特效的场景早在开拍前就完成制作，等到实际开拍时，“真实”的场景可以瞬间在虚拟摄影棚的 LED 屏上铺开，演员入戏更轻松；同时，经过实时运算和渲染，屏上场景的透视会随着摄影机的运动而实时变化，导演可以直接在监视器中看到虚实结合生成的特效画面，以此迅速优化拍摄方案。除上述剧集外，古装网络剧《云之羽》《大梦归离》等多部剧集均采用了虚拟制作技术，在提倡“降本增效”的网络剧市场，未来可能会有更多网络剧采取这种创新的制作方法以降低成本、提高效率。在新媒体时代，运用新兴技术是未来网络剧制作的重要趋势。

二、网络剧“走出去”

在影视传播全球化的背景下，中国网络剧正处于出海的新风口，而网络剧如何做才能摆正船帆、借力出海呢？近几年，网络文学、网络剧、网络游戏承载着东方神韵，在全球刮起中国风，成为文化出海的“新三样”。它们整合并创新文化表达模式，通过主动传播与融合叙事的海外输出，向全球青年群体展现绚烂多姿、立体丰富的中国形象。据不完全资料统计，截至目前，国家及相关机构颁布了支持中国影视剧出口的若干政策。《中国好剧全球传播——中国电视剧国际传播报告（2022）》显示，在政策与国际市场实践的双重努力下，2022 年高质量的中国影视剧已通过日渐丰富与拓展的国际发行网络、国际传播渠道，实现在全球 200 多个国家和地区播出。① 由此可见，我国影视剧（网络剧）的海外传播初现规模，基本形成了新的国际传播格局。值得一提的是，相较于传统电视剧拥有深厚的底蕴，新兴的网络剧虽然资历尚浅，但在“出海”的传播中，呈现出“长江后浪推前浪”的力量。如优酷播出的《白夜追凶》因其精彩的剧情和高质量的制作在海外获得了关注，并被 Netflix 购入版权，在全球多个国家和地区播放；《庆余年》这部改编自猫腻同名小说的剧集因其复杂的政治斗争和丰富的人物设定在海外受到欢迎，被迪士尼预购了海外独家发行权；《致我们暖暖的小时光》这部青春爱情剧在海外尤其是东南亚市场获得了好评。自 2019 年起，我国流媒体平台借鉴 Netflix 等国际流媒体平台的全球化产业经验，纷纷在国际版 App 上发力，以此满足不同国家和地区的海外用户需求。

PBL 案例分析和学习——腾讯平台海外版 WeTV 模式分析

2019 年在海外落地的 WeTV 是首个以华语内容为主，通过本地化服

① 张君成，李婧璇．国剧“出海”新格局已基本形成［N］．新闻出版广电报，2022-11-16（5）．

务深耕海外非华人市场的视频流媒体平台，其发展是长视频平台出海的缩影。如何做到“有效”出海、让作品掷地有声，一直是腾讯在思考的命题。其实从 2016 年起，腾讯视频就将诸多国内优质内容发行到海外渠道，如电视剧《漫长的季节》《三体》，综艺节目《心动的信号》《五十公里桃花坞》，纪录片“风味人间”系列、“风味原产地”系列，动漫《斗罗大陆》，等等，都先后成功“出海”，多个国内 IP 输出到国外，在一定程度上提升了中国视听内容的海外影响力。截至 2024 年 3 月，腾讯视频成功输出海外的优秀网络视听作品达到 300 多部，覆盖海外超过 200 个国家和地区。同时，WeTV 自落地至 2024 年，线上诸多国内精品内容的总时长已超 4 万小时。海量精品内容，极大地拓宽了中国视听内容的海外观众覆盖面。同时，腾讯通过海外本地自制内容扩大平台影响力，至 2024 年已经制作了数十部海外网络视听作品（见图 4-1）。如中国网络剧 IP“走出去”后在泰国翻拍的《致我们暖暖的小时光》《狐狸的夏天》等剧集，吸引了更多用户到平台，使这些海外本土用户开始看中国的节目和中国故事。

图 4-1　We TV 剧集展示，图片来自 Google.com

在内容布局上，腾讯平台表示会不懈产出极致化、精品化的内容，强化中外文化的双向交流，除了推动优质网络视听内容走出国门，也会与海外的内容供应商、制作团队建立长期合作，让更多中国元素与海外场景、国际元素碰撞，为内容出海打开更多想象空间。

在传播渠道上，腾讯平台将更加积极地探索多元出海渠道，创建一个多维度且细致的社交媒体网络。通过 YouTube（优兔）、Facebook、Instagram 等平台以及 WeTV 这一拥有破亿粉丝量的海外主要媒体渠道，扩大宣传推广的范围，提高内容的影响力，从而使更多高质量的中国故事和中国形象能够触及全球观众。

在技术驱动上，充分使用当前应用广泛的 AI 技术、虚拟制片技术进行提质增效，力争将新技术广泛运用在内容创作、生产以及效果数据回收的各个环节，用“技术升维”促进文化交流与理念相通。

那么根据以上介绍，请同学们思考：

（1）WeTV 如何适应不同国家和地区的观众口味？请探讨其全球化内容策略和本地化实施的细节。

（2）将 WeTV 与其他国际流媒体平台（如 Netflix、Amazon Prime Video）进行比较，它们在新媒体艺术方面有哪些异同？

课堂或课后思考

（1）在新媒体语境下，网络剧蓬勃发展，那么网络剧与电视剧的边界是什么？网络剧在叙事结构、内容创作、受众互动等方面与传统电视剧有哪些显著的不同？

（2）新媒体技术如何影响网络剧的叙事方式？请举例说明。

（3）网络剧如何利用新媒体的互动性与参与性来增强观众体验？请探讨具体的实例。

（4）大数据分析在网络剧创作中扮演了什么角色？它如何影响剧本开发和营销策略？

（5）网络剧如何在全球化背景下展现文化多样性？请探讨网络剧在不同文化中的接受度。

第五章 网络综艺

在数字化迅猛发展的背景下，娱乐产业经历了一场深刻的变革，网络综艺作为这一变革的重要组成部分，迅速崛起并占据了相当一部分市场份额。随着互联网技术的飞速进步和流媒体平台的普及，网络综艺逐渐成为一种主流的娱乐形式，改变了传统电视综艺的格局和观众的消费习惯。

从 2007 年《大鹏嘚吧嘚》出现至今，网络综艺高歌猛进。在节目数量上，网络综艺从年产数十档增至数百档，创新及生产能力持续增强。在节目类型上，网络综艺从最早的语言类型一家独大到现在各类型百花齐放，题材内容涉及广泛，音乐、舞蹈、情感、游戏、旅行、婚恋、交友、亲子、美食、时尚等垂直细分内容营造出多元汇集的文化景观。在制作质量上，网络综艺从早期的简单低质到如今的精耕细作，成熟电视综艺导演的加入大大提升了网络综艺的制作力量，动辄数亿元的制作投入让高质量的“现象级”网络综艺层出不穷，奇观式的视觉效果和丰富的场景设计不断突破网络综艺品质的天花板。在节目影响力上，网络综艺播放量破亿成为标配，许多“现象级”爆款节目的播放量甚至突破 50 亿，社交平台讨论度更是屡破新高，创造出诸多流行文化和全民话题，展现出了强大的收视吸引力。在产业发展上，居高的播放量和讨论度让网络综艺成为广告主的宠儿，在多方资本的持续助推下，网络综艺市场规模持续走高，高投入和高质量形成有效的良性循环，平台付费模式和商业运作方式也日渐成熟。

网络综艺的出现，打破了传统电视台对综艺节目制作和播出的垄断地位，使得内容生产更加多元化和市场化。相较于电视综艺节目，网络综艺在制作上更具灵活性和创意性，能够快速响应观众的兴趣和市场的变化，从而迅速吸引大量的年轻观众群体。观众可以通过手机、平板电脑、智能电视等多种设备，随时随地观看自己喜欢的节目，极大地提升了用户的观看体验。

第一节　网络综艺的生产状况

一、网络综艺的概念

从电视综艺节目到网络综艺节目，播放媒介的变化带来的不仅是播放渠道的变化，更是制作理念、题材类型、播出方式、价值观念等的全面改变。目前，学界和业界对于网络综艺的称呼也是众说纷纭，如网络自制节目、互联网综艺、网络原创节目、纯网综艺、网生综艺、视频网站综艺等。多样化的称呼实际上也反映出网络综艺在概念和特征上与电视综艺节目的差别。因此，在对网络综艺进行认知时，必须综合多个角度。以下列举的概念将对我们认识网络综艺有很大的帮助。

（1）网络综艺节目是由互联网传媒公司自行开发制作，专门供互联网视频平台播出的各类综艺节目。[①]

① 盖琪．网络综艺当前价值症候探析［J］．中国电视，2017（6）：19-22.

（2）网络原创节目，即由具有网络内容生产资格的机构组织生产的，在网络空间、移动空间和传统电视机构播出的视频节目。[①]

（3）网络综艺节目诞生于数字化、网络化和移动化的互联网环境之中，是由视频网站主导，根据互联网生态和互联网思维进行研发、制作并主要面向网络受众的节目。[②]

（4）纯网综艺不仅不同于传统综艺内容生产方式，甚至也不完全等同于网络自制，它是更高阶的网络自制，代表着新的互联网的内容逻辑和观看场景，包含了全新的价值观、新的视频逻辑和新的应用场景。[③]

（5）网络综艺是指由节目制作机构或网民个人制作，主要在视频网站等互联网节目服务机构播出，并由播出平台对节目内容履行审核责任，综合运用各类视听表现手法，广泛融合多种艺术形式并对其进行二度创作，满足大众艺术审美和休闲娱乐需求的专业类（非剧情）视听节目。[④]

因此，从广义上看，所有以网络平台作为核心播出途径的娱乐类视听节目，均可被定义为网络综艺。这些节目以其多元化的内容和形式，丰富了广大网民的视听体验。

从狭义的角度来解析，网络综艺应当具备鲜明的“互联网基因”。这意味着它们不仅需要运用先进的互联网技术手段，还应展现出独特的网络视听艺术风格。这类节目主要以视频网站为播出平台，通过新颖的制作理念和创意，为观众带来别样的娱乐体验。网络综艺往往以网络视频平台和独立制作机构为主导，致力于创作满足广大网民需求的精品节目。

---

① 颜梅．从家长制到消费者制：网络视频原创节目的媒介生产机制［J］．国际新闻界，2013，35（5）：112-119.

② 冷淞，张丽平．网络综艺节目的创新发展、营销传播与价值解析［J］．电影评介，2017（17）：80-82.

③ 爱奇艺．“纯网内容”黄金时代到来［EB/OL］．（2015-05-08）［2024-06-23］．https://www.iqiyi.com/common/20150512/3ee4dce5eaecbff4.html.

④ 鲍楠．网络综艺发展报告［M］// 国家广播电视总局网络视听节目管理司，国家广播电视总局发展研究中心．中国视听新媒体发展报告（2018）．北京：中国广播影视出版社，2018.

网络视频平台在网络综艺的制作和播出过程中发挥着关键作用，它们掌握着节目的版权和编播权，使得网络综艺能够摆脱传统电视台播出安排的限制，更加灵活地呈现给观众。然而，随着网络综艺的迅速兴起，一些问题也逐渐暴露出来。由于制作周期短、成本低廉以及过度追求数量而非质量，部分节目的互联网属性并未得到充分展现。

此外，仍有大量节目在创作过程中遵循着电视综艺节目的制作逻辑，仅仅是将播出平台转移到了网络。甚至有一些原本在电视上播出的节目，为了规避限制，转而投放到网络平台，也被冠以“网络综艺”之名。

二、中国网络综艺的发展历程

现如今网络综艺的繁荣并非一蹴而就的，而是在政府管理部门、网络平台、制作机构、受众（用户）、资本等多方不断地对话、协商和调整中逐渐塑形，形成稳定而有效的创作思路。

（一）中国网络综艺的雏形期（2000—2006 年）

2002 年 1 月，中国互联网络信息中心（CNNIC）发布的第 9 次《中国互联网络发展状况统计报告》中首次将包含网络视频在内的“多媒体娱乐”列入“用户经常使用的网络服务”之中，以 22.1% 的使用率在 19 项服务中位居第 6。尽管受限于网络资费、带宽，用户的互联网视听体验并不理想，但网络视听已经开始展现其不容忽视的发展潜力。随后，流媒体、P2P（peer-to-peer，常译为点对点网络或对等式网络）以及网络宽带技术的不断进步，网友自发创作上传的具有娱乐性的视听内容开始出现。除了 UGC 内容，专业生产的 PGC 内容也开始出现，可以被视作网络综艺的早期萌芽。

2002 年春节期间，由网易娱乐、文化、女性三个频道主办的“2002 年虚拟春节联欢晚会”上线，成为我国首个具有“互联网基因”的网络春节联欢晚会。晚会并未以完整的形态播出，而是按照视频集锦的方式进行编排，需要网友按照顺序逐个点击观看。受到技术和水平的局限，这台虚拟春晚被一些网友戏称为“山寨春晚”，并没有引起多大轰动，但其内容构成和创作思维已经和现在的网络春晚差别不大。

2004年前后，基于P2P的流媒体技术的成功开发让网络视听内容的实时传播得以实现，网络视频直播开始为用户提供实时的视频点播服务。2004年4月，新浪网和朗玛UC举办了首届中国网络通俗歌手大赛。大赛突出网络特性，初赛和复赛都需要选手在语音聊天室中进行歌唱比赛，并由专家评委进行在线评选。网友也可进入聊天室，在线观看比赛，并可根据选手的表现送出“鲜花”。比赛历时两个月，共有15000名选手报名参赛，引起了行业的关注。

2005年，门户网站搜狐将原本的网络文字聊天室节目《明星来了》改版为视频形式，通过固定单机位的形式实时直播访谈聊天。同年4月，新浪联手主持人李静推出在线直播互动访谈节目《静距离》。在视频聊天室中，李静与心理学专家和广大网友围绕特定情感话题展开实时讨论，实时开放的聊天氛围让网友感受到了参与节目的快感，也拉近了屏幕内外的心理距离。

整体来看，此时的网络综艺仍处于雏形期，内容创作处于分散、自发、随意的状态，未能形成有效、稳定的表达语态和创作规范，题材类型也集中在语言等低成本类型。同时，受制于带宽、成本等硬性条件，此时的网络节目在制作水平、画面质量上不尽如人意，但已经彰显出实时互动、个性表达、话题新锐等特征，使其在萌芽阶段便呈现出与电视综艺节目不同的面貌。

（二）中国网络综艺的初创期（2007—2013年）

2007年，美国国家广播环球公司与福克斯携手创办了Hulu网站，主打专业的媒体内容，特别是正版影视作品的在线播放服务。美国老牌DVD租赁巨头Netflix也在同年转型进军流媒体业务，并在次年与有线电视公司合作，将传统电视平台上的电影、电视节目内容引入网络。这些变革预示着专业生产内容（PGC）的崛起趋势已初露端倪。

与此同时，国内视频网站也开始了自制内容的探索。2007 年 1 月，搜狐视频推出的脱口秀节目《大鹏嘚吧嘚》成为国内首档网络综艺。该节目以“草根”文化的视角切入，对当时的社会文化现象进行观察与点评，其幽默犀利的风格和大胆的话题选择一度备受瞩目。这一成功案例为网络平台自制综艺开辟了新的道路，促使更多类似的节目涌现。

同时，针对网络视听节目的管理政策也随即出台。2007 年底，国家广播电影电视总局和信息产业部联合发布了《互联网视听节目服务管理规定》[①]（简称《规定》），鉴于互联网视听节目服务所具有的大众传媒性质，对其采用许可制，即提高准入门槛并进行规范管理。此外，《规定》还明确了对著作权人合法权益的保护，要求互联网视听节目服务单位依法采取版权保护措施。伴随着国内互联网业务的迅速发展，网络侵权盗版现象长期存在，国家有关部门一直对应开展周期性的专项整治行动。2009 年 3 月底，《广电总局关于加强互联网视听节目内容管理的通知》[②]发布，进一步规定未取得发行、播映许可证的境内外电影、电视剧、动画片等一律不得在互联网上传播。在政策管理下，各视频网站失去了大量热门内容资源，不得不另谋出路。自 2009 年起，视频网站之间的盗版与侵权纷争持续不断，版权纷争日趋激烈，导致内容版权价格不断攀升。这种局面使得视频网站的运营成本急剧上升，同时各平台也陷入了同质化竞争的困境。为了摆脱这一尴尬局面，各视频网站纷纷采取自制内容的策略，力图通过打造具有网站特色的原创内容，满足受众的多元化需求。这种自制策略不仅有助于降低对外部版权的依赖，减少版权费用的支出，而且能通过差异化的

① 国家广播电影电视总局 . 互联网视听节目服务管理规定［EB/OL］.（2007-12-29）［2024-06-25］. http://www.nrta.gov.cn/art/2007/12/29/art_1588_43750.html.

② 国家广播电视总局 . 广电总局关于加强互联网视听节目内容管理的通知［EB/OL］.（2009-03-30）［2024-06-25］. http://www.nrta.gov.cn/art/2009/3/30/art_110_4636.html.

内容提升平台的竞争力。

2009 年，土豆网携手诺基亚共同打造了一场名为“互联网百万富翁”的网络视频互动真人秀活动。在这一活动中，用户仅需通过手机上网参与答题，便有机会赢取高达 100 万元的现金大奖，极大地激发了大众的参与热情。历经 3 个月，大赛最终从 52 万名踊跃报名的选手中选拔出了 20 名优秀选手进入决赛。决赛以真人秀的形式在土豆网进行全程网络视频直播，其精彩程度与真实感让无数观众为之倾倒。这场活动吸引了数百万网民同时在线观看，影响力之大可见一斑。节目巧妙地融合了移动互联网、视频直播、互动参与等多种先进手段，不仅展现了视频网站的综合实力，更凸显了其在现代社会中的巨大潜力与影响力。

2010 年 1 月，国务院首次明确提出推进我国三网融合的阶段性目标。[①] 主流媒体积极进军互联网产业已成为此时的显著趋势，这一变化使得原有的众多视频网站在越发激烈的市场竞争中不断寻求新的突破点。互联网与电视产业的深度融合与相互借鉴，不仅正在重塑传媒生态和行业的整体布局，也在悄然改变着内容生产的方式和理念。同年，各大视频网站相继宣布将自制内容作为发展的重心。多部自制剧的不错反响给市场带来了希望，视频网站拿出部分版权方面的预算转向自制剧、自制综艺的开发。2011 年 10 月，国家广播电影电视总局发布《关于进一步加强电视上星综合频道节目管理的意见》，其中明确提出，“对节目形态雷同、过多过滥的婚恋交友类、才艺竞秀类、情感故事类、游戏竞技类、综艺娱乐类、访谈脱口秀、真人秀等类型节目实行播出总量控制”[②]。政策出台后，各大上星卫视晚间黄金档娱乐节目的数量缩减近三分之二。这一变化不仅反映了电视娱乐市场的动态调整，也预示了行业发展的新趋势。面对这一变革，部

① 国务院办公厅．温家宝主持国务院常务会 决定加快推进三网融合［EB/OL］．（2010-01-13）［2024-06-25］．http://www.gov.cn/ldhd/2010-01/13/content_1509622.htm.

② 新华社．广电总局下发加强电视上星综合频道节目管理意见［EB/OL］．（2011-10-25）［2024-06-25］．http://www.gov.cn/jrzg/2011-10/25/content_1977909.htm.

分电视观众与广告商纷纷将目光投向了网络领域，这无疑为网络综艺的发展提供了难得的契机。

2011—2013 年，视频网站自制综艺节目经历了从简易资讯类向棚内大制作的显著转型。优酷作为早期涉足自制内容领域的佼佼者，采用了 UGC 与 PGC 并行的策略，不仅注重挖掘和培养创作人才，更在内容创作上展现了前瞻性的视野。爱奇艺则依托百度大数据的强大支持，首创了“互联网时代的专业出品内容”这一全新概念，与内容制作机构紧密合作，共同分享收益，从而实现了内容品质与商业价值的双重提升。腾讯视频虽然起步稍晚，但凭借其“iSEE 精细化运营”的理念，在细分受众市场方面取得了显著成效，深耕新闻、体育、财经等专业领域，为观众提供更为精准和专业的内容服务。搜狐视频则专注于喜剧剧目与精英文化类综艺节目的深耕细作，致力于构建专业且高效的制作团队，为观众带来一系列高品质的内容体验。

在寻求差异化发展的过程中，各大视频网站通过自制内容不仅拓展了营收手段，更培育出了全新的制播生态。这一转型不仅提升了视频网站的整体竞争力，也为观众带来了更为丰富和多元的内容选择。

这一阶段涌现了一系列颇具代表性的网络综艺，其中包括奇艺网打造的婚恋情感节目《爱 GO 了没》（2011），优酷推出的脱口秀《晓说》（2012），以及优酷率先推出的我国首档网络自制户外真人秀节目《侣行》（2013）等。由于此时的网络综艺尚处于起步阶段，整体制作水平相对较为粗糙，成本也无法与当时的电视综艺节目相提并论。尽管如此，这一时期的网络综艺仍然具有其独特的价值。它们力图用平民化的视角展示对不同选题的诠释，体现了网络文化的民主化与多元化特点。这些节目不仅丰富了网络文化的内容，也为广大网友提供了更多元化的娱乐选择。

（三）中国网络综艺的成长期（2014—2016 年）

2014 年，爱奇艺携手米未传媒打造的中国首档说话达人秀节目《奇葩说》正式亮相。节目凭借新颖的形式、话题、价值观和嘉宾迅速在年轻受众中走红，成为国内第一档“现象级”网络综艺。《奇葩说》在深层次上推动了主流文化、青年文化、精英文化与大众文化之间的交流与碰撞，激发了广大观众的深度共鸣，引领了社会文化的新风尚。腾讯视频亦在同年推出了备受瞩目的中国首档互联网调查类真人秀节目《你正常吗？》。节目紧密结合互联网自由、个性化的特点，运用先进的大数据技术，深入挖掘网民对于社会热点话题的真实态度，其出人意料的调查结果使得节目充满了娱乐性与看点，吸引了数以亿计的观众点击观看，总点击量更是突破了两亿大关。搜狐视频亦不甘示弱，独播了国内首档由韩国制作团队倾力打造的隐秘拍摄整蛊明星真人秀节目《隐秘而伟大》。节目以高投入、高标准的制作水准，单期投入便达到了卫视综艺节目的标准，为观众带来了一场场别开生面的视觉盛宴。

《腾讯娱乐白皮书》统计数据显示，2014 年网络自制综艺节目的数量达到了 47 部，相较于 2013 年的 29 部呈现出稳步增长的态势。在这一年里，网络综艺在投资规模、口碑评价和影响力等方面均实现了显著提升，因而被业界誉为“网综元年”，标志着中国网络综艺进入了全新的发展阶段。

到了 2015 年，网络自制综艺节目数量达到了 96 部，总量翻倍，类型主要集中在语言类、音乐类和户外体验类，节目制作成本也显著上升。腾讯视频联手东方卫视打造的大型生活实验真人秀节目《我们 15 个》，制作成本上亿元，充分展现了制作团队对于节目品质的极致追求。与此同时，爱奇艺的《奇葩说》第二季与《偶滴歌神啊》等节目的造价也高达数千万元，更有 5 档网络综艺成功反向输出至卫视平台，这不仅证明了网络综艺的高质量，也彰显了其强大的市场号召力。

《腾讯娱乐白皮书》统计数据显示，2016 年网络自制综艺节目数量上涨到 111 部（未计入衍生节目），影响力大幅提升。跻身播放量前十榜单的门槛已然提升至 6 亿播放量，这一数据相较于 2015 年已然翻倍，充分展现了网络综艺市场的蓬勃活力。自“网综元年”以来，网络综艺市场历经两年多的变革与发展，各大视频平台均积极探索，力求在激烈的市场竞争中脱颖而出。在此期间，市场头把交椅的争夺异常激烈，各大平台轮流坐庄，形成了一幅多方割据、动态竞争的生动画面。从2015年“优爱腾”三足鼎立的格局，到2016年芒果TV强势崛起，占据前十榜单四席之位，网络视频生态体系逐渐形成了以爱奇艺、腾讯视频、优酷视频、芒果TV等为代表的多元竞争格局。在这一激烈的竞争中，各平台纷纷挖掘自身特色，抢占优势领域，开发独具特色的经营模式，努力打造具有鲜明品牌特色的网络综艺内容。

此时具有代表性的节目包括由芒果TV制作并播出的“台综转网综”《爸爸去哪儿》第四季以及参考韩国模式推出的推理类真人秀《明星大侦探》，优酷联合《天天向上》团队制作的脱口秀节目《火星情报局》，腾讯视频打造的由明星嘉宾与素人萌娃共同生活的真人秀节目《放开我北鼻》，爱奇艺推出的方言音乐节目《十三亿分贝》及时尚互动类真人秀《爱上超模》第三季，更加多元化的选题让网络综艺收获更多的观众和更大的市场。

众多优秀的电视台制片人与主持人纷纷投身网络综艺的创作之中，显著提升了节目的整体品质与广泛影响力。随着大众文化日益受到重视，其影响力也逐步攀升，网络综艺开始更加关注个体体验，积极表达与精英文化形成鲜明对比的多元化价值观念。在互联网迅猛发展的浪潮中，网络综艺逐步迈向成熟阶段，呈现更加精彩纷呈的节目内容，为观众带来了更为丰富多元的视听体验。

（四）中国网络综艺的成熟期（2017年至今）

2017年，腾讯视频推出了自制音乐偶像养成节目《明日之子》，爱奇艺则斥资超过2.5亿元打造了说唱选秀节目《中国有嘻哈》。这两档节目均取得了极为显著的成功，收获了广泛的关注和赞誉，成为当年的热门话题，以总计约70亿的网络播放量，共同开创了“网络选秀元年”。这一年，电视综艺领域被慢综艺和文化类综艺节目主导，拥有极高的收视率和广泛的话题讨论。与此同时，各大视频网站也开始积极调整内容布局，将重心转向垂直细分领域的深度拓展，致力于挖掘并满足分众市场的多元化需求。在这一年，头部网络综艺的影响力持续攀升，不仅吸引了大量观众的关注，更引领了文化潮流的发展（见表 5-1）。同时，会员付费观看的趋势也开始显现，显示出网络综艺商业化运营的潜力与前景。

表 5-1　2017 年网络综艺代表性作品

节目名称	类型	播出平台
《明日之子》	音乐偶像养成	腾讯视频
《中国有嘻哈》	说唱选秀	爱奇艺
《爸爸去哪儿》第五季	亲子户外真人秀	芒果 TV
《明星大侦探》第二季	明星推理真人秀	芒果 TV
《2017 快乐男声》	歌唱选秀	芒果 TV& 优酷
《变形计》第十四季	成长类真人秀	芒果 TV& 优酷
《妈妈是超人》第二季	亲子真人秀	芒果 TV
《吐槽大会》	搞笑脱口秀	腾讯视频
《放开我北鼻》第二季	亲子真人秀	腾讯视频
《火星情报局》第三季	情景脱口秀	优酷
《脱口秀大会》	搞笑脱口秀	腾讯视频

值得一提的是，各类网络综艺在创作过程中，纷纷深入吸收亚文化领域的灵感。嘻哈文化、吐槽文化等在大众文化领域中相对较为小众的内容，被巧妙地融入节目中。这种新颖独特的创作方式，不仅为观众带来了全新的视觉体验，更用其独特的新鲜感吸引了大量年轻观众的关注和喜爱。

随着网络综艺市场的繁荣发展，相关政策法规也在不断完善。2018 年 10 月 31 日，国家广播电视总局印发《国家广播电视总局关于进一步加强广播电视和网络视听文艺节目管理的通知》，强调坚持同一标准、同一尺度，维护广播电视与网络视听节目的健康有序发展；提出广播与电视、上星频道与地面频道、网上与网下要坚持统筹管理、统一标准。存在问题的节目，网上网下均不得播出。[①]这一规定对网络综艺创作提出了详细要求，过度商业化、娱乐化和低俗倾向的内容被重点警示。

2018 年电视综艺市场的发展呈现平稳态势，总产量略有下滑，但网络综艺的表现格外抢眼。这一年，网络综艺的数量继续攀升，其影响力也实现了大幅提升。在政策的引导下，网络综艺的类型发生了显著变化：脱口秀节目数量出现断崖式减少，而观察类节目则异军突起，不仅在口碑上获得好评，收视成绩也颇为可观。同时，文化类节目也在不断创新中取得了长足发展。偶像养成类节目虽然涌现多档爆款，但在娱乐尺度的把控上受到了政策的严格监管，在 2018 年下半年呈现数量下降的趋势。

自 2017 年起崭露头角的垂直类网络综艺在 2018 年得到了持续深耕。这类节目通过瞄准小众题材，对圈层用户进行精细化运营，取得了不俗的收视成绩。然而，在取得成绩的同时，垂直类网络综艺也逐渐暴露出同质化的问题。此外，衍生节目的不断涌现让微综艺这一短小精悍的综艺新形式也逐渐进入观众视野。虽然微综艺尚未掀起大浪，但它为行业发展带来了新的思路和启示，有望在未来成为综艺市场的一股新力量。

2018 年，监管部门对影响力日益提高的网络综艺监管力度加大，对亲子、偶像养成、才艺竞秀等类型都做出明确指导。《国家广播电视总局关于进一步加强广播电视和网络视听文艺节目管理的通知》中强调广播电视与网络视听节目同一标准、同一尺度，网台联动严控内容、导向、人员各个环节，严控嘉宾片酬，并坚决打击收视率（点击率）造假等行为。

在近年来广告市场逐渐降温的大背景下，2019 年电视综艺节目的产量继续呈现下滑趋势，与此同时，网络综艺也终结了长达 5 年的持续增长势头，播出节目数量甚至不及 2017 年。从类型上来看，观察类节目的数量

---

① 国家广播电视总局 . 国家广播电视总局关于进一步加强广播电视和网络视听文艺节目管理的通知［EB/OL］.（2018-11-09）［2025-02-14］. http://www.nrta.gov.cn/art/2018/11/9/art_113_39686.html.

较之前两年有了显著增长。在题材方面，音乐、旅游、时尚类节目数量增加，而喜剧、文化、竞技类节目则有所减少。在四大主流视频平台中，自制节目的数量也呈现出不同程度的缩减。值得一提的是，尽管偶像养成类节目热度犹存，但市场已逐渐趋于饱和。腾讯视频推出的《创造营 2019》再次引发了广泛关注，而《明日之子》第三季相较于前两季，其影响力却有所滑落。优酷与爱奇艺推出的两档偶像养成类节目表现也略显平淡，显示出偶像选秀市场正面临新的挑战。

在此背景下，网络综艺正沿着垂直细分受众的方向不断探索前行。节目要在全网范围内脱颖而出，成为备受瞩目的“爆款”越发困难。然而，只要能够精准触达核心圈层受众，便已成功迈出了重要的一步。乐队、滑板、电竞、美妆、相声、潮流时尚等多样化题材不断涌现，垂直类综艺节目正在不断探寻其独特的“出圈”之路，以期在激烈的市场竞争中脱颖而出。

除了上述四家行业领军者，网络综艺市场亦迎来了新的生力军。今日头条旗下的西瓜视频，在微综艺与长综艺两大领域均进行了积极的尝试与探索，展现出了不俗的创新实力。与此同时，以用户生产内容（UGC）为主的青年亚文化视频社区哔哩哔哩（bilibili，简称“B 站”），亦推出了独具匠心的自制内容，风格独特且深受年轻观众喜爱。更令人瞩目的是，B 站还开始与省级电视台携手合作，共同出品综艺节目，这一举措无疑为网络综艺市场注入了新的活力。

2020 年，中国网络视听节目服务协会联合央视网、芒果 TV、腾讯视频、优酷、爱奇艺、搜狐、哔哩哔哩、西瓜视频、快手、秒拍等视听节目网站制定了《网络综艺节目内容审核标准细则》，针对才艺表演、访谈脱口秀、真人秀、少儿亲子、文艺晚会等各种网络综艺节目类型，从主创人员选用、出镜人员言行举止，到造型舞美布设、文字语言使用、节目制作包装等不同维度，提出了 94 条具有较强实操性的标准，对提升网络综艺节目内容质量、满足人民群众对美好精神文化生活的新期待起到重要作用，同时也是抵制个别综艺节目泛娱乐化、低俗媚俗等问题的制度性举措。

然而，尽管新力量不断涌现，网络综艺市场的未来却充满了变数。在行业遭遇寒冬的大背景下，如何调动有限的资源，探寻下一个“爆款”，成为各大视频平台共同面临的目标与挑战。各大平台需要不断探索新的内容形式，创新营销手段，以吸引和留住观众，同时也需要加强与电视台等传统媒体的合作，实现资源的优势互补，共同推动网络综艺市场的繁荣发展。

PBL 案例分析和学习——芒果 TV《花儿与少年·丝路季》

《花儿与少年·丝路季》是一档由湖南卫视、芒果 TV 联合播出的游学探访类真人秀。节目以“花少团”的游学足迹为绳，深入“一带一路”共建国家的人民日常生活，感受当地的人间烟火气，以文化交流促进民心相融，深化两国人民的交往与友谊。节目首播累计播放量达 3.4 亿，实现了“叫好”与“叫座”双丰收。

作为一档自助旅行类节目，《花儿与少年·丝路季》创新性地将“游学”这一概念深度熔铸于整个旅程之中，精心铺设了“必修课”与“选修课”两大核心版块。嘉宾们在“必修课”的引领下，得以走近诸如麦麦高铁、红海新城等“一带一路”重点合作项目及优秀的中国企业，亲身感知中国智慧如何为“一带一路”共建国家的发展注入活力，并向那些默默奉献的“丝路使者”致以崇高的敬意。而在“选修课”的体验中，他们则有机会深入探索沙特阿拉伯、克罗地亚、冰岛等地的风土人情与历史机理，学习当地的日常用语与礼仪着装，与欧洲游客共同举办别开生面的船上交流宴会，积极展示中国传统艺术的魅力。他们还参观了冰岛充满特色的乌纳中国博物馆。人民网“艺起评”指出，这种设计“让慢综艺有了新的特点”。

与此同时，节目坚定地延续了“花儿与少年”系列颇具挑战性的核心设定：自助旅行——没有经纪人、助理，每天生活费有限。这样的准则，使得 7 位嘉宾在全然陌生且语言不通的异域国度，只能依靠团队协作与有限资源完成背包之旅。这期间，成员间的真实应变、微妙互动与情感磨合，展现了人际关系的不同方面。即便有评论提及节目因此“戏剧冲突较弱”，但浓郁的异域风情仍让节目“出圈”，共同编织出节目叙事中独特的吸引力与真实质感。

制片人李超在接受澎湃新闻采访时说：“这一季没有‘花学’吗？今年节目中，比如胡先煦和王安宇的沟通场景、秦岚提供的情绪价值、迪丽热巴对王安宇共情式理解，包含着很多现代年轻人的交流方式，也能够引起大家的共鸣。我觉得‘花学’也在不断地升级，它时时刻刻都在、都有，它不一定就是矛盾，关键是看我们从什么角度去解读‘花学’。”正因为对时代情绪的精准把握，节目在社交媒体上也引发了广泛讨论。观众纷纷表示“这一季氛围也很好，超级喜欢”，足见节目对纯粹旅行之美及和谐人际氛围的精准捕捉与成功营造。

那么根据以上材料和分析，请同学们思考：

（1）《花儿与少年·丝路季》如何将宏大命题转化为有趣的综艺设计？

（2）网络综艺节目可以如何赋能文旅？

第二节　网络综艺的特征

一、选题：深入探索文化多元，精细挖掘小众文化魅力

近年来，娱乐市场的细分化发展趋势在网络综艺领域尤为显著。为了在激烈的竞争中脱颖而出，网络综艺在选题设计阶段便力求独特，呈现出多样化、个性化的鲜明特点。它们涵盖了说唱、街舞、极限运动、职场生态等多个领域，构建了一幅多元文化竞相绽放的瑰丽画卷。同时，网络综艺特有的制播灵活性使得制作方能够大胆尝试不同题材，不求大而全，而

是力求小而精，实现差异化发展。

在此过程中，精准的受众细分和定位成为吸引核心观众群的关键所在。通过大数据统计，制作方能够精准分析用户需求，投其所好地进行内容设置。例如，各类真人秀节目通过精细化的圈层细分，以及脱口秀节目通过设置争议话题，都精准地定位了目标受众。甚至针对孕期妈妈、二胎家庭、减肥人士以及小众文化爱好者等特定群体，都能找到符合其需求的网络综艺。对于专业受众，表演类节目还推出了“表演纯享版”，以满足他们对于表演的专注观赏需求；而对于艺人粉丝，则推出了衍生节目，满足他们对偶像的更多关注。

随着“80后”“90后”成为网络综艺的核心受众，亚文化选题越发受到重视。互联网的去中心化属性使得伴随其成长的青年群体对于解构传统、宣扬个性的内容有着更高的接受度。正如伯明翰学派的亚文化理论所强调的“风格”，青年群体追求独特的风格与符号系统，这也是网络综艺吸引年轻人的重要切入点。创作者从亚文化领域挖掘新颖题材，直击目标受众的心灵，进而争取更广泛圈层的关注。从说唱到乐队，从偶像选秀到情感观察，这些节目无不沿着“先小众、后出圈”的路径，赢得了更广泛的关注和喜爱。

总体来看，网络综艺在近年来通过不断创新和精细化运作，实现了对细分市场的深入开拓和有效覆盖。它们不仅为观众带来了丰富多彩的视听体验，也为娱乐市场的繁荣发展注入了新的活力。

二、制作：以用户为本的融合创新与创意落地

（一）从“观众”到“用户”的深刻转变，强化深度参与体验

随着新媒体技术的飞速发展以及融媒体时代的全面来临，视听内容的受众生态正经历着显著的变化。传统意义上的“观众”正在逐步被“用户”取代。这一转变不仅体现在称呼上，更体现在用户对于节目内容的需求和

参与度上。特别是在付费观看模式逐渐兴起的背景下，用户对高质量服务的需求越发强烈，对节目内容的参与需求也越发突出。

在这一趋势下，网络综艺更加注重用户的深度参与。从节目选材、话题设置到选手晋级、流程安排，用户的意见都被大数据精准捕捉并纳入考量。用户可以通过投票、评论反馈等方式，直接影响节目的内容和后续发展。这种全新的媒介环境与受众生态，使得网络综艺在内容生产逻辑和制作特征上，都形成了与电视综艺节目截然不同的特色。

（二）以情感共鸣为核心，增强用户黏性

相较于电视综艺节目，网络综艺节目的目标受众更加细分和具体。为了在众多同类节目中脱颖而出，网络综艺需要不断满足用户多样化、个性化的需求，以增强用户黏性。为此，网络综艺在内容创作上更加注重情感共鸣的营造，通过与核心用户建立深厚的情感联系，来维持节目的竞争力和平台利益。

例如，脱口秀节目常常围绕青年人关注的话题展开，通过深入剖析和探讨，展现不同立场与观点的交锋，引发用户的思考和共鸣；才艺竞演类节目注重展现选手追梦的执着精神和拼搏向上的面貌，让用户在欣赏才艺的同时感受到选手的奋斗精神；情感观察类节目通过窥探嘉宾的婚恋相处方式和个人生活状态，满足用户的窥私欲，同时借助情感共鸣吸引用户的关注。

（三）类型融合与形态创新，引领综艺新潮流

与电视综艺节目的渐进式发展相比，网络综艺节目自诞生之初就展现出强烈的创新精神和跨界融合的特色。网络综艺以盈利为最终目标，以娱乐服务为手段，将二创、直播、游戏竞技、纪实观察等多种元素进行拼贴与融合，形成独特的网络文化特征。同时，网络综艺也借鉴了电视综艺多年的发展经验，不断吸收新的节目形态和创作理念，推动自身的发展进程不断提速。

在形态创新方面，网络综艺充分利用网络媒介的非线性传播优势，打造更具吸引力的节目形态。例如，采用类型融合的方法，将不同领域的元素进行融合创新，形成全新的节目模式。此外，技术的更新也为创作者提供了更多的可能性，使得节目形态和制播方式能够轻松得到调整和优化。

（四）独具匠心的“网感”包装，塑造鲜明风格

网络综艺的另一大特色在于其独特的“网感”包装。这种包装形式通过大量使用花式字幕、动态漫画、特写回放等视听元素，营造出活泼生动、富有创意的节目氛围。这种风格不仅符合网友参与性、互动性、碎片化的观看习惯，也为节目增添了鲜明的网络文化特色。

在“网感”包装中，花式字幕的应用尤为突出。它不仅可以补充解释画面内容、强调剧情看点、放大幽默效果，还可以作为节目制作组、参与嘉宾和观众三方之间交流的媒介。同时，网络文化中的表情包也被广泛运用，成为表达嘉宾想法和情绪的利器。这种充满趣味性的包装形式，使得网络综艺在视觉上更具吸引力。

（五）抢占优秀 IP 资源，构建全链开发新生态

在市场竞争日益激烈的背景下，各视频网站纷纷利用自身创新能力或重金购买等方式抢占优秀 IP 资源，并进行全 IP 生态衍生链的商业开发。这种全链开发模式不仅涵盖了 IP 的版权授权、代理等方面，还扩展到衍生节目创作、衍生品零售、主题展览等多个领域，形成了全方位覆盖的产业链。

这种开发模式不仅有助于提升网络综艺的品牌价值和用户忠诚度，也为构建商业闭环提供了良好的条件。如今，IP 开发已成为网络综艺营收的重要来源之一，而衍生节目矩阵也成为高人气网络综艺的标配。通过抢占 IP 资源并进行全链开发，网络综艺在市场中获得了更强的竞争力和更广阔的发展空间。

三、传播：社交互动与碎片内容拓展

（一）社交化传播策略

相较于传统的电视娱乐节目，网络综艺扎根于互联网视频平台，充分利用了网络的独特优势，展现了鲜明的社交化传播特色。网络平台与生俱来的社交属性，使得微博、微信以及各类短视频应用成为网络综艺二次传播的重要舞台，同时也是创作者与观众、观众与观众之间互动交流的桥梁。

在社交媒体上，观众可以通过讨论、发弹幕、评论等方式表达自己对节目的看法和感受，与创作者和其他观众进行实时互动。这种互动不仅增强了观众的参与感和归属感，也为节目制作方提供了宝贵的反馈和建议。同时，弹幕视频网站上的二次创作和短视频平台的片段集锦，也进一步丰富了节目的传播内容和形式，扩大了节目的受众范围。

正如麦克卢汉所言，人类社会正步入“再部落化”阶段，网络综艺通过社交化传播，将不同文化背景的观众聚集在同一社群中，共同讨论节目话题，分享观点和情感体验。这种社群化的传播方式不仅有助于节目话题的深入讨论和广泛传播，还能够增强观众对节目的认同感和忠诚度。

（二）碎片化传播策略

在快节奏生活的背景下，网络平台的内容传播不可避免地呈现出碎片化的特点。为了适应这一趋势，网络综艺在剪辑、画面表现等方面更加注重直白和快速，力求在有限的时间内传递核心信息和观点。

在节目宣传方面，碎片化传播策略更是被发挥得淋漓尽致。制作方会主动选取节目中的精彩片段进行图文或视频节选，制作幕后花絮短视频等，以吸引观众的注意力。这些碎片化内容不仅便于观众快速了解节目内容，还能够激发观众的观看欲望和好奇心。

同时，碎片化传播策略与社交化传播策略的结合，能够进一步提升节目的影响力。观众在社交媒体上分享碎片化内容，能够迅速扩大节目的传播范围，吸引更多潜在观众的关注。这种传播方式不仅提高了节目的曝光度，还增强了观众对节目的认知度和记忆度。

综上所述，网络综艺通过社交化传播和碎片化传播策略的运用，实现了广泛传播和与观众的深度互动，为节目带来了更高的影响力和商业价值。

PBL 案例分析和学习——河南卫视“中国节日”系列节目

2021 年伊始，河南卫视的“中国节日”系列节目以其独特魅力成功吸引了大众的关注。该系列节目巧妙地将“网络剧”与“网络综艺”形式相结合，不仅注重节目内容的精彩呈现，更通过故事情节的融入，使观众能够深入体验每一个节目的文化内涵。这一系列节目聚焦中国传统文化中的春节、元宵节、清明节、端午节、七夕节、中秋节和重阳节等七大节日，通过深入挖掘节日背后的历史渊源、传统习俗以及文化内涵，为观众带来了一场场视觉与心灵的盛宴。同时，节目还通过创新的文化传承和传播方式，实现了文化的再生和发展，为观众提供了更丰富、更有趣的文化体验。

其中，最具代表性的为 2021 年河南春晚的舞蹈《唐宫夜宴》。2021 年 2 月 12 日，一个名为 # 唐宫夜宴 # 的话题迅速占领了微博热搜的高位，并在 B 站、抖音等各大网络社交平台广泛传播，引发了大众的广泛关注和热烈讨论。这个作品全长 6 分钟，由 14 位优雅的女性舞蹈演员共同呈现，她们的服饰和妆容以唐代文物为灵感，巧妙地将唐朝乐师进宫奏乐的历史场景重现于舞台之上。从乐器的精心准备，到演员们整衣敛容、穿廊入殿，再到夜宴中的精彩演奏，每一个细节都生动地描绘了古代宫廷乐舞生活的绚丽画卷。与传统歌舞类节目追求统一化、标准化的特点不同，《唐宫夜宴》通过巧妙的镜头运用，将特写与长镜头交替展现，并利用 AR 等新兴视听技术，塑造出演员们既具现代感又充满活泼与诙谐的舞者形象。这种新颖的表现手法，让观众在欣赏舞蹈的同时，也对传统文化有了全新的认识和感受。

因为其独特的创意和精彩的演绎，《唐宫夜宴》在全网范围内的播放量突破 27 亿大关，收获了无数观众的好评与赞誉。甚至连《人民日报》也对其赞不绝口，以《郑州歌舞剧院〈唐宫夜宴〉千年舞韵，何以走红》为题发表文章，对其新颖的创意给予了高度评价。

那么根据以上材料和分析，请同学们思考：

（1）《唐宫夜宴》为何能在当时获得如此高的关注度？与播放平台是否有关？

（2）河南卫视“中国节日”系列节目如何通过 IP 开发和运营实现长久的影响力和关注度？

第三节　网络综艺的文化产业特性与融合

一、数字化传播与视听无国界

网络综艺借助互联网平台的力量，展现出其独特的传播特性：高效、便捷、互动性强且数据驱动。这些特质使得网络综艺在现代传媒生态中脱颖而出，打破了传统电视媒体的束缚，开创了全新的传播格局。

首先，网络综艺的数字化传播特性赋予其高效与便捷的优势。相较于传统电视媒体，网络综艺可以随时随地通过手机、平板电脑等多种终端进行观看，完美契合了现代观众对于碎片化、个性化内容的需求。例如，《奇葩说》在爱奇艺平台的热播，便充分展现了观众可以随时随地通过手机客户端观看节目的便捷性，这种高效便捷的传播方式，不仅吸引了大量观众，也极大地提升了节目的社会影响力。

其次，互动性与参与性成为网络综艺的另一大亮点。网络综艺常常设计丰富多样的互动环节，让观众不再只是节目的旁观者，而是成为节目的参与者和决策者。以《创造 101》为例，用户被节目定义为“全民制作人”，可以通过投票的方式决定选手的晋级，这种参与方式极大地提高了观众的参与感和节目的互动性。这种深度的互动和参与，使观众对节目产生了强烈的归属感和认同感，从而提升了节目的吸引力和黏性。

此外，网络综艺还充分利用互联网大数据技术，精准分析观众的观看行为、偏好和反馈，从而实现对内容推送和传播策略的精准调整。例如，优酷和爱奇艺等平台通过分析观众的观看习惯，对节目的播放时间和内容结构进行优化，确保节目能够更好地满足观众的需求。这种数据驱动的精准传播方式，使得网络综艺能够更好地定位目标受众，提高传播效果和观众满意度。

在数字化传播的推动下，网络综艺实现了视听无国界——打破了地域和文化的限制，让全球观众能够共享来自不同国家和地区的精彩内容。曾有学者主张与“内容为王”理念相悖的“渠道至上”观点，这一观念着重凸显了渠道在媒体市场角逐中的核心角色。尽管这一说法在后续的实践中逐渐暴露出其片面性和不足，无法全面、准确地反映现实，但它确实触及了媒介在信息传播，尤其是海外传播中的不可或缺性。在国内，优酷、爱奇艺、腾讯视频、B 站、芒果 TV 以及微博等网络平台已经崭露头角，而在海外，YouTube、Netflix 和 Twitter 等互联网平台同样大放异彩。这些平台不仅重新塑造了当代媒体版图，还打破了传统电视观看模式的垄断地位。与此同时，TikTok 等短视频平台的兴起，更为当前的传播格局注入了新的活力，使其变得更加丰富多彩。

当前已有许多互联网视频平台向外拓展海外业务，如腾讯视频的 WeTV、爱奇艺海外版、芒果 TV 国际版、抖音海外版 TikTok 等，部分平台已经拥有了庞大的用户基数，在网络综艺的全球化传播中彰显出一定的影响力。跨文化合作是实现网络综艺视听无国界的另一重要方式，例如 2018 年，福克斯传媒集团（Fox Network Group）成功收购了优酷原创综艺节目《这！就是灌篮》的模式版权，这一重要举措标志着国产原创综艺节目从传统的下游买家角色转变为上游供应商的新篇章。这不仅是一次商业层面的突破，更是中国综艺节目在国际舞台上的一次华丽转身。通过此举，国产原创综艺节目得以借助海外本土媒体这艘“巨轮”，将蕴含中国智慧的节目模式推向更广阔的舞台。这不仅有助于提升中国综艺节目的国际影响力，也为中国文化的海外传播开辟了新的途径。

二、小众文化的展演与多元文化的融合

网络综艺依托互联网的整体文化生态，构筑了一个更为开放与包容的文化平台，不仅能够吸纳多种多样的文化元素，更展现出对小众文化的深厚理解与广泛接纳，特别是在对亚文化的挖掘与呈现方面尤为显著。

在我国，网络综艺主要以青年群体为核心受众，这使得青年亚文化自然而然地成为网络综艺文化场域中的主流元素。这种趋势不仅彰显了青年文化的活力与多样性，也为亚文化的传播与普及提供了更广阔的平台。

正如前文所述，网络综艺节目与电视综艺节目在发展格局上形成了差异化与互补的关系。因此，网络综艺节目更倾向于打造与电视综艺节目截然不同的亚文化内容，从而满足年轻观众对于新颖独特的文化体验的追求。这些内容展现了对亚文化内容的深刻尊重和全面包容，体现为对传统权威的挑战、消解与叛逆，并为亚文化的蓬勃发展提供了广阔的舞台。网络综艺对新颖的思想观念，以及不同的价值立场、态度、观点和文化风格均持开放态度，充分展现了其文化包容性。首先，网络综艺对不同身份角色的人、不同社会群体代表均给予充分的展现空间，呈现出社会的多元与包容。其次，对个人文化自由表达的尊重，以及对挑战文化权威行为的接纳，进一步彰显了其开放与包容的文化态度。此外，网络综艺还积极呈现多元亚文化，并对普通人的参与持开放态度，使更多人能够参与文化的创造与分享。

在网络综艺中，我们可以看到青年亚文化的多种表现形式。例如，一些综艺节目通过邀请年轻艺人、网红等参与录制，展示他们的才艺、生活方式和价值观，从而吸引了大量年轻观众的关注。这些节目不仅为年轻人提供了一个展示自我的平台，也为他们提供了与其他文化进行交流的机会。同时，一些节目还通过引入各种时尚元素、流行文化等，进一步丰富了青年亚文化的内涵和外延。

当然，我们不能全盘认可所有舶来的亚文化，而是需要正视来自社会层面的制度性约束和来自文化层面的价值引导。因此，一些综艺节目可能会对青年亚文化中某些不恰当、不符合中国国情的元素进行删减或修改，以适应更广泛观众的审美需求。我国网络综艺作为多元文化互动共生的场域，在推动主流文化和青年亚文化的交流与融合方面发挥了重要作用。在这个过程中，我们可以看到两种文化之间的相互作用和影响。一方面，青年亚文化通过个性化的表达方式，向主流文化展示了自己的独特性和价值所在；另一方面，主流文化则通过规范和收编的方式，对青年亚文化进行引导和塑造。这种“抵抗与收编”的文化碰撞不仅丰富了网络综艺的文化内涵，也为社会的和谐与进步注入了新的活力。

三、技术融合下的视听体验升级

借助 CG（数字特效）、AR（增强现实）、VR（虚拟现实）、XR（扩展现实）等前沿技术以及人工智能等尖端科技的深度融合，网络综艺实现了视听感受的全方位革新。这些先进技术的应用不仅极大地丰富了节目的视觉呈现效果，还显著增强了观众与节目之间的互动性，进一步加深了观众的沉浸体验，为他们带来了一场前所未有的观赏盛宴。

例如，在《王者荣耀》游戏 IP 改编的大型实景真人秀对抗综艺《王者出击》中，为了确保节目效果的逼真与震撼，节目组特意邀请了《加勒比海盗 4：惊涛怪浪》的特效团队参与制作。他们精心运用在电影制作中常见的动作捕捉技术，这是在综艺节目领域的一次全新尝试和突破。通过这种技术的运用，节目成功还原了游戏中的水晶、野怪、红蓝 buff 等核心元素，为观众呈现了一个高度还原的游戏世界，极大地提高了节目布景与游戏原作的契合度。在享受紧张刺激的真人秀对抗的同时，观众仿佛置身于游戏世界之中，感受到了浓厚的游戏氛围。这种跨界尝试无疑为综艺节目的发展注入了新的活力，也为未来的综艺节目创新提供了有益的启示。再如，在 B 站的跨年演唱会中，全息投影、虚拟影片、虚拟人像等技术的成熟运用为每个节目搭建出沉浸式的表演场景。

展望未来，随着科技发展的日新月异和不断创新，我们有理由相信，网络综艺将继续勇攀技术高峰，积极探索并应用更多前沿的科技成果，从而推动视听体验不断迈向新的高度，实现更加精彩的突破。这些努力将为广大观众带来更加丰富多彩、引人入胜的观赏体验，让观众在享受娱乐的同时，也能感受到科技进步带来的无限魅力。

课堂或课后思考

（1）在不断发展和创新中，你认为网络综艺不变的特质是什么？

（2）网络综艺在小众文化的呈现上有什么策略？同学们可以根据特定的节目展开思考。

（3）考虑到网络综艺在当前的迅猛发展，你认为“电视已死”的说法准确吗？电视综艺是否已经进入暮年？

（4）你如何理解网络综艺中被青年观众所喜爱的“网感”？它体现在什么地方？

（5）网台综艺统一标准、统一尺度给网络综艺的创作带来的变化是什么？

（6）你认为当前网络综艺发展的最大困境是什么？

第六章 短视频艺术

在数字化浪潮的推动下，短视频作为一种新兴的艺术形式，已经深深地融入了我们的日常生活。随着新媒体通信技术的飞速发展和 5G 时代的来临，图文与视频的传输速度和质量均实现了质的飞跃，为短视频的兴起提供了坚实的技术基础。短视频不仅强烈依赖于新媒体通信硬件设备，如手机、平板电脑等成为这些新兴媒介的“天然伙伴”，而且其内容与载体之间形成了新媒体艺术的独特勾连。在全球范围内，短视频更展现出新媒体、新人类、新共同体的鲜明特征，TikTok 的风靡全球便是最好的例证。与此同时，短视频艺术也与其他网生艺术一样，强调算法导向、用户画像和智能推荐等要素，但其 UGC 的特征尤为显著，使得每一位用户都能成为内容的创造者和传播者。接下来，我们将深入探讨短视频的魅力及其在新媒体时代的重要地位和艺术特征。

第一节　短视频艺术概述

一、短视频的定义

对短视频的定义可以从多个维度进行解析，包括其内容、形式、传播特性以及社会文化意义等方面。我们可以综合得出以下定义：短视频是一种在数字技术赋能下，以移动智能设备为主要观看平台的视听媒介形式。它以体量短小、传播速度快、易于消费的特点，迅速成为信息传递和社交互动的重要方式。[①] 短视频的内容丰富多样，包括但不限于才艺展示、生活记录、社会新闻、教育知识等[②]，并且能够通过碎片化、个性化和即时性的社交平台进行有效传递。

从技术发展和用户行为的角度来看，短视频的兴起得益于移动互联网的普及和 4G 网络的发展，这些技术进步使得人们更容易接触和分享短视频内容。同时，短视频满足了现代社会人群对于快速获取信息和娱乐内容的需求，其“短、精、趣”的特点受到了广泛欢迎。

在社会文化层面，短视频不仅是一种新型的媒介形态，也是自我表达和社会交往的新空间。它促进了个体之间的互动交流，同时也反映了当代社会的价值观念和文化现象。[③] 然而，短视频的快速发展也带来了一些问题，如内容同质化、版权意识缺失等，这些问题需要通过加强行业监管和

① 曲盛妍．“小叙事”的“大传播”：网络短视频研究［D］．长春：吉林大学，2019.

② 鲍楠．短视频内容的主要类别与特征简析［J］．中国广播电视学刊，2019（11）：25-26，32.

③ 郭沛沛．对短视频内容、形式及意义的再思考［J］．北京社会科学，2022（8）：119-128.

优化内容生产等措施来解决。

二、短视频的分类

（一）按照制作团队分类

短视频的制作形式灵活多变，既可以一个人单枪匹马做出质量上乘的短视频内容，也可以组建团队，创作备受欢迎的视频作品。那么，根据制作团队的性质不同，我们习惯上将短视频分为四种不同的制作形式。

（1）UGC（User Generated Content），即用户生产内容，是一种用户使用互联网的新方式，用户不再以观看者的角度被动接收信息，转而制作很多用户自己喜欢的内容。哔哩哔哩就是国内比较知名的 UGC 视频网站。

（2）PGC（Professional Generated Content），即专业生产内容，对比 UGC 来说，PGC 产出的内容更具专业性，也更具深度，常见的形式如汽车评测、知识分享等，质量上乘的 PGC 作品更容易形成粉丝效应。UGC 和 PGC 的区别，在于是否具有专业的学识、资质，是否在所共享内容的领域具有一定的知识背景和工作资历。①

（3）OGC（Occupationally-generated Content），即职业生产内容，由具有专业知识和职业背景的行业人士生产的内容，并且他们会因此获得相应的报酬。例如，由媒体机构、专业领域 KOL（Key Opinion Leader，即关键意见领袖）、品牌官方账号等制作的内容，往往具有专业性和针对性。PGC 和 OGC 的区分相对容易，以是否领取相应报酬作为分界，PGC 往往是出于爱好，义务地贡献自己的知识，形成内容；而 OGC 是以职业为前提，其创作内容属于职务行为。②

（4）PUGC（Professional User Generated Content），即专业用户生产

① 刘振兴 . 浅析 UGC、PGC 和 OGC［EB/OL］.（2014-01-20）［2024-08-26］. http://yjy.people.com.cn/n/2014/0120/c245079-24169402.html.

② 刘振兴 . 浅析 UGC、PGC 和 OGC［EB/OL］.（2014-01-20）［2024-08-26］. http://yjy.people.com.cn/n/2014/0120/c245079-24169402.html.

内容，指在移动音视频行业中，将 UGC 与 PGC 相结合的内容生产模式。PUGC 的生产模式集合了 UGC 和 PGC 的双重优势，既有 UGC 受众触达的广度，又通过 PGC 产生的专业化的内容，更好地吸引、沉淀用户。如在短视频领域，“梨视频”就采用了 PUGC 的生产模式，通过邀请专业人士和明星入驻、鼓励用户生产内容、提供社交互动和专业培训等方式，成功地将 UGC 和 PGC 的优势结合起来，打造了一个高质量、高黏性的短视频平台。

（二）按照内容方向分类

短视频作为一种新兴的媒体形式，其内容涵盖广泛，既有生活中的点滴记录，也有专业领域的知识分享；既有轻松愉快的娱乐消遣，也有深刻独到的思想碰撞。每一种内容都有其独特的魅力，吸引着不同的人群。我们在此将短视频按照内容方向分为以下几类。

（1）测评类：测评类短视频以较专业的角度测评上市的新老产品，为普通消费者提供重要的参考信息和依据，在一定程度上可以左右消费者选购产品的倾向。如测评类博主“海潮测评”，该博主以各种食品为主要测评对象，通过对配料表、公司资质等的分析和亲身体验，为消费者提供真实可靠的购买建议。幽默的创作风格使其短视频内容不仅具有实用性，还具有一定的趣味性。他站在消费者角度的测评态度也能够引发观众共鸣，因此深受粉丝的喜爱。

（2）解说类：解说类短视频制作者作为某一领域的高手，为一般用户提供新鲜视角来解读电影、游戏等内容，常见的有电影解说，游戏解说等。如，B 站 UP 主“木鱼水心”以深度影评为主，不只是简单复述剧情，而是融入自己的理解和分析。“木鱼水心”是 B 站 2018 年百大 UP 主之一，视频内容涵盖电影、电视剧、纪录片、动画等多个领域，深受观众喜爱。

（3）娱乐类：娱乐类短视频主要注重娱乐性和趣味性，包括搞笑、明星八卦、综艺热门花絮、音乐 MV 等。一些娱乐类短视频博主会发布各种搞笑段子、模仿秀、舞蹈视频等，以吸引观众的眼球。例如，以“青柠娱乐家”为代表的娱乐营销号，作为娱乐领域创作者，擅长发掘娱乐圈各种不同的信息，以超有梗的明星内容给账号带来过亿流量。他们紧跟娱乐圈热点，超强的时效性能让用户在第一时间了解到娱乐圈最新动态。

（4）美食类：美食类短视频以美食制作、美食展示和试吃为主，包括菜谱分享、烹饪技巧、美食鉴赏等。这类短视频通常能够引起观众的食欲，同时也能够传递健康饮食的理念。例如，“夏叔厨房”是一位拥有大量粉丝的美食博主，其视频内容以家常菜为主，注重烹饪技巧和食材的搭配。夏叔的烹饪风格亲民、实用，深受观众喜爱。又如，“真探唐仁杰”以探店视频为主，探访各种美食餐厅，对菜品进行客观评价。他的视频内容真实、有趣，能够带领观众领略不同餐厅的美食魅力。

（5）时尚类：时尚类短视频注重展示潮流、时尚和美丽，包括穿搭、美妆、美发、美容等。这类短视频通常能够吸引年轻观众的关注，传递时尚资讯和搭配技巧。例如，“FashionwithFiona”是一位来自 TikTok 美区的时尚穿搭博主，她凭借敏锐的时尚嗅觉和非凡的搭配技巧，将日常穿搭玩转得如同艺术。她的“平价时尚”理念深受大众喜爱，成为 TikTok 美区的潮流指向标。

（6）旅游类：旅游类短视频以展示旅游景点、旅行经历为主，包括旅游攻略、景点介绍、旅行日记等。这类短视频能够激发观众的旅游兴趣，提供实用的旅行建议。例如，“房琪 kiki”是一位在抖音等平台上非常受欢迎的旅游博主，她以优美的文笔和真实的旅游体验吸引了大量粉丝。她的视频内容涵盖国内外多个旅游目的地，不仅展示了当地的美景和文化，还分享了实用的旅行攻略和心得。她的视频风格清新自然，深受观众喜爱。

（7）教育类：教育类短视频主要关注知识传递和学习技能，包括科普知识、语言学习、技能培训等。这类短视频旨在提高观众的知识水平和技能，具有实用性和教育性。例如，“张雪峰老师”以其幽默风趣的讲解风格和深入浅出的知识点分析，赢得了大量粉丝的喜爱。他主要分享考研、就业等方面的知识和经验，帮助学生们更好地规划自己的未来。

此外，还有街头采访类、技能分享类、“草根”搞笑类等多种类型的短视频。这些短视频类型各具特色，能够满足不同观众的需求和兴趣。随着短视频行业的不断发展，未来还可能出现更多新的短视频类型。

（三）按照时长分类

（1）大于5分钟：传统的短视频时长，在优酷等视频网站，早期UGC繁荣时期比较常见的时长。视频制作精良，内容质量优良，但随着移动端的到来逐渐没落，不过内容却越发精品化。

（2）3分钟上下：移动时代App视频大多选择的时长。视频内容精练，但受限于流量和用户时间，有时候会过度精简，导致内容碎片化，不过更有利于移动端的观看，所以成为目前的主流视频时长。

（3）低于1分钟：以抖音、快手等新兴短视频为代表的超短时长的短视频，内容承载能力非常有限，但更加有利于移动时代的传播，用户在观看时更加具有新鲜感，甚至沉迷其中无法自拔。

PBL案例分析和学习——搞笑赛道短视频账号“我是田姥姥”

抖音短视频博主“我是田姥姥”，本名田桂芬，是一位备受瞩目的网络红人。她以“我是田姥姥”这一网络id在抖音平台上迅速走红，凭借独特的个性和搞笑风格，吸引了大量粉丝的关注和喜爱。

田姥姥于2019年11月加入抖音短视频平台，凭借性格和年龄上的反差，以及她“话多且密”的独特搞笑风格，迅速在网络上走红。她的短视频内容以日常生活为素材，通过夸张的表演和幽默的语言，为观众带来了欢乐和轻松。仅半年时间，她就一跃成为抖音TOP8红人，被广大网友亲切地称为“国民姥姥”。

田姥姥的短视频作品深受观众喜爱，其中最具代表性的作品之一是《当姥姥遇见泡腾片》。在这个视频中，外孙将泡腾片放入碳酸饮料中，饮料瞬间从瓶中喷出，急得姥姥发出经典的田式“突突枪”话语。这个视频一经发布，就迅速火遍全网，累计获赞超过 383.5 万，评论和转发量也分别达到 12.2 万和 18.7 万。

除了搞笑视频，田姥姥还尝试了直播带货等新的变现方式。她在 2020 年 5 月首次开启直播带货，通过直播向观众推荐各种商品，并与观众进行互动。她的直播风格幽默风趣，深受观众喜爱，也取得了不错的销售业绩。

田姥姥的视频内容常常以她与家人的互动为主，尤其是与外孙的搞笑日常，成为她视频的一大特色。她的外孙经常想出各种怪招“恶搞”姥姥，而田姥姥则以其标志性的“碎嘴”式对话和“突突突”的语速回应，这种温馨又充满反转和冲突的内容，深受观众喜爱。

如今，田姥姥已经坐拥超过 3500 万的粉丝，成为抖音平台上备受瞩目的搞笑类博主之一。她的视频不仅给观众带来了欢乐和轻松，也传递了正能量和乐观的生活态度。

那么根据以上介绍，请同学们思考：

（1）在搞笑赛道的众多账号中，为什么“我是田姥姥”可以迅速走红并且持续吸粉？

（2）你认为当前的短视频市场中，还有哪些类型存在空缺？如果让你起一个账号，你会选择什么赛道？为什么？

（3）请结合上述材料与自身经历，谈谈短视频是如何体现“艺术来源于生活”的？

第二节　短视频艺术的特征

那么，短视频究竟为何能够如此迅速地崛起并受到如此广泛的欢迎呢？接下来，我们将从多个角度深入探讨短视频艺术的特征及其背后的原因。

一、新媒体特征

（一）传播内容的碎片化

短视频作为一种新兴的媒介形式，其传播内容的碎片化特征日益显著。这种碎片化不仅体现在内容形式上的简短、精练，更在深层上反映了信息消费习惯及技术发展的双重影响。

首先，从内容形式来看，短视频通常的时长在几秒到几分钟之间，这种限制使得创作者必须迅速抓住观众的注意力并传达核心信息。因此，短视频的内容往往被切割成多个短小精悍的片段，每个片段都承载着独立且完整的意义。这种碎片化使得信息更加易于消化和吸收，满足了现代人在快节奏生活中对信息获取的需求。

其次，从信息消费习惯来看，短视频的碎片化符合现代人的碎片化阅读习惯。在信息爆炸的时代，人们的时间被分割成无数碎片，而短视频正好可以利用这些碎片时间进行信息的传播。人们可以在等车、排队、休息等短暂时间内，通过观看短视频来获取最新的资讯、娱乐或知识。

最后，从技术发展来看，短视频的碎片化是技术进步的必然结果。随着智能手机、网络带宽等技术的不断发展，人们可以更加便捷地拍摄、上传和观看短视频。同时，算法技术的应用也使得短视频平台可以根据用户的兴趣和偏好来推送相关内容，从而进一步加剧了内容的碎片化。

然而，短视频的碎片化也带来了一些问题。一方面，由于信息过于碎片化，观众可能难以形成完整的知识体系和理解框架；另一方面，碎片化的内容也可能导致信息的失真和误读。因此，在享受短视频带来的便利和乐趣的同时，我们也需要保持对信息的理性和批判性思考。

（二）视频平台的社交化

短视频通过与各类平台、技术相结合，不断扩大自身的“用武之地”，形成了不同于电视、网络直播等视听媒介的传播机制和价值逻辑。[①] 短视频平台的社交化已经成为当前互联网领域的一大趋势，它深刻改变了人们交流、互动以及分享内容的方式。

首先，用户的互动和参与感增强。短视频平台通过点赞、评论、分享等互动功能，极大地提升了用户的参与感。用户不仅可以观看视频内容，还可以直接表达自己的观点和感受，与其他用户进行交流和互动。这种互动模式不仅增强了用户的黏性，也促进了用户之间的连接和社群的形成。

其次，创作者与用户之间的互动更加方便。短视频平台鼓励创作者与用户之间的直接互动。创作者可以通过直播、私信等方式与用户建立联系，了解用户的需求和反馈，进一步提升内容的质量和针对性。这种互动模式有助于建立创作者与用户之间的信任关系，促进内容的传播和分享。

最后，短视频平台的社交化还体现在内容的即时性和便捷性上。用户可以随时随地拍摄、上传和观看短视频，与其他用户进行即时互动和交流。这种即时性和便捷性使得用户能够更加灵活地参与社交活动，也促进了信息的快速传播和分享。

总之，短视频平台的社交化不仅改变了人们的社交方式，也促进了内容生产、传播的创新。随着技术的不断发展和用户需求的不断变化，短视频平台的社交化趋势将会持续深化和拓展。

（三）内容生产的平民化

UGC 模式成为一种新的商业模式，使得任何人都可以参与短视频的创作和传播。[②]

技术门槛的降低是生产平民化的物质基础。随着智能手机和移动互联网的普及，短视频制作的技术门槛大大降低。现在，只需要一部智能手机

① 田智辉，解益坤．融媒体时代短视频的传播特色与创新［J］．青年记者，2019（15）：84-85.

② 贾陈瑾．后现代视域下新媒体短视频的美学特征［J］．新闻世界，2016（5）：67-69.

和一款短视频制作软件，任何人都可以轻松地拍摄、剪辑和分享自己的视频内容。这种技术门槛的降低使得更多的人能够参与短视频内容生产。

同时，这还得益于内容创作的自由性。短视频平台通常提供丰富的视频制作工具和特效，使得用户可以根据自己的喜好和创意进行创作。这种自由性激发了用户的创造力和想象力，使得短视频内容呈现出多样化和个性化的特点。

当然也少不了平台的支持和推广。短视频平台通常会通过算法推荐、热门榜单等方式来推广优质的内容创作者和作品。这种支持和推广使得一些优秀的平民创作者有机会获得更多的曝光和关注，也鼓励了更多的人参与内容创作。同时，平台也会根据用户的反馈和需求来调整推荐算法和内容策略，以更好地满足用户的需求和期望。

由于平民化的短视频内容生产具有广泛性和多样性，它能够更真实地反映社会现实和多元文化。从普通人的日常生活、工作场景到各种社会事件和现象，都可以成为短视频的内容来源。这种平民化的视角使得短视频内容更加贴近普通人的生活，也更容易引起观众的共鸣和关注。

总之，短视频内容生产的平民化是互联网内容创作领域的一个重要趋势。它打破了传统内容生产的门槛，激发了更多人的创造力和想象力，使得短视频内容呈现出多样化和个性化的特点，也使得短视频平台成为一个充满活力和创造力的社区。

二、艺术特征

（一）平实的影像语言

短视频作为一种新兴的媒介形式，以其简洁、直观且富有冲击力的视觉呈现方式受到了广大用户的喜爱。以抖音上的知名视频创作者“房琪kiki”的账号为例，她的短视频内容多聚焦于旅行、风景、人生感悟等，其视频风格和影像语言充分展现了平实的特质。

在“房琪 kiki”的视频中，我们很少看到炫技式的摄影手法。相反，她更倾向于使用平稳、自然的镜头来捕捉风景和人物。这种拍摄方式不仅真实地呈现了拍摄对象，还使观众能够身临其境地感受视频中的每一个场景。她的视频剪辑并不复杂，没有过多的转场效果和华丽的动画。她更注重通过流畅的剪辑来讲述故事，展现风景的美丽和旅途的点滴。这种简洁的剪辑手法使得视频内容更加突出，不会让观众感到眼花缭乱。

综上所述，“房琪 kiki”的短视频账号充分体现了影像语言平实的特点。她通过自然的镜头语言、简洁的剪辑手法，为观众呈现了一个真实、生动且富有感染力的旅行世界。这种平实的影像语言使得她的视频更加贴近观众，让观众能够沉浸其中，感受旅行的美好。

（二）日常化的形象建构

在短视频创作中，创作者倾向于通过展示日常生活片段、个人经历和真实情感来构建自己的形象和吸引观众。例如，“王蓉仨娃妈”的抖音视频主要围绕她的家庭生活展开，包括日常家务、孩子教育、家庭聚餐、外出游玩等多个方面。她的视频内容没有华丽的剪辑和特效，而是通过真实的场景、自然的对话和温馨的氛围，向观众展示了一个普通家庭的真实生活。

她的视频经常以她忙碌于家务、照顾孩子的场景为主。观众可以看到她如何为孩子准备早餐、整理房间、洗衣服等，这些日常琐事让观众感受到家的温暖和母爱的伟大。除了日常家务，“王蓉仨娃妈”还经常分享她教育孩子的经验和心得。她会在视频中教孩子认字、画画、做手工等，让观众看到她和孩子们之间的互动和成长。除此之外，“王蓉仨娃妈”也会记录她和家人一起聚餐的时光。无论是简单的家常菜还是外出品尝美食，她都能将这份温馨和幸福传递给观众。

通过日常化、真实化的内容呈现，“王蓉仨娃妈”成功地构建了一个真实、亲近、有爱的家庭形象。这个形象不仅让观众感受到家的温暖和幸福，还让他们对“王蓉仨娃妈”产生了深厚的情感认同和信任感。这种日常化的形象建构不仅让“王蓉仨娃妈”的抖音账号更具吸引力，还为她赢得了大量的粉丝和关注。

三、美学特征

（一）个性美学

随着移动互联网技术的迅猛发展和新媒体形态的日新月异，短视频的制作与分享已经变得比以往任何时候都更加便捷和广泛。现在的短视频制作流程已经大大简化，不再需要复杂的设备和专业技能，普通人也能轻松创作出富有创意的短视频作品。同时，这些视频的内容形式也越发多样化，从生活琐事到专业知识，从旅游见闻到美食分享，可谓五花八门、丰富多彩。它们像一面面镜子，反映出社会的千姿百态和各个角落的生动细节。

相比之下，传统的影像作品，如电影、电视剧等，虽然制作精良，但受限于传统媒体的播放平台和传播范围，受众群体相对固定。这些作品往往需要迎合大众口味，以追求更高的票房和收视率，因此有时不得不放弃一些小众的、独特的创意和表达方式。在这样的环境下，许多小众群体的审美需求无法得到充分满足。

然而，在新媒体蓬勃发展的今天，短视频以其灵活多变的题材选择和高度个性化的创作手法，正好填补了这一空缺。无论是复古风、街头文化，还是科技前沿、手工艺品，各种小众文化和兴趣都能在短视频中找到属于自己的舞台。更为重要的是，借助大数据分析和智能推荐系统，这些短视频作品能够精准地推送给感兴趣的用户，实现个性化的传播效果，让每一个小众群体都能找到属于自己的文化归属感。

（二）镜像美学

在当今新媒体的语境下，短视频的拍摄与分享平台呈现出更为广阔的覆盖范围，其内容形式亦展现出前所未有的自由度和多样性。目前，短视频的一大主流内容聚焦于对社会热点事件的幽默解读与创意恶搞，用户通过通俗易懂的语言、诙谐的表情与动作，巧妙地将社会现实与个人观点融入其中。这种 UGC 模式的短视频，以碎片化形式广泛传播，其制作过程中充分利用了影视专业的技艺，题材选择新颖独特，涵盖从日常生活点滴到轻松幽默的娱乐事件，形成了“草根化”的叙述风格。

此类短视频紧密结合时事热点，有效迎合了新媒体时代，特别是年轻受众群体对于娱乐化、个性化视频内容的旺盛需求。这种发展趋势在视频领域开辟了新的视角，打破了传统叙事方式的框架，凸显了在内容为王的时代背景下，创意与创新对于媒体内容的重要性。这种变革不仅丰富了新媒体的内容生态，也为未来的媒体发展提供了新的思路与方向。

（三）科技美学

踏入数字时代的大门，我们不难发现，无论是电影、电视剧还是广告、纪录片，几乎所有类型的视听影像作品，都离不开数字技术的深入参与和精心雕琢。数字技术如同一把神奇的刻刀，为这些作品增添了无与伦比的光彩和细腻感。

特别是短视频，作为互联网与新媒体时代的宠儿，其创作、传播和欣赏方式都与数字技术紧密相连。短视频的创作过程对数字技术的依赖显得尤为突出，从拍摄设备的数字化到后期制作的软件应用，每一个环节都深深烙印着数字技术的痕迹。

相较于传统电影、电视作品的厚重与沉稳，短视频显得更为轻盈与灵动。它在摆脱传统视听语言束缚的同时，也为数字技术的应用开辟了一片更为广阔的天地。在拍摄过程中，高清数字摄像机捕捉到的每一个细节都分毫毕现，为后期制作提供了丰富的素材。而在后期制作阶段，创作者更是通过融入影视特技、动画效果、数字图像合成等多元元素，将原本平淡无奇的画面变得五彩斑斓、动感十足。

这些数字技术的巧妙运用，不仅赋予了短视频作品更丰富的艺术表现力和感染力，还为观众带来了一场前所未有的视听盛宴。观众在欣赏这些作品时，仿佛置身于一个充满奇幻色彩的世界之中，被深深吸引并沉浸其中。总的来说，数字技术为短视频的创作带来了革命性的变化。它不仅丰富了作品的艺术表现形式，还提升了观众的观赏体验。在这个数字时代，我们有理由相信，随着技术的不断进步和创新，短视频将会焕发出更加绚丽的光彩。

综上所述，短视频作为新媒体的一种形式，不仅在传播方式上呈现出独特的新媒体特征，而且在艺术表现和美学追求上也展现出了与传统媒体不同的特点。这些特征和特点共同形成了短视频在当代社会的重要地位和影响力。

PBL 案例分析和学习——衰落的“技术流”短视频

“技术流”短视频是指一种以高超的视频拍摄和剪辑技术为特色的短视频类型。这种视频风格早期在抖音等短视频平台上尤为流行，以其独特的视觉效果和创意性吸引了大量观众。

“技术流”短视频的特点主要体现在以下几个方面。

一是高超的拍摄和剪辑技术。“技术流”短视频的拍摄者通常具备专业的视频拍摄和剪辑技术，能够熟练运用各种摄影设备、灯光和拍摄手法，结合流畅的剪辑和转场技巧，呈现出令人惊艳的视觉效果。

二是创意性。除了技术层面的要求，“技术流”短视频还强调创意性。通过独特的创意和构思，结合高超的技术手段，将普通的生活场景或物品转化为具有艺术性和观赏性的短视频作品。

三是视觉风格独特。“技术流”短视频的视觉风格通常具有鲜明的个性特点，如迷幻、刺激、新潮等，能够迅速吸引观众的眼球，产生强烈的视觉冲击力和感染力。

在抖音平台上，“技术流”短视频的代表人物有“黑脸 V”等。这些博主以其出色的技术水平和独特的创意，成为抖音平台上的超级明星。以“黑脸 V”为例，他凭借从不显露真容、出乎意料的视频创意和高超的剪辑手法，在抖音平台上拥有超过 2432 万的粉丝，播放量破亿，总点赞数达到 1.5 亿。

“技术流”短视频的兴起，不仅体现了短视频行业对于技术和创意的重视，也反映了观众对于高质量、有特色的短视频内容的追求。但是，“技术流”短视频以创意和拍摄水平取胜，需要较高的技术要求和创作能力，影响了该类视频的持续产出和流行度。随着时间的推移，观众可能对相似的转场技巧和特效产生审美疲劳，缺乏新鲜感和创新性的内容难以持续吸引观众的注意力。最终，“技术流”短视频逐渐消失在了用户的视野中。

那么根据以上介绍，请同学们思考：

（1）为什么“技术流”短视频会逐渐衰落？

（2）你认为“技术流”短视频与传统影视的制作有何联系？

（3）在拍摄方式上，“技术流”短视频有哪些“技术”？在具体操作中如何实现？

第三节　短视频艺术的制作与传播

短视频，是一个集创意、策划、拍摄、剪辑和发布于一体的综合形式。在这个新媒体时代，短视频以其短小精悍、内容丰富的特点，迅速成为信息传播和娱乐消费的重要形式。从最初的构思到最终的呈现，每一步都凝聚着创作者的心血和智慧。接下来，我们将探讨短视频制作的各个环节与短视频传播的方法，带你领略这一创意之旅的魅力。

一、短视频制作流程

（1）前期策划：在短视频制作的前期策划阶段，需要确定短视频的主题和目标。这包括构思内容、决定呈现主题的方式、列出需要拍摄的素材、是否需要配音讲解、是否有人物出镜等。这些可以整理成拍摄脚本或拍摄思维导图。

（2）设备选择：选择合适的拍摄器材对于短视频质量至关重要。可以根据内容需求选择从智能手机到专业相机的不同设备。此外，还需要掌握一些拍摄技巧，比如选择合适的景别、运镜手法、打光和音频录制等。

（3）后期制作：在后期制作阶段，将进行视频剪辑、音频编辑、特效添加、调色等工作。这个阶段通常包括素材的导入、粗剪、精剪、效果制作、调色和音频处理等。

（4）视频发布与宣传：完成短视频制作后，需要选择合适的发布渠道，如社交媒体、视频分享平台等。发布时，可以通过社交媒体分享、平台购买流量等多种方式进行宣传，以吸引观众并提升短视频的曝光率。

二、MCN——短视频领域的独特机构

MCN，全称 Multi-Channel Network，可以理解为多频道网络机构，或者更直接地说，它是一种专门为内容创作者提供一系列服务和支持的公司或组织。

简单来说，MCN 就是一群有共同目标或愿景的内容创作者和机构集结而成的联合体。它为创作者们提供内容策划、制作、推广、变现等一系列服务。这些服务旨在帮助创作者们更好地专注于创作优质内容，同时减轻他们在运营和推广上的负担。MCN 模式在短视频领域的影响是多方面的，包括内容生产与运营、传播策略与技术应用、商业模式与盈利方式、行业生态与挑战等方面。

（一）内容生产与运营

MCN 促进了短视频内容从用户生产内容（UGC）到专业生产内容（PGC）的转变，再到平台联合内容生产者共同创作（PUGC）的发展。[①] 这

① 孙旭丹 . MCN 模式下短视频专业化发展路径［J］. 青年记者，2019（21）：59-60.

种模式通过整合不同类型的 PGC，在资本的支持下保障内容的持续输出，实现商业的稳定变现。MCN 机构为内容生产者提供优质的内容制发服务，同时为平台提供更加优质的内容矩阵，从内容创作到运营再到流量获取及商业变现，参与了短视频的整个生态链。[①]

（二）传播策略与技术应用

MCN 模式下的短视频传播特征包括去中介化的内容矩阵传播、基于算法的精准传播以及跨平台的联动传播。这些策略和技术的应用提高了商业短视频的传播效果，使得 MCN 成为连接内容方、创作方与广告商的重要桥梁。[②]

（三）商业模式与盈利方式

MCN 模式在短视频平台的盈利方式主要包括账号交易收入、账号内容孵化定制收入、平台补贴营收、广告收入、流量转化变现收入等。这些盈利方式的多样化为短视频平台和 MCN 机构提供了丰富的商业变现途径，同时也推动了短视频市场的健康发展。

（四）行业生态与挑战

MCN 的兴起加速了短视频行业的专业化发展，但也面临着一些挑战，如内容生产过度依赖 KOL、流量严重依赖短视频平台方、商业变现模式单一等问题。此外，MCN 模式下短视频内容生态的伦理失范也是一个值得关注的问题。

MCN 模式在短视频领域的影响是深远和全面的，不仅改变了内容生产和传播的方式，也为行业的商业化和专业化发展提供了新的动力和方向。然而，面对行业发展中出现的挑战和问题，MCN 机构也需要不断创新和完善机制，以促进短视频行业的健康和可持续发展。

---

① 邓子薇 . 移动互联网时代下短视频 MCN 模式研究［D］. 成都：西南交通大学，2018.

② 胡沈明，马婉莹 . 短视频 MCN 运作模式与存在问题探究［J］. 现代视听，2018（7）：12-17.

三、算法——短视频推荐的核心

各种 MCN 机构制作的短视频五花八门，那么我们会刷到哪个呢？为什么每个人在软件上刷到的视频都不尽相同？这就不得不提到算法。短视频的算法是一个复杂而精细的系统，旨在为用户提供个性化的内容推荐，提高用户的观看体验和平台的用户黏性。短视频的推荐算法运行方式可以清晰地分为几个关键步骤，这些步骤共同作用，为用户提供个性化的内容推荐。以下是对短视频推荐算法运行方式的详细解析。

（一）数据收集与分析

（1）用户行为数据：在构建推荐系统的过程中，对用户行为数据的收集与分析是至关重要的一步。算法会全面地捕捉并记录用户的各种操作，包括但不限于他们的观看历史、点赞记录、评论内容、转发行为以及关注列表等。这些数据为系统提供了深入了解用户喜好的窗口。例如，用户在某一类视频上停留的时间长短，可以反映出他们对这类内容的感兴趣程度；用户是否完整观看一个视频，能体现出视频内容的吸引力；用户是否进行点赞或评论，更是直接表达了他们对视频的态度和情感倾向。所有这些细致入微的数据，都被算法精确地记录下来，并通过复杂的分析过程，转化为对用户偏好和行为模式的深刻理解。这种理解不仅帮助系统更准确地预测用户可能感兴趣的内容，还为个性化推荐提供了坚实的数据基础。

（2）视频内容分析：除了深入挖掘用户行为数据，推荐算法还会对视频内容本身进行详尽的分析。在这一过程中，算法会识别视频中的主题、主要人物、具体场景以及背景音乐等关键元素，进而对视频进行准确的标签化操作。这些标签不仅描述了视频的基本特征，还为后续的内容匹配提供了重要依据。同时，算法还会评估视频的质量和互动度，包括视频的原创性、画面质量、热点区域以及关键词等。例如，一个原创性高、画面清晰、内容聚焦热点话题的视频，往往能吸引更多的用户互动，因此在推荐系统中会获得更高的权重。通过这样的综合分析，算法能够精准地识别出高质量和高互动度的视频，从而将它们优先推荐给用户。这种基于内容的推荐方式，确保了用户能够接触到更符合自己口味和兴趣的视频内容。

（二）内容标签与用户画像

（1）内容标签：在短视频的推荐系统中，内容标签是极为关键的一环。当一个新的视频被上传到平台后，推荐算法会立即启动对视频内容的深入分析。这种分析涵盖了视频的视觉元素、音频特征以及文本信息等，从而全方位地理解视频的主题和内容。基于这种理解，算法会给每个视频分配一系列相关的标签。例如，如果视频展示了精致的餐点制作过程，它可能会被打上“美食”的标签；如果视频记录了异国风光，那么“旅行”这个标签就非常适合；而对于那些充满幽默元素的视频，“搞笑”标签则会被附加其上。这些标签不仅描述了视频的基本属性，还为后续的内容匹配提供了重要的参考依据。

（2）用户画像：与此同时，推荐系统也在不断地对每个用户的行为数据进行深入挖掘。用户的每一次点击、观看、暂停、快进、点赞、评论、分享等动作，都被算法精确地捕捉并记录下来。通过分析这些数据，算法能够绘制出一个细致且动态的用户画像。这个画像不仅反映了用户的兴趣和偏好，还揭示了他们的使用习惯和观看模式。例如，一个经常观看科技类视频的用户，其画像中“科技”这一标签的权重就会相对较高。重要的是，这个画像并不是静态的，而是随着用户行为的改变而实时更新。这意味着，如果用户的兴趣发生了变化，推荐系统也能迅速捕捉并做出相应调整，以确保推荐的内容始终与用户的当前需求相匹配。

（三）智能推荐与匹配

（1）初步推荐：当用户启动短视频应用的那一刻，推荐算法就已经开始运行。首先，算法会参考用户的画像，这是一个根据用户历史行为和偏好构建的综合模型，它描绘了用户的兴趣图谱和观看习惯。其次，算法还会考虑每个视频的标签，这些标签精准地反映了视频的内容和风格。基于这两方面的信息，算法会进行初步的内容推荐。这不仅是一个简单的匹配过程，而是一个综合考虑用户历史行为、当前兴趣点以及市场上热门内容的策略性选择。换句话说，初步推荐的内容既包括了用户过去喜欢的类型，也融入了当前流行的元素，以确保用户在打开应用的瞬间就能被吸引并找到感兴趣的内容。

（2）实时反馈与调整：初步推荐只是开始，随着用户在应用中的活动增加，算法会不断地收集并分析他们的实时反馈。这些反馈包括但不限于视频的观看完成度、点赞行为、评论内容等。每一项反馈都是用户对内容满意度的直接体现，也是算法优化推荐策略的重要依据。例如，如果用户频繁地点赞某一特定类型的视频，这将被视为他们对该类型内容的强烈偏好。于是，算法会相应地调整推荐策略，将更多这一类型的视频推荐给用户。同样，如果用户经常在观看某类视频时提前退出，这可能意味着他们对这类内容不感兴趣。算法会捕捉到这一信号，并在后续推荐中减少这类视频的出现频率。通过这种实时的反馈和调整机制，推荐系统能够持续优化用户的观看体验，确保他们始终能够接触到最符合自己口味的内容。

（四）个性化推送与持续优化

（1）个性化推送：在经过前述的数据收集、内容分析、初步推荐、实时反馈与调整后，推荐算法已经深入了解了用户的独特喜好和行为模式。基于这些丰富的信息和精准的用户画像，算法能够为用户提供高度个性化的内容推送。这种推送方式超越了传统的搜索和关注功能，它意味着即使用户没有明确地在应用中搜索或关注特定的内容，他们依然可以在打开应用时，在首页看到一系列符合自己兴趣和品位的视频。这些视频不仅与用户的历史观看记录相匹配，更考虑到了他们近期的行为变化和实时反馈，从而确保了每一次推送都是精准且个性化的。这种推送方式极大地提升了用户体验，使得用户能够在海量的视频内容中轻松发现自己真正感兴趣的部分。

（2）持续优化：推荐算法并不是一个静态的、一成不变的系统，而是一个持续优化的过程。随着用户在使用短视频应用过程中不断产生新的行为数据，如观看记录、点赞、评论等，这些数据都会被算法实时捕捉并分析。同时，视频库的内容也在持续更新，新的视频不断被添加，旧的视频可能因为时效性或其他因素而被替换或下架。因此，算法需要不断地学习和适应这些变化，以确保推荐的准确性。通过不断地迭代和优化，推荐算法会变得越来越“聪明”，更能准确地预测用户的需求和喜好，从而为他们提供更加精准的内容推荐。这种持续优化不仅提升了用户体验，也使得短视频平台能够更好地满足用户的个性化需求，进而增强用户黏性和活跃度。

（五）社交影响与热门趋势

（1）社交影响：在短视频平台的推荐机制中，社交关系也扮演着重要的角色。用户的社交网络，包括他们关注的创作者、参与的话题讨论等，都会对推荐结果产生影响。例如，当用户选择关注某位创作者时，不仅是对该创作者作品的认可，更是一种期望获取更多相似内容的信号。推荐算法会捕捉到这一信号，并在后续的推荐中更多地呈现与该创作者风格相似或内容相关的视频。同样，如果用户积极参与了某个话题的讨论，算法也会将更多与该话题相关的视频推荐给他。这种基于社交影响的推荐方式，不仅让用户能够更方便地接触到自己感兴趣的内容，还加强了用户与创作者、用户与用户之间的联系，营造了一个互动更加紧密的社区环境。

（2）热门趋势：除了考虑用户的个性化需求和社交关系，推荐算法还会密切关注当前的热门趋势和流行文化。这些信息通常通过社交媒体的热度、搜索引擎的关键词排名以及各种新闻事件反映出来。算法会实时捕捉这些趋势，并迅速将其融入推荐逻辑中。这意味着，当用户打开短视频应用时，他们不仅能看到自己感兴趣的内容，还能及时了解到社会上正在热议的话题和流行的文化现象。例如，如果某部电影或某段音乐突然走红，算法就会将与之相关的视频推荐给可能感兴趣的用户。这种紧跟潮流的推荐策略，确保了用户不会错过任何重要的或有趣的内容，同时也让平台能够时刻保持与时俱进，满足用户的多样化需求。

综上所述，短视频的推荐算法构成了一个复杂而精细的系统，它涵盖了数据收集、内容分析、用户画像构建、初步推荐、实时反馈与调整、个性化推送、持续优化等多个关键步骤。这一系统不仅深入挖掘并分析用户的各种行为数据，还全面评估视频内容的各个方面，以确保每个用户都能获得最符合其兴趣和偏好的视频推荐。

PBL 案例分析和学习——李子柒与 MCN

李子柒与 MCN 机构杭州微念品牌管理有限公司（简称“杭州微念”）之间的纠纷，是一个涉及网红与 MCN 机构合作模式、利益分配权与实际控制权等问题的典型案例。

1. 纠纷背景

李子柒，作为中国文化输出的代表人物之一，自 2016 年起与杭州微念开始合作，共同孵化“李子柒”IP 和品牌。双方的合作初期十分顺利，李子柒凭借独特的田园风格短视频迅速走红，成为网红界的顶流人物。然而，随着合作的深入，双方在股权分配、利益分配等方面产生了分歧。

2. 纠纷过程

股权结构变化：2017 年 7 月，双方合资成立四川子柒文化传播有限公司（简称“子柒文化”），其中杭州微念持股 51%，李子柒持股 49%。这一股权结构为后续的纠纷埋下了伏笔。

利益分配不均：随着李子柒 IP 的走红和商业价值的提升，双方在利益分配上的问题逐渐凸显。据报道，李子柒认为自己在 IP 运营中的贡献和收益不成正比，而杭州微念则坚持按照既定的股权结构进行利益分配。

公开诉讼：2021 年 10 月 25 日，子柒文化正式起诉杭州微念及其实控人刘同明，此次诉讼为“给付之诉”，即要求杭州微念支付子柒文化应得的收益。受理法院为四川省绵阳市中级人民法院。

随后，杭州微念也分别在绵阳市涪城区人民法院和绵阳市中级人民法院以“股东知情权纠纷”为由起诉子柒文化。

和解与股权变动：经过一系列的诉讼和调解，双方最终在绵阳市中级人民法院的调解下达成和解。和解后，杭州微念董事长刘同明卸任子柒文化公司监事职位，杭州微念持有的子柒文化公司股权从 51% 大幅降至 1%，而李子柒（李佳佳）的持股比例则从 49% 增至 99%，成为子柒文化的疑似实际控制人。

3. 纠纷影响

这一纠纷不仅影响了李子柒和杭州微念的合作关系，也引发了关于网红与 MCN 机构合作模式的广泛讨论。许多分析人士认为，这一纠纷的根源在于双方在股权分配和利益分配上的不合理，导致合作双方产生了严重的分歧。同时，这一事件也提醒了其他网红和 MCN 机构在合作中应更加明确各自的权利和义务，确保利益分配合理、透明。

那么根据以上案例，请同学们思考：

MCN 对于网红来说，究竟是“利大于弊”还是“弊大于利”？

第四节　短视频艺术的发展

短视频作为一种新兴的媒体形式，在国内外都经历了快速的发展和变革。

在国内，短视频经历了从无序拓荒到制度规约的转变，逐步成长为一种参与感强、社会影响力大和社会效能度高的影像实践。[①] 随着技术的进步，如 5G 技术的普及，短视频行业进入了一个新的快速发展阶段。此外，短视频内容的多样化、娱乐化、碎片化等特性使其迅速成为人们生活中不

① 张守信. 短视频的本土化传播实践与创新图景［J］. 中国编辑，2020（5）：80-85.

可或缺的一部分。然而，短视频行业也面临着内容同质化、侵权事件频发等问题，需要从提高短视频质量、增强用户体验等方面着手解决。

在国外，虽然具体的证据较少，但可以推测，随着全球互联网技术的发展和移动设备的普及，短视频作为一种新型的信息传播方式，也在国际上得到了广泛的应用和发展。特别是5G技术的推广，将进一步促进短视频行业的国际化发展。

一、短视频行业制度规约和政策环境

（一）国内方面

国内短视频行业的制度规约和政策环境经历了显著的变化，从最初的快速发展到逐步加强监管和规范化管理。2019年1月9日，《网络短视频平台管理规范》和《网络短视频内容审核标准细则》发布，这些新规对网络平台的要求更高，对内容审核的标准更严，旨在提升短视频内容质量、保护未成年人健康成长，并营造一个更加健康的网络空间。[①] 这标志着短视频行业开始进入一个更加规范化的发展阶段。

随后，2020年的研究指出，尽管行政机关采取了一系列专项整治措施，如“约谈”“平台下架”等，以净化网络环境，但仍存在许多不完善之处，如规制内容、程序等方面的不足，需要进一步优化和完善。[②] 这表明，虽然短视频行业的监管已经取得了一定成效，但仍需不断调整和改进以应对新的挑战和问题。

到了2021年，在多元协同治理模式下，完善网络视听行业法律监管体系、强化移动短视频政策落实力度成为必要举措。这包括完善内容审核机制、引导正能量内容生产、厘清独创性判定边界等，以促进短视频行业的健康持续发展。这反映了政策环境在不断适应新兴技术条件下的大众传

① 范玉吉．新规能否治好短视频领域乱象？［J］．新闻战线，2019（11）：40-43.

② 张润时．网络短视频的行政规制研究［D］．武汉：华中科技大学，2020.

播需求，同时也强调了版权保护和商业竞争中法律规制的重要性。

此外，2020年的研究还指出，短视频有着完整的产业链和巨大商机，但由于利益驱动和相关管理不完善，导致行业乱象频发，因此加强对短视频产业的规制和监管迫在眉睫。[①] 这进一步说明了随着短视频行业的快速发展，其面临的问题也日益凸显，需要通过建立更加完善的规制体系来解决。

国内短视频行业的制度规约和政策环境从最初的快速发展到现在的逐步加强监管和规范化管理，反映了政府对于网络空间治理的重视和努力。

（二）国外方面

在短视频行业的制度规约和政策环境方面，不同国家普遍关注以下几个方面，以确保行业的健康发展、保护用户权益并维护公平竞争的市场环境。

（1）内容监管与审核：各国普遍要求短视频平台建立有效的内容审核机制，确保发布的内容符合法律法规和社会道德标准。对于包含暴力、色情、仇恨言论等违法违规内容的短视频，各国均要求平台采取删除、屏蔽等措施，并可能对平台处以罚款。

（2）用户权益保护：各国均要求短视频平台加强对用户数据的保护，防止用户隐私泄露和滥用。部分国家制定了针对未成年人的特殊保护措施，如限制未成年人观看时长、设置青少年模式等。

（3）公平竞争与商业环境：各国均要求网红和品牌在短视频平台上发布广告或进行营销活动时，必须明确标识为广告，并遵守相关法规。实施反垄断措施，防止短视频平台滥用市场支配地位，排除或限制竞争。

（4）版权保护：保护原创内容，鼓励和支持原创内容创作，打击盗版和侵权行为。建立版权认证和授权机制，确保短视频平台上的内容得到合法使用。

① 尹安学．基于产业链的网络短视频规制研究［D］．广州：广州大学，2020.

（5）监管机制与执法力度：各国均要求短视频平台承担起一定的社会责任，如配合政府部门打击违法违规行为。对违反法律法规的短视频平台和个人，各国均会采取相应的执法措施，包括罚款、封号等。

（6）特定领域政策：鼓励和支持短视频行业的跨境合作与交流，促进全球范围内的内容共享和创意碰撞。对于短视频平台上的电商带货行为，部分国家制定了相关政策和规范，以确保消费者权益和交易安全。

综上所述，国外对短视频行业的政策和制度规约主要涉及内容监管与审核、用户权益保护、公平竞争与商业环境、版权保护、监管机制与执法力度、特定领域政策等方面。这些政策和规范旨在确保短视频行业的健康发展、维护用户权益及维护公平竞争的市场环境。

二、5G 技术与短视频行业的国际化发展

5G 技术对短视频行业的国际化发展产生了深远影响，主要体现在以下几个方面。

（1）技术支持与传播效率提升：5G 技术的高速率、低时延特性极大地提高了数据传输的速度和稳定性，使得短视频内容能够更快速、更流畅地被上传和下载，从而加速了短视频的全球传播速度。这不仅促进了短视频内容的快速迭代和更新，也使得跨国界的文化交流和信息共享变得更加便捷。

（2）内容生产与创新：5G 技术的应用为短视频内容生产提供了新的可能性。例如，结合人工智能、虚拟现实、增强现实等技术，可以创造出沉浸式、互动式的短视频体验，这些都是在 4G 时代难以实现的。这种技术驱动的内容创新，不仅丰富了短视频的表现形式，也为短视频行业的国际化发展开辟了新的路径。

（3）平台运营与商业模式创新：5G 技术的普及推动了短视频平台的崛起和繁荣，为平台运营和商业模式创新提供了新的机遇。[①] 短视频平台

---

① 金韶 . 5G 时代的短视频传播场景和平台运营策略［J］. 新闻战线，2020（8）：101-102.

可以利用5G技术优化用户体验，开发更多元化的盈利模式，如通过增强广告投放效果、开拓国际市场等方式，进一步推动短视频行业的国际化发展。

（4）社交方式的变革：5G技术不仅改变了短视频的生产和传播方式，也促进了全新社交方式的形成。在5G时代，短视频成为人们记录和分享生活的重要工具，这种基于视觉和听觉的即时互动方式，有助于打破语言和文化障碍，促进不同国家和地区之间的文化交流和理解。

（5）面临的挑战与应对策略：尽管5G技术为短视频行业的国际化发展带来了诸多机遇，但也存在一些挑战，如内容监管、版权保护等问题需要得到妥善解决。此外，短视频行业还需要关注技术伦理、用户隐私保护等问题，以确保其健康和可持续发展。[①]

5G技术通过提升传播效率、促进内容创新、推动平台运营和商业模式创新，以及变革社交方式，对短视频行业的国际化发展产生了积极影响。

三、短视频行业的未来趋势

（1）视频化：视频化主要体现在内容生产和消费的视觉化需求上。随着技术的发展，短视频平台能够提供更加丰富多样的视觉效果，如高清晰度、高帧率等，以满足用户对高质量视觉体验的需求。视频化还体现在内容的深度和广度上。例如，中视频作为一种新兴的内容形式，开始在技术积淀下抢占市场，提供更深层次的内容表现形式。[②]

（2）智能化：智能化主要体现在算法推荐和个性化服务上。通过大数据和人工智能技术，短视频平台能够根据用户的观看习惯和偏好，推荐更符合其兴趣的内容，从而提高用户黏性和平台的使用效率。智能化还体现

① 陶秀天．5G时代短视频传播策略研究［D］．杭州：浙江大学，2020.

② 李都．从短视频到中视频传播的发展趋势探析［J］．青年记者，2021（23）：72-74.

在内容创作和编辑上。利用 AI 技术，可以自动剪辑、优化视频内容，使内容生产更加高效和专业。

（3）下沉化：下沉化主要体现在短视频平台向二、三线城市及农村地区扩展上。这些地区的用户可能对短视频有不同的消费习惯和文化背景，因此，短视频平台需要调整内容策略，满足这些用户群体的特定需求。下沉化还体现在针对这些地区的特色内容制作上。例如，围绕当地文化、社会事件等制作相关内容，以增强与用户的情感连接和社区归属感。

（4）媒介化：媒介化主要体现在短视频不仅是娱乐消遣的工具，更成为信息传播、教育培训、商业营销等多功能平台的一部分。短视频平台通过整合不同类型的媒体资源，如新闻、教育、生活服务等，形成了一个全方位的信息和服务平台。[①] 媒介化还体现在短视频平台的社会影响力上。短视频不仅能够快速传播信息，还能在一定程度上影响公众意见和行为模式，成为社会变革的一股推动力。

无论是在国内还是国外，短视频行业都显示出了巨大的发展潜力和商业价值。未来，短视频行业将在视频化、智能化、下沉化及媒介化的趋势下进一步融入社会发展[②]，并可能成为媒体融合、产业升级、社会和谐的黏合剂。同时，短视频行业的健康发展还需要关注技术创新、内容质量提升、版权保护等关键因素。

课堂或课后思考

（1）本课程为“新媒体艺术概论”，你认为短视频算是艺术吗？

（2）短视频平台有很多，请分析抖音、快手、微信视频号等平台各自的特点。

---

① 孙浩睿，王雪梅．“短视频 +”的内容价值与发展路径［J］．青年记者，2020（18）：88-89.

② 黄楚新．我国移动短视频发展现状及趋势［J］．人民论坛·学术前沿，2022（5）：91-101.

（3）你对短视频的推荐算法有哪些了解？基于这样的机制，你认为创作者应该怎样最大限度地利用“流量”？

（4）你接触过海外的短视频 App 吗？和国内 App 相比，其内容和形式上有什么区别？

（5）与网络剧相比，短视频的交互性体现在哪些方面？今后还可以有什么改进？

（6）你认为竖屏微短剧是短视频的剧情化，还是网络剧的碎片化？

第七章
新媒体与表演艺术

新媒体与表演艺术的结合不仅在当今艺术领域中开创了全新的表现形式与互动体验，而且最关键的是大大拓展了我们对于新媒体艺术概念和内涵的认知边界。尤其从 20 世纪 60 年代开始，表演艺术在现代主义、后现代主义、人类学，尤其是新技术、新兴舞台演绎形式的加持下，变得异彩纷呈。新媒体技术中最关键的数字呈现、虚拟现实、人工智能、社交媒体、沉浸互动等正在重新定义表演艺术的创作、表现和传播方式。通过新媒体，艺术家可以将传统表演艺术与现代科技结合，创造出更加丰富的视听体验。本章将围绕表演艺术的核心观念和历史发展，探讨媒介演进，尤其是从多媒体到新媒体的变化过程中媒体与艺术共生共荣的关系；重点关注新媒体技术如何与表演艺术相融合，分别在表演主体（演员）、表演客体（文本）、表演形式（舞美）、表演受众（观众）等四个层次进行展现；最后一节对不同类型的新媒体表演艺术进行介绍，包括新媒体戏剧表演、新媒体舞蹈表演、新媒体影视表演等。所有内容的主线是新媒体技术催生下的技术进步和观念突破对表演艺术的创新意义和实践启示。

第一节 从多媒体到新媒体——新媒体与表演艺术的结合发展概况

若要谈及新媒体与表演艺术的结合，必然要从不同媒介与表演艺术的结合展开。这个问题的展开必须还有历史的维度，因为新媒体与表演艺术的融合与互通不是一蹴而就的，而是在历史发展中，在不断碰撞和实验试错的过程中一步步探索出来的。

20 世纪 60 年代，媒体技术的进步以及战后各种文艺思潮和思想解放活动都给传统的表演带来了巨大冲击。1966 年 10 月，在纽约的 69 兵团军械库大楼举办了名为“9 晚：戏剧与工程”（9 Evenings：Theatre and Engineering）的前卫艺术表演活动，参与演出的创作者是 10 名艺术家，皆为当代知名艺术家，如约翰·凯奇（John Cage，音乐方向）、露辛达·蔡尔兹（Lucinda Childs，舞蹈方向）、罗伯特·劳申伯格（Robert Rauschenberg，美术方向）、大卫·都铎（David Tudor，音乐方向）、罗伯特·惠特曼（Robert Whitman，戏剧艺术方向）等。同时，这次演出还有 30 位贝尔实验室的工程师深度参与，包括各领域科技专家，比如贝尔实验室感官知觉处理部（Sensory and Perceptual Processes Department）的主任贝拉·朱利茨（Bela Julesz），他专长于电脑图像的数据处理，也是最早的电脑绘图新媒体艺术家；合成语音电脑研发团队的成员赛西·科尔（Cecil Coker），负责文字转语音技术；贝尔实验室行为研究实验室（Behavioral Research Laboratory）的主任马克思·马修斯（Max Mathews），他为电脑数字虚拟声音编写了第一套程序，还进行了许多数字音乐的谱曲工作。[①] 这些强大的技

① 石冠哲 . 9 夜：戏剧与工程——1966 年的一次先锋展览［EB/OL］.［2024-09-01］. https://www.cafamuseum.org/exhibit/newsdetail/2416.

术人员运用当时最前沿的科技和媒介形式完成了“9晚：戏剧与工程”的实验和探索，也为新媒体与表演艺术的深度融合打下了坚实的基础。

在“9晚：戏剧与工程”这个媒体与表演的创新节目中，劳申伯格的“开放音符”（Open Score）是最具代表性的表演之一。该表演可以分为以下两个部分。

第一部分：若干位表演者进入舞台。两位表演者在舞台中央的网球场上打网球。网球拍经过改装，可以拾取球撞击球拍的声音，传送到半导体接收器，通过现场音箱播放出来。同时，每次击球的声音都会触发对应的自动装置，熄灭一盏天花板上的灯。等到灯光全部关掉，整个场馆陷入黑暗之中，网球比赛停止，第一部分表演也随之结束。在黑暗中，一直播放网球撞击球拍的录音，直到第二部分开始。

第二部分：将近500位表演者在舞台上集中，按照指令做出动作。指令一共有10条，是劳申伯格预先制作好的，现场由标有数字的纸板和灯光闪烁发出信号通知给表演者们。在二楼的观众席上设置了红外线摄像机，在黑暗中拍摄这些表演者并投射在表演者前面的3块屏幕上。①

在这个表演中，劳申伯格展现了他的特殊想法：如何用一种媒介控制另一种媒介（用声音的方式控制灯光）以平衡实时表演和延时广播（投射）。通过将声音与视觉元素相结合，劳申伯格创造了一种全新的感官体验，使观众在观看表演的同时，也能感受到科技与艺术结合的魅力。这次将科技与表演艺术深度结合的实验就像一场预演，不仅挑战了观众对于表演艺术的传统认知，也为我们展现了未来新媒体与表演艺术的深度融合，预示了新媒体技术在未来艺术创作中的无限可能性。

20世纪70年代之后的30年，越来越多的艺术家在演出中探索在现场作品中加入视觉媒体（以投影影像为主）的实践。劳丽·安德森（Laurie Anderson）是这一时期在数字表演领域极具影响力的多媒体艺术家之一。

---

① 石冠哲．9夜：戏剧与工程——1966年的一次先锋展览［EB/OL］．［2024-09-01］．https://www.cafamuseum.org/exhibit/newsdetail/2416.

在其 1975 年的早期作品《收缩》（*At the Shrinks*）中，她将全息影像投射到一个 3D 人体模型上，以此思考病人与心理学家之间的关系。美国实验戏剧团体伍斯特剧团（The Wooster Group）的作品《LSD……只是高点》（*LSD...Just The High Points*，1984），采用分开的视频序列将演员、枪支等特写镜头显示在同一个场景之内的多个显示器上。这个作品成为这一时期的视频与现场表演相结合的代表性作品，也被评为“媒体作品的分水岭”，成为 20 世纪后期最大胆和最具创造性的表演之一。20 世纪 90 年代，多媒体技术开始大量渗透在主流剧院的演出中，如 1995 年在百老汇演出的音乐剧《汤米》（*The Who's Tommy*，创作于 20 世纪 70 年代的摇滚音乐剧），舞台上大量使用录像（实时）投影，将演员表演投射在现场，扩大了观众的视野，也增强了发生在舞台上的“重要事件”的动态感觉。

当下，以影像为代表的多媒体技术已经过渡到各种新媒体技术，新媒体的发展更为表演艺术带来了革命性的变化，让表演艺术突破了传统的舞台限制，扩展到数字空间中。这些变化不仅体现在艺术表现形式的创新上，也深刻影响了艺术创作的思维模式和审美观念。

在思维模式方面，新媒体技术的应用促使艺术家们采用更加开放和创新的思维模式。他们需要掌握新技术，探索如何将技术与艺术相结合，创造出新的艺术形式。这种跨界的思维模式要求艺术家不仅要有艺术创作的能力，还要有技术应用的能力，从而推动艺术与科技的深度融合。

在审美观念方面，新媒体技术的应用使得观众的审美体验更加多样化和个性化。观众可以通过不同的设备和平台，根据自己的喜好选择观看内容和方式，这使得审美体验更加注重互动性和参与感。同时，新媒体艺术作品往往具有更强的视觉冲击力和沉浸感，这也对观众的审美期待和审美能力提出了新的要求。

表现在实践中，主要有两方面：一方面，新媒体技术扩展了表演艺术的空间感。新媒体技术如人工智能、虚拟现实、增强现实和无线网络等，使得表演艺术不再局限于传统的物理舞台。艺术家们可以利用这些技术创造沉浸式的体验，让观众通过 VR 设备等直接参与表演，从而获得全新的艺术享受。例如，通过 360 度影像和多角度摄像机的运用，观众可以全方位地感受艺术家表演时的动作和表情，这种体验是传统剧场难以提供的。[①]另一方面，新媒体技术推动了表演艺术的跨界融合。舞蹈、戏剧等传统艺术形式与数字媒体技术的结合，产生了新的艺术表达方式。这种跨界融合不仅丰富了艺术的表现手段，也拓展了艺术家的创作空间，使得艺术作品能够以更加多元和立体的方式呈现给观众。例如，演员可以与虚拟角色互动，实现真人与虚拟人的同台表演。又如，观众可以通过 VR 设备参与表演，体验沉浸式的艺术环境。这种多维度的扩展使表演艺术变得更加动态和多样化。

在当代舞台艺术中，新媒体技术的运用已经成为创新与表达的重要手段。以下是几种在舞台上常见的新媒体技术，它们不仅丰富了表演的形式，也拓展了观众的感官体验。

（1）全息投影技术（front-projected holographic display）：全息投影是一种利用干涉和衍射原理记录并再现物体真实的三维图像的技术，也被称为虚拟成像技术，能够让人或物的三维图像再现于舞台上，为观众提供一种全新的视觉体验。在全息多媒体话剧《都市往事——阮玲玉》中，就是利用全息投影技术使得已故影星阮玲玉“重归”舞台。制作团队参考黑白影片和照片中的阮玲玉形象，对饰演阮玲玉的演员进行动作和面部表情采集，再将采集的信息连接到虚拟制作形象的面容和形体上。随后，利用全息投影技术，将这个虚拟制作形象投射到舞台上，创造出一种仿佛阮玲玉本人亲临现场的效果。[②]

（2）增强现实（AR）技术：AR 是一种将虚拟信息与真实世界巧妙融

① 张朝霞．新媒体舞蹈创意实践的类型学分析［J］．北京舞蹈学院学报，2012（2）：12-15.

② 姜丽钧，陈琼烨．国内首部 3D 全息话剧上演，阮玲玉将连续一月“现身”舞台［EB/OL］．（2016-08-06）［2024-09-01］．https://www.thepaper.cn/newsDetail_forward_1509676.

合的技术，旨在通过在用户的现实世界感知中添加虚拟信息来“增强”对现实的感知。这种技术不仅能够有效体现真实世界的内容，还能展示虚拟的信息内容，这些内容相互补充和叠加，从而提供超越现实的感官体验。在舞台上，AR 技术可以将虚拟元素如特效、动画或者额外的视觉信息叠加到现实场景中，为观众提供一种沉浸式的、多层次的观赏体验。

（3）虚拟现实（VR）技术：VR 是一种通过计算机仿真系统创建和体验虚拟世界的技术。VR 利用现实生活中的数据，通过计算机技术生成电子信号，并将其与各种输出设备结合，转化为人们能够感受到的各种形象，再通过计算机生成的三维环境，使观众能够体验到仿佛置身于一个完全不同的世界，从而形成逼真的三维感官体验。在舞台艺术中，VR 技术可以创造出一种完全虚拟的舞台环境，观众通过特殊的头戴设备，可以拥有身临其境的体验。这种技术的应用使得舞台艺术的表现形式更加多样化，也为观众提供了一种全新的互动方式。

总的来说，新媒体技术对表演艺术的影响体现在以下三个方面。

一是创作方式的变革。新媒体技术为表演艺术家们提供了前所未有的创作工具和平台，极大地激发了他们的创新潜能和表达方式。例如，数字投影技术的应用使得舞台背景能够呈现出动态变化，从而极大地提升了视觉冲击力。此外，AI 技术的介入不仅能够辅助表演，甚至能够在某些情况下与人类演员共同完成复杂的表演任务，为艺术创作带来了新的可能性。

二是观众参与感的增强。新媒体技术的发展使得观众不再是被动的观赏者，而是能够更加积极地参与表演艺术。通过社交媒体平台，观众可以实时分享自己的观看体验，甚至在某些互动性较强的表演中，观众的反馈和选择能够直接影响表演的进程和结局。这种参与感和互动性极大地提升了观众的观赏体验，使他们成为表演艺术不可或缺的一部分。

三是传播渠道的多元化。新媒体技术的运用极大地拓宽了表演艺术的传播渠道。如今，表演艺术不再局限于传统的剧场或电视屏幕，而是通过网络平台、直播、短视频等多种形式传播到世界各地。观众可以通过移动设备随时随地欣赏到精彩的表演，这种便捷性极大地提高了表演艺术的可及性和影响力，使其能够触及更广泛的受众群体。

第二节　新媒体技术与表演艺术的融合

在科技的推动下，新媒体与表演艺术不断深度融合，表演艺术也呈现出网络化、虚拟化、数字化、智能化等特点，由此在表演主体、表演客体、表演形式、表演受众等各个方面都带来深度的变革。

一、新媒体与演员（表演主体）

过去，传统表演艺术皆以演员为核心，如戏剧演员在舞台上展开对白，舞蹈演员在舞台上展现身体律动，音乐家在舞台上演奏乐器、歌唱，等等。而在当下的舞台，伴随技术发展，层出不穷的新媒介不断与表演者的表演融合，表演呈现出数字化倾向，传统的表演方法也需要适应数字时代的需求，这给表演者也带来许多新挑战。各种变化不断推动着表演者在新媒体时代去重新思考自己的表演方式。

（一）新媒体技术对表演者的影响

一方面，新媒体技术极大丰富了演员表演的表现力，如利用全息投影技术，可以将角色的内心戏直接外化投射在舞台上，让演员和虚拟的内心形象直接对话，在同一个舞台上呈现角色的多重形态，展现角色更加丰富的情感和性格层面。

另一方面，现在的演员除了要考虑传统表演现场的灯光、音乐、影像等运用，还要面对舞美空间在新媒体技术加持之下的变化，如在虚拟空间中的表演，一切都是无实物的，这要求演员在训练时要不断强化想象训练，在表演时也要更加精细和精准，这对演员的素质和创作能力提出了更高的要求。

此外，对观演关系的重新审视也成为新媒体时代演员要面对的挑战。现在的舞台演员在表演时，面对的极有可能不是台下的现场观众，而是网络观众，与观众的交流甚至会转移到网络屏幕，如何感知观众的参与和互动，要求演员具备更高的应变能力和信念感。

这些影响也使得表演者的角色发生了转变。在数字化的浪潮中，传统表演艺术与现代技术之间的对话变得更加紧密。表演者不再只是表演的执行者，更是创意和技术的探索者。表演者既需要不断学习新技术，适应新环境，以保持自己的竞争力和创新力，也需要在继承和发扬传统艺术的同时，积极探索与现代技术的结合点，以创造出既具有传统韵味又符合现代审美的新表演形式。

（二）"非人化"表演——对演员的取代？

1991 年，宾夕法尼亚大学信息科学系运用计算机软件以及 10 台高级计算机工作站结合人体工程学，为米兰·昆德拉的戏剧《雅克和他的主人》创造出一个仿真虚拟舞台，让虚拟演员在虚拟舞台上走动以检验演员的走位和舞台灯光的追踪效果，这是早期对建构虚拟演员的尝试与探索。到了 2019 年的电影《阿丽塔：战斗天使》（*Alita: Battle Angel*）中，女主角阿丽塔的形象则通过真人虚拟化表演方式创建，阿丽塔的表演基于真实演员罗莎·萨拉查（Rosa Salazar），通过动作捕捉、表情捕捉和 CG 等技术，罗莎的动作被实时转换成阿丽塔的形象。伴随新媒体技术的进一步突破，尤其是 AI、模拟仿真、全息高清投影、虚拟现实、高速无线网络等技术的不断革新，虚拟演员的发展在当下也进入非常成熟和火热的阶段。这些虚拟演员及表演主要可分为以下两类。

（1）数字虚拟人表演（digital virtual human performance）：指运用数字技术编码所创造的具有人类外观和行为特征的数字化虚拟人物形象，面向观众进行表演。数字虚拟人表演的出现建构了新的演出主体，其中极具代表性的如虚拟歌姬“初音未来”。

（2）真人虚拟化表演（human virtualization performance）：指对艺术家的外形特征、肢体动作等通过三维建模等手段进行数字化再现，常通过全息投影形式将其复现在现实舞台上。如 2023 年北京广播电视台春节联欢晚会中，“神秘嘉宾”虚拟邓丽君空降现场，与歌手王心凌、韩雪同屏演绎《我只在乎你》——这一跨越时空的震撼联唱，立即成为当时的网络热门话题。除了舞台表演，在电影中也可以通过 AI 的辅助，创造“全新的、真正意义上的”年轻化角色。如电影《传说》（2024）中借助 DeepFace 深度伪装换脸技术，通过输入大量成龙年轻时的影像资料，对成龙的年轻面貌进行图像生成，并将这些静态图像转换为动态视频，生成了年轻版的成龙形象。[①] 此外，还可以利用虚拟现实技术，将真实演员的表演转化为虚拟空间中的表演，使观众能够在虚拟环境中获得身临其境的观赏体验。

毫无疑问，虚拟演员的出现对真实演员的冲击是巨大的。相比于真实演员，虚拟演员有着许多优势，如以下几点。

（1）技术加持的虚拟演员可以完成许多真人难以实现的高难度动作和形体变化，如飞檐走壁、承受爆炸冲击等，极大提升了表演的视觉冲击力。

（2）虚拟演员的形态塑造不受年龄、性别、外貌等的限制。

（3）虚拟演员可以与虚拟场景、虚拟道具等元素相结合，省去了传统拍摄中场景搭建、道具制作等的高昂费用，也规避了明星演员的高片酬问题。

但虚拟演员仍有一些问题存在，如以下几点。

（1）表演不仅仅是外在形象的展示，更重要的是表演者内在情感、心理状态的传递。真人演员能够通过自身的体验和感悟，将角色的情感真实传递给观众，因此，真人演员的表演能够引发观众的情感共鸣，使观众更

① 陈晨，德力格尔．专访丨导演唐季礼：《传说》我没有很满意，可我也觉得很自豪［EB/OL］．（2024-07-13）［2024-09-01］．https://www.thepaper.cn/newsDetail_forward_28060020.

加深入理解和感受角色的内心世界。而虚拟演员虽然在外形上可以达到以假乱真的程度，也能创造令人惊叹的表演，但在情感传递方面仍存在局限性。

（2）受限于技术水平和创意质量，虚拟演员的表演仍然难以达到真人演员的细腻和自然，缺乏真人演员的灵魂和灵动。对许多观众而言，虚拟演员的表演因为少了许多真实性而缺乏互动性与亲近感。

（3）虚拟演员的出现，在某些情况下也会引发伦理和法律层面的问题，比如对已故艺术家的再现。

PBL 案例分析和学习——利用 AI 技术生成虚拟演员

2021 年，中央戏剧学院、北京理工大学、腾讯集团等机构联合启动了“数字梅兰芳”大师复现项目。该项目旨在通过高逼真实时数字人技术，对京剧大师梅兰芳先生进行复现，并形成在外貌、形体、语音、表演等各方面都接近真人的“梅兰芳孪生数字人”，力争打造国内第一位真正意义上的可实时交互的“数字京剧人”，并以此为典范构建“中国人物”数字资产库。[①] 这一创新尝试不仅为传承和推广京剧国粹文化提供了新的可能，而且也是对传统文化数字化保护和传承的一次积极探索。

项目团队通过收集梅兰芳的历史照片、制作实体肖像雕塑、使用高精度激光扫描仪获取面部结构数据等方式，获得了梅兰芳先生的面部基本结构。又因为雕塑本身无法展现皮肤、毛发细节和眼睛神韵等微观特征，项目团队又找到一名长相酷似梅兰芳先生的模仿人员，采集其面部数据并捕捉基本表情，“移植”到“数字梅兰芳”身上，最终实现了在数字世界中精确再现梅兰芳先生的风采。此外，该项目还涉及对梅兰芳先生当年着装的还原，项目团队根据京剧领域专家的指导，考证了当时梅兰芳先生便装的领子、布纹等细节，以及梅兰芳曾在演出时使用的戏服、盔头等。项目

① 中央戏剧学院.“数字梅兰芳”登场亮相！中戏联合北理工共同打造数字中国人物！［EB/OL］.（2021-11-02）［2024-09-01］. https://chntheatre.edu.cn/cn/xue/detail/14725.html.

团队还对梅兰芳先生的声音特色以真人模仿的形式进行还原和采集，同时请京剧艺术家模仿梅兰芳先生的戏剧表演，完成动作捕捉，以期达到全方位的复现效果。[①]

那么根据以上材料，请同学们思考：

（1）当“数字梅兰芳”做出表演时，是谁在表演？表演的主体发生了什么变化？

（2）新媒体如何让中国传统表演艺术融入当下时代？

（三）新媒体时代下表演的“去专业化”与“平民化”

在新媒体时代，大众传播环境的多元化、碎片化、移动化，对表演艺术的传统格局产生了深远影响，尤其是短视频的流行，这种影响主要体现在两个方面：一是表演艺术的“去专业化”，二是表演形式的“平民化”。首先，随着新媒体移动平台的发展，尤其是短视频平台的普及，表演艺术的专业化和艺术化特征正在逐渐被消解。在这种环境下，表演者不再需要进行传统的艺术表演训练，就能够通过互联网平台展示自己的表演才能。这使得表演艺术的门槛降低，更多的人有机会参与表演艺术的创作和传播。其次，以短视频为代表的新媒体表演形式，以其短小精悍的特点，与传统的表演艺术形成了鲜明的对比。短视频表演通常时长较短、内容多样，往往以戏仿经典影视作品、表现热门生活事件或进行网络小说化创作为主。这种表演形式通过表演者的言语、动作、仿妆等手段，迅速构建情境，吸引观众的注意力。这种快速、直观的表演方式，与传统的需要长时间投入和精心编排的表演艺术形成了对比。

然而，这种“去专业化”“平民化”的表演形式也引发了一些争议。一方面，它为普通人提供了展示自我和表达创意的平台，使得表演艺术更加贴近日常生活，更加具有社会化特征。另一方面，由于表演者往往缺乏

① 新华社 . 当科技遇上国粹，京剧大师梅兰芳精彩“复现”[EB/OL].（2021-11-18）[2024-09-01] . http://www.news.cn/politics/2021-11/18/c_1128075890.htm.

专业的艺术训练，这种表演形式的艺术水准和审美价值往往受到质疑，它们可以算作日常表演，但整体艺术水准却明显不够，极少能上升到表演艺术层面。

当然，新媒体技术的发展也为表演者提供了更多的创作工具和手段。例如，通过各种软件和应用程序，表演者可以轻松地完成声音美化、妆容美化等特效，这在一定程度上提高了表演的观赏性和吸引力。但是，这种对技术手段的依赖也可能导致表演艺术的本质被忽视，使得表演更多地依赖于技术手段而非表演者本身的艺术修养和创造力。

二、新媒体与表演文本创作（表演客体）

表演文本通常指的是为舞台、银幕或荧屏所创作的剧本，往往是戏剧、电影和电视剧等表演艺术形式的传统核心。这些文本不仅承载着故事的“起因—经过—结果”的发展脉络，还包含角色的性格、情感以及戏剧的冲突、线索。它们是表演艺术的蓝图，指导演员如何通过语言和肢体动作来塑造角色，同时也为导演、舞美设计师和服装设计师等提供了创作的基础。

在戏剧领域，表演文本通常包含对话、独白、舞台指示等元素。而影视剧文本还需要注重视觉叙事和剪辑技巧。影视作品不仅要通过对话来推动情节发展，还要利用镜头语言和音效来增强故事的吸引力。在影视剧文本中，场景的切换、镜头的衔接也需要被考虑，以确保最终的影视作品能够流畅地进行叙事。

（一）新媒体与戏剧文本创作

在传统戏剧文本的创作中，剧作家往往专注于剧本的文学价值和叙事结构，而较少考虑舞台的实际条件和舞美设计的限制。这种写作方式虽然能够创作出情节丰富、主题深刻的作品，但同时也给舞台呈现带来了挑战。以挪威剧作家易卜生的《培尔·金特》为例，这部作品以其跨越时间和空间的叙事手法，展现了主人公培尔·金特从青年到老年的奇幻旅程。

剧本中的场景变换频繁，又历经众多国家和奇异场景，如山妖王国、非洲沙漠等，这种大幅度的时空转换在舞台上要想丝滑呈现并不容易。

在《培尔·金特》这样的作品实践中，舞台布景和特效都需要精巧的设计，不仅要考虑到场景的转换，还要考虑到如何在有限的空间内创造出丰富的视觉体验。这通常涉及对舞台空间的巧妙利用，比如通过旋转舞台、升降台、移动布景等技术手段来实现场景的快速切换。同时，灯光和音效的运用也是关键，它们能够增强场景的氛围，帮助观众更好地沉浸在剧情之中。

这对演员的连贯性表演也提出了极高的要求。在《培尔·金特》中，演员需要在不同的场景和角色之间迅速转换，不仅考验他们的演技，还考验他们对角色的理解和对剧情的掌握程度。连贯性的表演要求演员在不同的场景中保持角色的一致性，同时还要能够适应场景变换带来的表演节奏的变化。这些困难使得这部作品的表演频率并不高，也向我们说明：如何在有限的舞台空间内完整呈现庞大的戏剧剧情一直是戏剧舞台呈现的一大难题。

而在新媒体技术的加持下，戏剧文本创作与舞台呈现之间的结合更加紧密。现代戏剧创作开始越来越多地考虑舞台条件和技术的可能性。例如，通过使用全息投影、VR、AR 等技术，舞台设计师能够在舞台上创造出更加丰富和动态的视觉体验。这些技术不仅能够模拟复杂的场景变换，还能够创造出传统舞台技术难以实现的效果，如虚拟角色的互动、三维空间的展现等。

此外，新媒体技术也为戏剧文本创作提供了新的可能性，沉浸式戏剧成为戏剧文本发展的方向之一。这不仅是单纯让演员打破“第四堵墙”与观众进行互动，在演出中将观众纳入戏剧作品中，而是可以进一步在剧本创作中将新媒体技术纳入考量，利用新媒体技术来创造更加互动和沉浸式的戏剧体验。比如在剧本中设计更多的互动元素，并在戏剧表演中让观众通过移动设备来参与剧情的发展，或者通过传感器技术来实时响应观众的反应。这些创新不仅丰富了戏剧的表现形式，也为观众提供了全新的观赏体验。

（二）新媒体与影视剧文本创作

对于影视剧文本创作，主要是要契合观众的观看习惯。随着移动端的发展，多元化、碎片化、沉浸感成为新媒体时代影视剧文本的特点。从观看方式上看，大家观看影视剧的习惯已经逐渐从电视、影院甚至电脑屏幕转向手机、平板电脑等移动设备端；从内容类型上看，网络剧、短视频、微短剧在当下备受欢迎。在此背景下，过去传统的影视剧文本的写作手法、人物表现方法等也必然受到冲击。

以微短剧剧本创作为例，根据国家广播电视总局的定义，微短剧被定义为“单集时长 10 分钟以内的网络影视剧”[①]，剧情紧凑、节奏明快、冲突集中、反转多，追求爽点、爆点，能够迅速吸引观众的注意力并提供即时的娱乐满足，强调用户观看黏性是其最大特点。这对传统编剧的写作提出了更高要求。

第一，编剧在剧情设计和信息传达上需要高度紧凑，使文本能够在较短时间内体现出明显的情节变化，以迎合现代人快节奏的生活方式和碎片化的休闲时间。

第二，编剧需要考虑到网络端平台的屏幕特点，即横屏和竖屏的差异，这将影响剧本的视觉呈现和叙事方式。例如，竖屏微短剧可能会更加侧重于人物对话和对表情的捕捉，以适应手机等移动设备的观看习惯。

第三，微短剧的创作调性应与当下网络文化、社会热点紧密结合，以增强其话题性和吸引力，使故事充满网感、话题感。这些网感、话题感是增强观众黏性的重要手段，也是观众实现沉浸感的前提。

第四，微短剧的观众往往追求沉浸感，观众希望置身于作品场景中，与角色共同经历故事发展；还可以通过加入网络互动，让观众实时参与剧

① 刘金龙．爆火的微短剧如何实现高质量发展［N］．文艺报，2023-12-22（6）．

情发展，甚至影响故事走向。这需要编剧时刻关注观众对剧情的反应，在之后的创作中及时调整剧情。此外，互动式微短剧作为一种新兴形式，允许观众根据自己的喜好改变故事的发展方向和结局，为观众提供了更加个性化的观看体验，也不失为一种使观众产生沉浸感的方法。

第五，微短剧的制作和推广越来越社交化，利用社交媒体进行营销，引发二次传播，进一步提升微短剧的影响力。因此，编剧还需要熟悉抖音、快手等平台的内容推荐逻辑和受众偏好，并据此优化剧本内容，使其更容易获得平台推荐，从而增加曝光率。

（三）人工智能与新媒体时代下的表演文本创作

2022 年 11 月 30 日，ChatGPT（Chat Generative Pre-trained Transformer）的问世标志着人工智能在文本生成领域的一次重大飞跃。ChatGPT 的发布不仅引起了广泛关注，也催生了一系列文字生成 AI 工具的涌现，成为文本创作领域的"新宠"。这些 AI 工具的出现，无疑对传统的文本创作模式产生了深远影响。不久后，2023 年 5 月，美国编剧工会（WGA）发起一场大规模罢工行动，除了争取薪资保障，这场行动的核心诉求之一，便是规范人工智能技术在编剧工作中的使用。罢工的结果是，新的合同允许了编剧在不损害其信用或报酬的情况下使用 AI，同时还明确了如何判断剧本是否部分或全部由 AI 完成，并明确了人类编剧的作品能否被用来训练 AI 等具体问题。这大概是编剧与 AI 技术的第一次大规模冲突。

不可否认，AI 正迅猛而全面地影响着当下的戏剧影视文本创作。人类的文本创作多基于生活经验、情感体验和社会认知，而 AI 的写作则是以网络为基础的算法技术和数据分析。AI 通过学习和推理来进行机械、客观的创作行为，模拟人类思维进行类人化剧本写作。随着训练数据不断增多、运算逻辑不断完善，传统编剧技巧中的悬念、突转、延宕等复杂的戏剧性桥段以及松弛有度的叙事节奏已能被 AI 实现。

在 AI 剧本生成的过程中，我们可以发现其与日常写作的相似之处，同时也存在显著的差异。以一个典型的 AI 写作流程为例：首先，文本的创作者向 AI 工具提供主题、简短的故事开头以及几个场景提示词，以生成故事大纲。然后，AI 在选定的大纲基础上，不断生成故事内容。最后，文本的创作者输入风格指令，例如要求 AI 模仿某位特定作家的风格。在这一流程中，“关键词”扮演着至关重要的角色，它们是写作者与网络、程序之间的桥梁，背后依托的是庞大的语言模型和知识图谱。

AI 工具的快速发展对编剧提出了新的要求。编剧必须提升与 AI 的人机互动能力，以适应这一新兴技术。AI 并不是编剧工作的敌人，相反，如果能够正确使用，它将成为编剧创作过程中的有力助手。编剧可以利用 AI 进行创意的初步探索、故事结构的优化，甚至是对自我风格的训练，从而提高创作效率和作品质量。

三、新媒体与舞美呈现（表演形式）

舞台设计一直是表演艺术中最为重要的部分之一。传统演出多在室内剧场进行，演出空间相对有限，这对于相对静态的音乐类表演，如古典音乐会来说或许不是问题，但对于如今的大型戏剧类演出来说，就存在诸多限制，最突出的便是戏剧空间的转换。一来搭建大型实景成本不菲，演出结束后制景难以保存；二来场景转换也颇为复杂。新媒体技术的发展，则彻底打破了传统舞美的限制。融入了新媒体技术的表演舞台常利用 LED 屏幕或全息投影技术，将虚拟背景影像与现场表演相结合，创造出独特的视觉空间，直接替代现实场景。即使观众不在演出现场，也能借助 VR 设备，在家中沉浸式体验现场演出。传统的表演舞台呈现在各种不断发展的新媒体技术加持之下，得到明显拓宽。

（一）拓宽舞台时间维度

在剧场演出中，如何展现庞大剧情的时间维度，一部剧中不同年代人物的呈现、不同历史场景的转换，如何让观众在表演时间中感受到历史的真实时间，一直是人们不断探索的话题。新媒体技术的加持让这一切变得更加容易，如幻影成像剧场项目《巾帼》。该演出采用超清 LED 设备，结合超清数字投影机，深度融合虚拟成像技术，让真人演员与虚拟人物同台演绎，将秋瑾、赵一曼、刘胡兰等不同时期女性革命家的英勇事迹真实再现在舞台上。新技术的加持让整个舞台呈现出前所未有的历史沉浸感，更让观众摆脱了 3D 眼镜的束缚，让时光倒流，穿越回数十年前的历史时空。又如 2022 年 10 月 15 日在上海大剧院完成首演的中文版音乐剧《安娜·卡列尼娜》，通过 LED 屏幕和灯光的配合，成功地在舞台上营造出从室外到室内、从白天到夜晚的环境变化，使观众能够直观地感受到时间的流逝和场景的转换。[①]

（二）拓宽舞台空间维度

由于室内剧场空间有限，舞台空间的切换与延伸总是受到限制。而随着影像技术发展，舞台在网络空间、虚拟空间可以得到无限拓展。擅长使用多媒体技术的法国知名戏剧导演朱利安·戈斯兰（Julien Gosselin）作品《玩家，毛二世，名字》（*Joueurs*，*MaoII*，*Les Noms*，2018）为例，舞台上方是一个幕布框，就像一块横着的手机屏幕。演出时，舞台被很多可移动的玻璃房子隔离，演员在房子中表演，并被实时投射在上面的幕布上。观众观看时，时而看着舞台，时而看着上方的屏幕，舞台焦点被分离，观众如同在手机屏幕上观看一场表演直播。更甚者，其中一幕，一对男女演员在手持摄影机的跟拍下从舞台跑出剧场，直至剧场外的仓库，继续他们的表演，实时影像被无线设备投射在舞台上方的屏幕上。此时，表演不仅局限在舞台上，更从剧场室内实时延伸到剧场外，表演空间被无限放大。此外，随着虚拟现实技术发展，借助 VR 设备，我们甚至可以 360 度无死角地自由切换观看舞台的各个角落，视觉空间维度变得更为立体。

---

① 张瑶．试论数字化时代舞台美术的叙事功能：以中文版音乐剧《安娜·卡列尼娜》为例［J］．演艺科技，2022（4）：67-71.

（三）拓宽舞台心理维度

在传统戏剧表演中，观众与演员之间的距离往往限制了观众尤其是那些后排的观众对于表演细节的感知，这种限制使得观众无法与剧中人建立良好的心理连接，实现“感同身受”的效果。然而，随着新媒体技术的引入，这种局限正在被逐渐打破。例如，在2008年的阿维尼翁戏剧节上，德国戏剧导演托马斯·奥斯特玛雅（Thomas Ostermerier）的《哈姆雷特》中，哈姆雷特手持微型摄影机对准皇后和国王，将其清晰的惊恐面部表情实时投射在大屏幕上，直接让观众剖析人物心理。这些呈现方式不仅增强了观众的沉浸感，也使得表演的情感传递更为直接和强烈。

四、新媒体加持的表演与观众观看（表演受众）

当代最伟大的戏剧大师之一彼得·布鲁克曾对戏剧做过一个定义，他说：“我可以选取任何一个空间，称它为空荡的舞台。一个人在别人的注视下走过这个空间，这就足以构成一幕戏剧了。”① 他将戏剧表演的核心归结为三个部分：演员（表演者）、表演空间、观众。其中与观众的交流在当代表演艺术中，可谓是最受关注的核心部分之一，这种交流既可以是身体的，也可以是表演带来的现场情感传递。此外，他特别强调“身体的在场性”，即以演员和观众身体共同在场为标准，演出者在观众面前的表演行为。布鲁克对戏剧的定义可谓经典，但如果把这个概念放到当下新媒体表演时代，恐怕会有许多新的认知。

在过去的观念中，当我们谈到演出时，并没有“现场性”的概念，在电影、电视等媒介出现之后，“现场性”成为相对于影像记录或视频传输而言的一种表达。“现场性”意味着身体在场，演员和观众的身体在同一表演空间，共同在场，演出是一次性的事件。过去，“现场性”在某种程度上展现的是表演艺术的唯一性和不可复制性，这是表演艺术区别于媒介

① 布鲁克．空的空间［M］．邢历，等译．北京：中国戏剧出版社，1988.

艺术的本体特征。伴随着电视等媒介的出现，我们才有了“现场 + 直播”的概念，如奥运会开幕式表演的直播，各种音乐会、晚会的直播，等等，更多观众的观看行为发生在电视机前。随着网络技术的发展，在新媒体时代，高清网络传输技术进一步保证了演出优质的实时声画同步，在移动端观看演出直播又渐成主流。观看媒介的改变，让观众从“现场性”中被剥离。

PBL 案例分析和学习——NT Live 的直播戏剧

2009 年，“英国国家剧院现场”（National Theatre Live，简称 NT Live）项目开始运行，这是戏剧领域首个高清直播项目，通过多机位拍摄的动态影像、高清网络传播实现同步直播。首场演出剧目为拉辛的古典主义悲剧《费德尔》，在英国各地 228 家影院同时放映，吸引了近 5 万名观众观看，高清画质带来的良好观感让观众不在现场仍犹如身临现场。2015 年 11 月，NT Live 登陆中国，剧目《哈姆雷特》在北京人民艺术剧院首都剧场、中间影院和上海话剧艺术中心进行“超前点映”[①]。2017 年 10 月，NT Live 将《仲夏夜之梦》高清影像放到爱奇艺平台，观看者可以付费观看。全球新冠疫情期间，“新现场”[②]又上线腾讯视频、优酷等平台，为居家观众提供精彩演出。2021 年，“新现场”入驻抖音平台，许多短小精悍、经过二度创作的演出短视频在平台发布。

从 NT Live 的案例中，我们看到：第一，即使是传统的强调现场感的戏剧艺术，演出的观看行为也已经不再局限于表演空间内。第二，除电视外，影院、电脑，尤其手机等移动终端正成为脱离表演空间观看演出的主要媒介。第三，在这种观看模式下，观看演出的门槛变得更低，观众面会更大。此外，那些精彩的网络表演片段切片，也让更多的人关注到表演艺术，吸引他们真正地走进剧场。第四，在可预见的未来，随着 VR 技术的进一步发展，非在场观众获得的沉浸感、体验感会更加强烈。

① 在中国播放均为录像电影形式，而非直播。

② 2017 年，NTLive 在中国地区改名为“新现场”（New Live Screening Series）。

但远离现场也带来许多争议，如对于 NT Live，就有观点认为其偏离传统戏剧演出认知，“如果以‘身体的现场性’即演员和观众身体共同在场为标准，英国国家剧院现场显然不符合要求。如果说媒介化复制品也可以获得‘现场’的感受，这实际上说明，媒介化时代的观众不再将演员和观众身体共同在场作为‘现场’的必要条件，活的生命可以从‘现场性’中部分地剥离”[①]。此外，与观众在表演空间直接的、面对面的、活生生的情感交流被“阻断”，交流甚至成为直播屏幕中的“弹幕”。

那么根据以上材料，请同学们思考：

（1）在 NT Live 的模式下，观众的体验与传统剧场体验有何不同？高清影像和现场直播如何影响观众对戏剧艺术的感知？

（2）在不同文化背景下，NT Live 的接受度和反响可能会有何不同？

（3）在媒介化时代，我们该如何理解“身体的现场性”？观众对“现场”的定义是否发生了变化？

第三节　不同类型的新媒体表演艺术

在这一章的前两节中，我们已经基本了解了新媒体与表演艺术结合的相关概念。而在本节中，我们将通过一些实例，来进一步理解新媒体技术在不同表演艺术作品中的运用。

一、新媒体戏剧表演

新媒体戏剧表演通过整合数字技术、虚拟现实、互动媒介等新媒体

① 陈恬．Ntlive 全球扩张是戏剧剧场在媒介化时代的深刻危机［EB/OL］.（2018-02-01）［2024-09-01］. https://mp.weixin.qq.com/s/pHVUwmQICsem2gqpP8_7KA.

元素，为传统戏剧注入了新的活力。这种融合不仅增强了戏剧作品的观赏性和互动性，也极大地拓展了戏剧的叙事容量和表现形式。新媒体技术的应用，使得戏剧舞台效果变得更加丰富多彩，为舞台和观众带来了更为丰富的视觉体验。例如，通过使用 LED 灯光、投影、交互视频等技术手段，艺术家可以将戏剧表演与影像、数字、声音等元素巧妙融合，使得戏剧的呈现更加立体丰满，极大地提升了舞台表现力。

在传统的戏剧制作中融入数字化舞台设计和 AI 角色，为戏剧表演带来了创新。例如，意大利米兰斯卡拉歌剧院通过全面推进数字化建设，使用先进的摄像机技术，为线上观众提供全景实时拍摄的舞台演出；在幕间休息时段，线上观众还能通过镜头探秘后台，或是速览斯卡拉剧院的历史。[①] 这种创新的尝试真正实现了“观众无处不在”，使观众能够体验到更加丰富的戏剧内容和更深层次的艺术互动。这种表演形式，不仅展示了技术的力量，也探索了人类与技术互动的艺术表达方式。

当下，国内的新媒体戏剧也在不断发展与探索。2024 年 6 月 3 日，由国家大剧院、央视网以及中国（北京）星光视听产业基地联合创作的中国首部 XR 数字戏剧《麦克白》在国家大剧院歌剧院盛大首映。XR 戏剧就是把扩展现实技术运用到戏剧中。这部极具代表性的新媒体戏剧作品带给现场上千位观众的不仅是一部独特的艺术作品，更是一次来自数字虚拟技术与戏剧、电影艺术深度融合的冲击与思考。

以开场为例，麦克白抱着死去的麦克白夫人缓缓走向巨大的女巫雕像，镜头跟随炸裂的雕像，推向黑色的深渊；女巫们从黑色大地深处蠕动苏醒……电影蒙太奇时空与戏剧舞台视觉不断切换；高悬的手，猩红的球，王座与雕像碎片，谜一样的宫殿，拉长的阴影……这些具有强烈视觉冲击力和多重象征意蕴的舞台设计全部由数字技术生成，创造出一种虚实

① 纽约时报 . 米兰斯卡拉歌剧院全面推进数字化建设［EB/OL］.（2023-06-05）［2024-09-01］. https://www.ncpa-classic.com/2023/06/05/ARTIooCEVPPW7U1sJsbKN96X230605.shtml.

结合、恢宏震撼的诗意效果。

在拍摄过程中，通过 XR 技术动态追踪获取演员与虚拟场景的实时交互，实时渲染输出虚拟场景与演员真情表演相融合的画面。通过虚拟场景的即时生成和调整、虚拟摄影机和追踪系统的融合应用，制作团队高效完成了制片工作。此外，虚拟场景的可重复利用也具有传统舞美无法比拟的特性。央视网评论："作为中国首部 XR 数字戏剧，《麦克白》在我国戏剧数字化变革中具有里程碑式意义，它颠覆的不仅是传统实体舞台，更是传统戏剧创作的空间维度和建构理念。"①

二、新媒体舞蹈表演

新媒体舞蹈表演是一种将数字技术与舞蹈艺术相结合的创新形式。它通过多媒体、虚拟现实、增强现实、人工智能等新兴技术，极大地扩展了舞蹈的表现力和观众的观赏体验。在新媒体舞蹈表演中，技术的应用可以创造出具有数字美感的舞台体验和观看环境。

新媒体舞蹈表演在教育和推广方式上也有所革新。随着技术的发展，舞蹈教育也开始采用新媒体技术，使得学习舞蹈变得更加便捷和直观。例如，通过虚拟现实技术，学生可以在虚拟环境中学习舞蹈动作，甚至与虚拟舞蹈教师进行互动，这为舞蹈教育提供了新的可能性。

以下是几个新媒体舞蹈表演的实例。

《夜幕降临》（*Night Fall*），是由 VR 公司 Samhound 与荷兰国家芭蕾舞团及三星合作创作的芭蕾舞作品。它是一次革命性的尝试，是世界上首次将 VR 技术应用于芭蕾舞演出。这一创举不仅展示了 VR 技术的潜力，也为传统芭蕾舞艺术开辟了新的表现形式和观赏体验。通过 VR 技术，观众不再是被动的旁观者，而是能够以一种全新的方式沉浸在芭蕾舞的世界

① 央视网．中国首部 XR 数字戏剧《麦克白》将于 6 月 3 日在国家大剧院震撼上映［EB/OL］．（2024-05-20）［2024-09-01］．https://mp.weixin.qq.com/s/TYDBxcFa5mfbFd8p3grHCg.

中。在这个舞蹈作品中，舞者们不再局限于传统的舞台空间，他们的动作和表情被 360 度全景摄像机捕捉，使得观众可以通过 VR 头盔体验到仿佛置身于舞台中央的感觉。这种沉浸式体验让观众能够近距离地欣赏舞者的动作，感受他们的呼吸和情感，从而获得更加深刻的艺术体验。这个作品带有悲剧感和神秘感。舞台上还有一个生灵——以雾来代表，在舞台上一直环绕着舞者，同时编织自己的场景，引领着舞者。主要的音乐家——一个穿着一身黑衣服的小提琴家，与舞者互动，引导舞者与他用乐器创造的旋律和色调同步（见图 7-1）。①

图 7-1 《夜幕降临》剧照

Adrien M & Claire B 工作室自 2004 年以来一直致力于探索高科技数字化舞台表演，他们的表演作品通常融合了现代舞、芭蕾舞、嘻哈舞蹈等舞蹈艺术，并结合了光、空间与新媒体科技等技术辅助。《像素》（*Pixel*）是由 Adrien M & Claire B 工作室创作的一个虚实结合的舞蹈艺术作品，它将舞蹈与实时投影技术相结合，为观众提供了一种独特的艺术体验。在这个作品中，舞者在由动态投影创造的环境中表演，与虚拟的像素化场景进行实时互动，舞者的动作与预先设计好的虚拟场景相结合，为观众呈现一种全

① Cgangs 创动力 . VR 内容创作新篇章：世界上第一场 VR 芭蕾舞首映［EB/OL］.（2016-09-01）［2024-09-01］. https://www.sohu.com/a/113200924_465969.

新的视觉体验，创造出超现实的表演效果。这种表演形式让观众仿佛置身于一个由像素构建的数字世界中，体验到科技与艺术的完美结合（见图 7-2）。

图 7-2 《像素》舞台截图

交互舞蹈作品《舞影随形》是由新剧元工作室创作的一部新媒体艺术作品。该作品在 2021 年 Infocomm China 展会上展出，通过艺术体操的带操结合绚丽的色彩和高超的科技，为观众带来了极具视觉冲击力的表演（见图 7-3）。在表演中，色彩作为带操的延伸，一方面将带操的美感用数字化、可视化的方式呈现，另一方面舞者的舞蹈肢体动作成为观众观看色彩画面的媒介，新媒体技术实现了舞者同时进行舞蹈和绘画的双重创作，进一步拓展了艺术创作的可能性。据团队介绍，在技术上，团队采用了 Black Trax 高精度红外追踪系统与 PC 端 Notch 实时渲染引擎的结合，将小巧的 BT 信标安置于舞者的手部、肩部与腿部，三个不同的点位使得视效可以在不同的章节中追踪不同位置，力图通过视觉传递出不同的情感与表现。当 BT 传感器接收到 BT 信标回传的 LED 红外信号时，首先将舞者的位置信息回传到现场的 Disguise GX2 流媒体服务器与 Notch 引擎中。Notch 引擎再根据位置信息实时生成视效。视效经由 Disguise 服务器与 Panasonic 松下投影机投射到现场的展厅中。①

① 小元 . 新剧元 X Infocomm China　用美学重新定义科技［EB/OL］.（2021-07-29）［2024-09-01］. https://mp.weixin.qq.com/s/8UopWe2heXh_Fq7NXSfang.

图 7-3 《舞影随形》现场表演的精彩瞬间

三、新媒体影视表演

新媒体影视表演侧重于将传统影视表演与新媒体技术相结合的创新形式。相比于戏剧和舞蹈，新媒体技术对影视表演的影响会更加明显。在技术的影响下，演员可能需要面对无实物、无剧情表演的挑战。但不可否认的是，这同样创造了全新的视听形态，为观众提供了前所未有的互动和沉浸式体验。

互动电影是当下较为新颖的创新形式之一。《黑镜：潘达斯奈基》（*Black Mirror: Bandersnatch*）这部互动电影是新媒体影视表演的里程碑之作。它通过提供给观众选择不同剧情路径的机会，打破了传统叙事结构，使得每个观众都能体验到独一无二的故事。这种互动性不仅增强了观众的参与感，也重新定义了演员与观众、与影视作品的关系。在影视制作流程中，由于需要考虑剧组的各项资源配置问题，演员往往无法根据作品剧情的顺序进行表演，而是根据制片的安排分场次进行表演，最终通过蒙太奇的方式使这些错乱的场次回归到正常的剧情顺序。而在互动电影中，这种蒙太奇的意味则更加鲜明。互动电影完全打破了线性的叙事。在相同的剧情时间中，演员可能要进行多次不同的表演，以确保观众每一次的选择都能够导向不同的剧情。而在这样的表演中，演员也难以领略到剧情的全貌，这给演员的表演带来了新的挑战。当然，互动电影丰富的叙事线体系也使其具有了可以被反复品味的特性，观众可以随心所欲地在各个剧情节点进行选择，体验同一故事背景下的不同故事发展，并回味自己在不同选择中的心路历程。《黑镜：潘达斯奈基》的成功，展示了新媒体技术在影视表演中的潜力，为未来的互动叙事提供了新的可能性。这部作品在之后我们谈到新媒体与文化创意产业时也会被提及。

特效大片也是新媒体技术运用的一个重要领域。尽管在CGI技术广泛运用的当下，无实物表演似乎逐渐成为一种常态，但特效所创造出的全新创意也在进一步丰富着影像和影视表演的可能性。《阿凡达》（*Avatar*）通过动作捕捉和CGI技术，将演员的表演转化为虚拟角色，使得现实与虚拟完美结合。这种技术的应用不仅提升了角色的表现力，还为演员提供了更广阔的表演空间。《阿凡达》的创新之处在于将演员的表演艺术与数字化技术相结合，为影视表演开辟了新的方向。而在《星球大战外传：侠盗一号》（*Rogue One: A Star Wars Story*）这部电影中，已故演员彼得·库欣（Peter Cushing）通过CGI技术"复活"，扮演了重要角色。在《流浪地球2》中，已故演员吴孟达同样被CGI技术"复活"。这种虚拟演员的应用不仅展示了新媒体影视表演中技术与艺术的深度融合，也是对传统影视表演形式的一种延伸和创新。同时我们也应注意，这种技术应用为影视行业提供了一种新的叙事手段，但有关的数字伦理问题同样值得思考。

课堂或课后思考

本章中我们深入探讨了新媒体技术与表演艺术的融合，展示了这种结合如何推动艺术领域的创新和变革。自20世纪60年代以来，随着数字呈现、虚拟现实、人工智能、社交媒体等技术的发展，表演艺术的创作、表现和传播方式经历了革命性的变化。新媒体不仅拓宽了表演艺术的空间和时间维度，还增强了观众的参与感和沉浸感。通过案例分析，本章介绍了新媒体技术在戏剧、舞蹈和影视表演中的应用，以及这些技术如何影响表演主体、表演客体、表演形式和表演受众。同时，也讨论了新媒体时代下表演艺术的“平民化”和“去专业化”趋势，以及AI在表演文本创作中的潜力和挑战。最后，通过分析不同类型的新媒体表演艺术，强调了技术进步对表演艺术创新意义和实践启示的重要性。

本章之后，同学们可以思考以下几个问题：

（1）新媒体技术如何改变了表演艺术的传统边界？

（2）在新媒体时代，观众的角色和体验有何变化？这种变化对表演艺术的创作和传播有何影响？

（3）虚拟演员和真实演员两者未来的关系将如何发展？

（4）新媒体技术在表演文本创作中提供了哪些新的可能性？同时带来了哪些挑战？

第八章 其他新媒体视听艺术

在前面的章节中我们一一介绍了新媒体时代新兴的视听艺术形式，绝大部分都是依赖网络技术和新媒介基础设施而兴起的，如网络剧、网络综艺、短视频、新媒体表演艺术等。这些内容的介绍和讨论让我们的视野变得更加开阔，也能为当下及未来更多、更新、更丰富的视听艺术和综合艺术带来每个人不同的理解和鉴赏。

在本章中，我们会着力聚焦于其他新媒体视听艺术形式——主要有移动直播、网络音频、微纪录片、微电影与微短剧等具体的艺术类别。与之前介绍的网络剧等一样，这些新兴的视听艺术也是依靠网络进行生产、传播和分发的，但它们中的大部分类型最显著的特点就是形式与内容都很新，迭代快，而且未来发展有着更多可能性，甚至是某种未知性，这就为客观分析带来了很多挑战。所以在本章中，我们会对这些艺术类型进行必要的介绍，提出疾速发展中出现的诸多问题，最重要的是指出一些理论与实践的模糊空间和有待解决的问题，等待时间与实践带给我们最好的答案。

第一节　移动直播

一、移动直播的历史与发展

介绍移动直播之前，我们先要对直播有一个清楚认识。直播的概念可以追溯到 20 世纪初的广播和电视时代，它依靠无线电技术的成熟和普及才能在世界站稳脚跟。1936 年，英国广播公司（BBC）进行了首次电视直播，实时转播了温布尔登网球锦标赛。这标志着实时视频传输技术的诞生，但受限于技术和设备，早期的直播主要通过电视和广播进行。随着互联网技术的迅速发展，实时视频传输开始向互联网平台迁移。1993 年，美国企业 Xerox PARC 开发了第一个网络直播工具“MBone”，用于实时传输学术会议。1995 年，美国科技公司 RealNetworks 推出了 RealPlayer，成为首个支持流媒体播放的软件。这些技术为互联网直播的兴起奠定了基础。

等到 21 世纪初，实时视频传输的技术才开始逐步出现，但主要应用于电脑端而非移动设备。由于受到网络基础设施发展限制，比如带宽限制和移动设备性能的限制，早期的实时视频传输效果有限。随着智能手机的普及和移动互联网（尤其是 3G 和 4G 技术）的发展，移动设备的性能和网络带宽逐步提升，为移动直播奠定了基础。21 世纪 10 年代初，智能手机已经具备了足够的处理能力和摄像头质量，可以支持高质量的视频直播，移动直播这才“飞入寻常百姓家”，即通过移动设备进行实时视频传输和互动的技术和形式，迅速成为现代社交媒体和内容创作的重要组成部分。

在国外，Ustream 和 Livestream 是早期的直播平台，尽管它们主要是基于电脑端，但提供了直播技术的基础。随着移动设备的普及，这些平台逐步扩展到移动端，为移动直播的进一步发展铺平了道路。2015 年是移动直播发展的一个重要转折点。Twitter 收购了 Periscope，而 Meerkat 也在同年推出。这两个平台专注于移动直播，允许用户通过智能手机实时传输视频，并与观众互动。虽然 Meerkat 最终退出了市场，但它和 Periscope 的成功标志着移动直播的广泛普及和接受。2016 年，Facebook 推出了 Facebook Live，进一步推动了移动直播的发展。Facebook Live 的成功依赖于其庞大的用户基础和社交网络的互动性。同年，YouTube 也推出了 YouTube Live，进一步扩展了直播功能，使得内容创作者和观众可以通过移动设备进行互动。

在中国，直播的历史同样很长，发展却更加迅猛。近年来，直播在中国迅速崛起，成为社交媒体、娱乐、电商、教育等多个领域的重要组成部分。中国的网络视频直播可以追溯到 2000 年前后。2005 年，视频网站如优酷网和土豆网相继成立，主要提供用户上传和分享视频的功能。虽然这些平台主要专注于点播内容，但它们为直播技术的发展奠定了基础。2008 年，YY 语音推出直播功能，使得用户可以通过互联网进行实时音视频交流。YY 语音最初主要用于游戏玩家之间的语音沟通，但很快扩展到其他娱乐领域，如音乐、舞蹈和聊天等。YY 语音的成功标志着中国网络直播的起步，并为后来的直播平台提供了参考。

2010 年之后，直播开始进入快车道，并迅速下沉到细分市场。比较突出的有秀场直播、游戏直播、社交媒体直播，以及最热门的电商直播。2014 年，秀场直播开始在中国兴起。以 9158 和六间房为代表的秀场直播平台，允许主播通过视频直播展示才艺，并通过观众打赏获得收入。这种模式迅速吸引了大量用户和主播，推动了直播市场的发展。同年，斗鱼和虎牙直播相继成立，专注于游戏直播。这些平台通过直播游戏赛事、玩家解说和互动娱乐等内容，吸引了大量游戏爱好者。游戏直播的兴起不仅推动了直播技术的发展，还促进了电子竞技产业的繁荣。2015 年，微博推出“一直播”功能，腾讯推出“企鹅直播”，进一步推动了直播的普及。微信、

QQ 等社交媒体平台也相继推出直播功能，利用其庞大的用户基础和社交网络，迅速普及了直播。2016 年是中国电商直播的爆发之年。淘宝直播、京东直播和抖音直播等平台通过直播带货，极大地提升了产品销售和用户购买体验。电商直播成为一种新的购物方式，吸引了大量消费者和商家。

在当下的 5G 和大数据时代，更多的人选择观看直播来消磨时间。抖音、快手等平台使得网络直播的赛道逐渐拥挤。各大主播抓住观众的猎奇心理，将自创的、新颖的文化传递给大众，直播开始进入“人人都有麦克风”“人人都能成网红”的时代。直播与短视频结合，成为新时代的另一种传播媒介。在提高传播效率的同时，加强了推广的覆盖率。就这样，直播被打上了新的标签。伴随着 VR 和 AR 技术的引进，直播质量大大提高。但因为直播门槛较低、乱象频出，规范发展成为目前直播行业中的最大难题。

需要说明的是，大部分观众认为的网络直播大致可以分为两类：一类是在网络环境中观看各类体育赛事和娱乐节目等现场直播的“网络电视”，通过电视、电脑等设备，能够实时收看相关节目，比如在新冠疫情期间，“央视频”24 小时不间断直播武汉雷神山、火神山医院的施工现场，开启“全民监工”的直播模式。另一类是偏重利用流媒体技术在网络上进行直播或录播，通过连接摄像头的手机或电脑，直播唱歌、吃饭、聊天等自主性的表演形式，屏幕下方滚动直播观看者输出的文字，实现观众与主播实时交流互动。

二、移动直播的艺术类型与特点

移动直播的艺术类型越来越丰富，这也是实践中不断发展的必然结果。其主要类型有带货、陪聊、吃播、才艺、游戏等，直播带货是其中的佼佼者，主要依靠线上主播完成线上销售。近年来，电商直播成为移动直播的重要应用场景。通过直播带货，主播可以实时展示和介绍产品，回答观众问题，并进行互动抽奖等活动，极大地提升了产品销售和用户购买体验。淘宝、抖音和快手等平台在这方面表现尤为突出，其主要特点是依赖表演、人设塑造以及即时的在场感。前两点都和直播间里的主播有密切关系。观众在刷直播时，主播的变现力不符合观众品位就会被划走。为了留住“路人”，主播常常会做出夸张的动作，通常都会采用幽默诙谐或一惊一乍等不同方式来介绍物品，将自己也带入消费者视角，完成必要的“人设塑造”环节，突出的例子是知识型带货主播。同时，“在场感”也是非常必要的，因为这会给直播的观众以虚拟的心理和情感满足，似乎能在一个直播群体中看到自己，实现在场。例如，电商直播赛道中非常重要的女性用品直播领域竞争异常激烈，不同达人、主播都要使出浑身解数，赢得消费者的注意力或关注度。从“在场感”来分析，许多主播会通过开场播报粉丝 ID 的方式来与粉丝进行互动，使粉丝有主播与自己同在的感觉。而且，主播们还会介绍自己最近的一些工作安排，既是作为未来直播的预告，也是一种通过有效“露出”来拉近与粉丝之间距离的手段。

陪聊也是直播中很重要的一个类型。在陪聊直播中，主播能结合自身的例子给予观众对应的解决方案，或是对观众提出的疑问进行解答。它为观众提供情绪价值，从自身出发分享观点，引起观众的共鸣。陪聊的收入来源大多是观众的打赏。

吃播也是网红直播的一种，起源于韩国。它作为一种时间短、成本低、极端“身体消费”的直播形式，逐渐在中国受到年轻人的热捧，尤其是在夜间，很多女性都喜欢观看吃播。但随着“假吃”“催吐”等负面新闻的出现，许多吃播主播开始转行，上综艺、探店、旅行吃播等，而没有实力、只会狂吃的主播往往会被大时代淘汰。

运动赛事和游戏直播也是移动直播的重要应用场景。观众可以通过直播平台观看体育比赛和电子竞技比赛，参与互动讨论，增强观赛体验。

移动直播也为新闻报道提供了新的方式。记者可以通过移动设备实时传输现场视频，让观众第一时间了解新闻事件的进展。这种实时报道的形式增强了新闻的时效性和真实性。

综上所述，我们能总结出直播的特点。一个特点是用户广泛，受众地位发生变化。网络直播的门槛非常低，打破了传统电视节目主体是明星或社会精英这一局限性，任何一个普通人都可以进行网络直播并拥有属于自己的粉丝，开启全民直播狂欢。每个人既可以是观众也可以成为主播，来营造以个人为中心的审美空间。直播的另一个特点就是方便、直接。直播的成本低廉，可以随时随地开启，不受场地条件限制，只要一部手机、一个平板或者一台电脑就可以进行直播与观看。在各大商场、餐厅、公园甚至路边，经常能够看到在进行直播的主播们。当然，交互性强、反馈迅速也是直播突出的特点。在传统明星见面会或者明星活动中能与明星直接对话交流的机会很少。诸如写信之类的方式能够得到反馈的概率很小，并且得到反馈的时间很长。而网络直播可以即时与明星进行全方位、直接的双向交流，并且零延时，能够瞬间得到反馈，活动性很强。如 2016 年里约奥运会期间，我国游泳健将傅园慧因在采访中展现出的直爽坦诚的性格受到全国人民的热捧，一时间成为各大新闻娱乐版面的头条，所有人都想进一步了解这个可爱的运动员。所以在奥运会还没有结束，她还没有从里约回国的时候，就通过直播平台与喜爱她的粉丝进行了非官方线上即时交流互动。这种互动交流的迅速和乐趣是新闻发布会远不能及的。最后，就是雇佣关系的改变。在传统媒体下，明星必须得听从经纪公司的安排，收入需和经纪公司分成。现在通过自主直播，明星可以直接收到粉丝送的虚拟物品并兑换成现金。更有许多普通人通过网络直播迅速走红，成为小有名气的主播，相关网络主播月入过万元的新闻早已屡见不鲜。

三、移动直播的技术路径与效果分析

4G 技术的普及和 5G 技术的逐步推广，为移动直播提供了强大的网络支持。高速、低延迟的网络连接使得高质量的视频直播成为可能，提升了用户体验。图 8-1 基本展示了直播中主播利用网络，对各种 SDK（Software Development Kit，软件开发工具包）进行采集、分发和播放的过程。因为这涉及很多计算机网络专业知识，有兴趣的同学可以自行去深入了解。

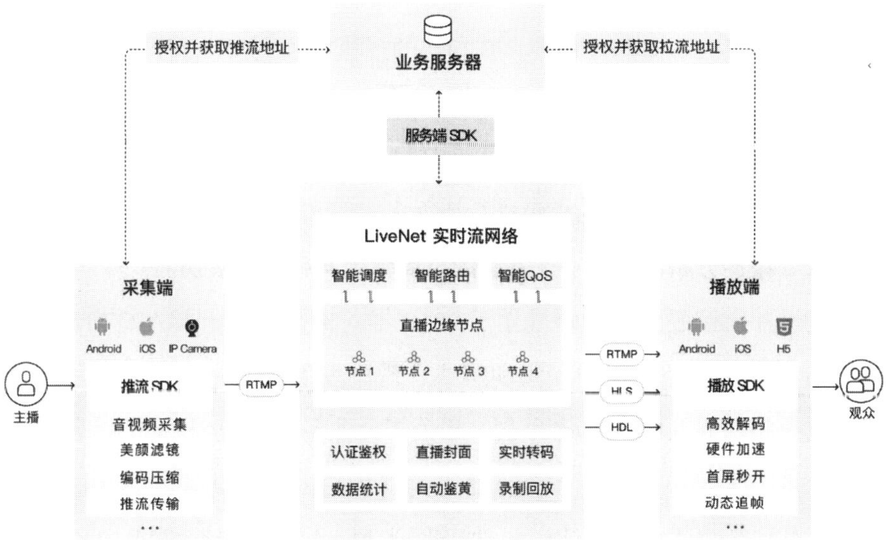

图 8-1　移动直播的技术路径

智能手机的摄像头、处理器和内存等硬件性能的不断提升，使得移动直播的质量和稳定性得到了显著提高。移动设备软件的优化也扩展了直播功能，如美颜滤镜、实时字幕和多屏互动等。同时，云计算和内容分发网络（Content Delivery Network，CDN）技术的发展，使得直播内容的传输和分发更加高效和可靠。通过云计算平台，直播内容可以实时处理和分发到全球各地的观众，确保流畅和高质量的观看体验。

再来看直播带来的各种体验和效果。大数据背景下，直播的形式引入了智能科技的支持，直播效果越来越好。直播的特点主要体现在其互动性、即时性、真实性和广泛传播性等方面，带来的效果也是以直观、形象、共情、互动、代入感和社群意义来体现的。通过智能设备，直播画质变得更加清晰，声音采集更加清楚，主播的形象也变得越来越直观和个性化。在新型直播环境中，5G 技术、全息投影、3D 打印等多种元素加入直播环节，将跨时空、跨区域的信息画面传递给观众。比如观众在收看电视综艺直播的时候，能与节目环节互动，只需用电子设备扫描二维码，就能打通单向传播的方式，参与节目留言、现场提问、惊喜抢答等，进一步增强节目的互动感、参与感、趣味性。观众往往能通过直播内容引发情感共鸣，将自己带入主播的视角中，在参与的过程中表达兴奋、喜悦、悲伤等情绪，形成情感认同的社群传播效果。但是直播也产生了一些负面现象，如直播带货刺激消费者冲动消费、刷单冲销量的情况频频出现，所谓的“榜一大哥、榜一大姐”的虚荣排行让很多家庭和个人饱受痛苦。

PBL 案例分析和学习——井唐的电商营销实践与发展历程

杭州井唐控股有限公司成立于 2018 年，初始专注于 MARYME 女装品牌的经营。历经多年的探索和实践，现已发展成为一家以女装品牌自营、短视频直播及红人孵化为主，相关多元业务全面发展的综合型企业，深耕女装、美妆、珠宝等多个行业。随着公司的逐渐壮大，到 2024 年，该公司月均签约达人 60 人以上，月均曝光超 5 亿，年成交 GMV（商品交易总额）超 45 亿元，月均直播场次 2000 场以上。

其主营业务包括以下几种。

井唐自营服饰品牌。井唐拥有完整的服饰生产—销售产品链，知名品牌包括 MARYME，年均销售额超 1 亿元，全网粉丝约 200 万人；鹭青一，年均销售额超 5.3 亿元，全网粉丝约 500 万人；周淼，年均销售额超 4 亿元，全网粉丝约 100 万人；CHENSMCHEN，年销售额超 18 亿元，美奢热卖榜 TOP1，抖音女装榜 TOP1，单场销售超 1 亿元。

井唐达人 MCN。这是一家孵化、培养、赋能红人的电商 MCN，成立于 2019 年。围绕美妆、护肤、美奢、服饰等赛道，打造流量红人，以新兴直播科技与多年内容营销经营，为品牌、达人、商家赋能；抖音指定美妆直播机构 TOP1，年均销售额超 35 亿元。

井唐天美娱乐。天美娱乐致力于创造影响力并变现（音乐、文学、微短剧、微综艺等），是一家从事艺人管理、知识产权 IP 制作及运营、泛娱乐业务、内容电商业务的综合型文化娱乐创作产业公司，把年轻人的“新观念”，融合天美内容的“新玩法”，爆发“新生力”，释放鲜活“新能量”。其微短剧代表作《危险情人》，总话题播放量超 8500 万，点赞量达 20.8 万。

截至 2025 年，该公司拥有全职运营人员超 600 人，与优酷、灿星影视、VTN 健康、高浪控股、新烛传媒等众多知名品牌和机构建立了战略合作伙伴关系，在行业内具有较高的知名度和影响力，旗下多个品牌和达人在各自领域表现突出。

那么根据以上材料，请同学们思考：

（1）结合我们之前介绍的直播的历史和发展以及同学们自己的课外资料拓展，井唐公司是如何一步步踩准互联网直播发展的节点和节奏，从而达到头部电商直播公司的地位的？

（2）同学们可以进一步观看和分析井唐或其他行业头部 MCN 的短视频和直播，看看其相关账号是如何利用直播的优势进行电商营销的，其中有哪些值得关注的直播特点、美学特征、营销规律以及社会影响。

（3）你觉得井唐公司这样的电商直播营销案例是否具有可复制性？市场上类似的电商直播公司是否也有相同或不同的模式？

四、困境与发展：直播产业何去何从

现如今，直播行业鱼龙混杂，在“人人都能成主播”的时代，许多主播为了流量只能通过大喊大叫、奇装异服来博人眼球。为了粉丝打赏，不择手段地伤害自己的身体，做出令人发指的行为；“榜一大哥、榜一大姐”为了保留自己的位置，疯狂砸钱；在舆论的诱导下，主播的粉丝会进行无边的谩骂，抑或是主播公司买水军恶意伤人。这些乱象有些已经触碰了法律底线，部分直播时间过长严重损害了主播和观众的身心健康，也反映出直播行业中的无底洞行径。其主要困境有以下几个方面。

内容浅层化。网络直播千篇一律地吃饭逛街、卖萌搞笑，甚至直播睡觉，这种同质化的内容或形式，不仅是主播为了经济利益而刻意模仿成功主播，想要快速“吸粉”的选择，更是受众审美同质化的结果。网络直播的泛娱乐化导致了个人审美心理的扭曲化、单一化与浅层化。同质化的内容带动不了直播平台的良性发展，受众不断提升的审美需求是媒介内容创新与提升的关键。

缺乏管理机制。网络直播实质上是一种匿名的形式，使得直播者不需要承担责任，以致网络上充斥着一些不良视频，这些不良视频严重的会影响到绿色网络环境。但是尚未有具体措施来对此进行管控，所以对于这方面的监管还存在着一定的空缺。规避审美糟粕是直播平台的义务，也是受众需要自我警醒的问题。

直播产业当下是典型的“朝阳产业”，其应用极其广泛，但随之而来的不确定性也会极大增强。移动直播在社交媒体和娱乐领域得到了广泛应用。用户可以通过直播分享生活点滴、才艺表演和旅行经历等，增强社交互动和粉丝黏性。娱乐行业的明星和网红也通过直播与粉丝互动，提升曝光率和影响力。移动直播在教育和培训领域也得到了广泛应用。教师可以通过直播进行在线授课，学生可以实时提问和互动。直播课程不仅打破了地域限制，还增强了教学的互动性和参与感。

直播产业的未来趋势其实也在明暗之间。一方面，新一代的网络技术和人工智能会为直播带来更强的技术支持和社会基础；另一方面，乱象与“擦边”也是目前亟待解决的问题。比如，随着5G技术的全面推广和之后的6G突破，都将进一步提升移动直播的质量和速度。与此同时，增强现实和虚拟现实技术的结合，将为移动直播带来更为沉浸式的体验。用户可以通过AR/VR设备参与直播，感受到更加真实和有互动性的现场感。人工智能技术在移动直播中的应用也具有前景广阔。通过AI技术，可以实现实时美颜、智能字幕生成、内容审核和用户行为分析等功能，提升直播的智能化和个性化。区块链技术可以为移动直播带来更高的安全性和透明度。通过区块链技术，用户的隐私和数据可以得到更好的保护，直播内容的版权也能得到有效维护。

第二节 网络音频

一、广播的简史和网络音频的发展

作为一种基于互联网的音频传播形式，网络音频已经成为现代信息传播和娱乐的重要组成部分。其实我们回顾一下无线电和广播的历史，就不难发现，音频节目和“听的艺术”要远早于电视、电影、网络直播等视听综合艺术。广播（broadcast）是人类最早的大众传媒之一，在现代印刷术出现后不久就开始了更为广泛的传播和艺术展现。自20世纪初问世以来，广播已经在全球范围内产生了重要的社会、文化和经济影响作用。随着网络技术的进步、声音艺术的不断精进和媒介环境的变化，广播不断发展和演变，成为现代传媒体系中的重要组成部分。

曾经有很多人悲观地认为“广播已死”，其最主要的论据在于我们处在一个“视觉转向”的时代。据科学研究，人类所感知的外界信息中，大约有80%来自视觉，“看与被看”是占绝对主导的媒介方式和信息通道。在这个宏观语境下，听的艺术，尤其是广播逐渐变得式微，可有可无。然而我们稍微回溯一下广播和网络音频发展的历史，这种论调似乎不值一哂。

19世纪末，“无线电之父”意大利科学家马可尼发明了无线电技术，彻底解决了超远距离信息传输的问题。随后广播技术有了质的发展。1906年，美国的雷金纳德·费森登（Reginald Fessenden）进行了首次无线电声音广播，标志着广播时代的开始。1920年，美国匹兹堡的KDKA电台进行了一次重要的新闻广播，报道了美国总统选举结果，被认为是商业广播的开端。

广播的黄金时代是在20世纪20年代到50年代，特别是第二次世界大战前后，残酷的战争让很多战士和彷徨的市民都依赖广播中传来的亢奋之音或“靡靡之音”。在此期间，广播逐渐普及，成为主要的大众传播媒介。各国相继建立了国家广播公司，如英国的BBC（英国广播公司）、美国的NBC（美国全国广播公司）和CBS（哥伦比亚广播公司）。而民国时候的上海电台也是异彩纷呈，诞生了很多广播明星和电台歌手，最著名的比如“金嗓子”周璇和“银嗓子”姚莉等。当时的广播内容涵盖新闻、音乐、戏剧、综艺节目等，极大地丰富了大众的文化生活。

但是好景不长，20世纪50年代随着电视的兴起，广播的地位受到挑战。无论是电台数量、节目质量还是听众的热情都出现了断崖式下降。然而，广播并未就此衰退，而是进行了调整和转型。音乐广播、新闻广播和谈话节目成为广播的重要内容形式，广播逐渐从家庭娱乐中心转变为个人陪伴媒介。这在传播学上就是典型的从大众媒介转变为分众媒介。随着电视、电影和网络媒体的进一步冲击，“广播已死”的悲观论又浮出水面，然而网络的出现并没有打败或淘汰广播，而是又一次让广播焕发新生。

这个事实也提醒我们，就如同我们在第一个板块“新媒体的概念和历史”中反复强调的，新媒体和旧媒体之间并没有一条泾渭分明的分界线，两者之间是不断冲击、不断碰撞、不断融合，共同向前发展的。电视的发明并没有取代广播，就像当下网络的出现也没有淘汰电视和广播一样。直到今天，开车的司机们还是在听车载广播或无线电台，这让他们的视觉可以集中和专注。即使以后自动驾驶可以完全解放驾驶员的双手和双眼，我们相信，车载音乐和耳朵享受还是会有其适用的场景。

到了20世纪末，网络音频开始悄然萌芽。网络音频的概念可以追溯到20世纪90年代早期互联网的发展时期。1993年，美国科技公司RealNetworks推出了RealAudio，这是首个支持实时音频流媒体播放的软件。使用RealAudio，用户可以通过互联网实时收听音频内容，这标志着网络音频传播的开端。2004年，苹果公司在iTunes中引入了播客

（podcast）功能，使得用户可以方便地订阅和下载音频节目，进行离线收听。播客的兴起不仅改变了音频内容的传播方式，也推动了个性化音频内容的创作和消费。

近年来，我国网络音频领域发展迅猛。1997 年，上海东方广播电台的《东广信息网》成为公认的我国最早的网络广播。自此，中国网络音频开始进入快速发展轨道。2004—2010 年，网络音频的各种类型崭露头角。2012 年，车载音频开始进入大众视野。司机在车内不再只能播放 CD 唱片，而是可以通过天线收听车载广播。与此同时，2011—2014 年，网络音频的产业链逐渐形成，有声书、博客的出现吸引了一大批核心用户，“声优”这一职业也被大家所了解。随着网络的快速发展，2011 年前后，蜻蜓 FM、喜马拉雅、懒人听书等听书 App 登上网络音频的舞台，平台内的付费模式也相继出现，整个生态逐渐完整。

自 2015 年起，中国网络音频迎来新一波发展高潮，相关软件进入直播化、收费化的阶段，全平台的网络音频用户数量增长，众多行业新进人员参与进来，使得更多网络音频平台涌现。同时，智能科技的不断进步支撑着大量网络音频平台的运行，中国网络音频行业变得成熟起来。音频平台内部的收费有声书等逐渐被大众接受，网络音频也变得不再稀有、单一化。许多平台开始研发有声书的相关程序，QQ 阅读、微信阅读等应用足以满足普通用户的收听需求，针对用户的网络音频变得广泛化、多元化、个性化。在大数据时代，智慧科技的发展能够为网络音频带来更多的可能性。[①]

2004 年，中国电信公司推出彩电铃声业务，“耳朵经济”的概念应运而生。随着网络音频的发展，听觉文化不断涌现，听众的需求不断被满足，促使“耳朵经济”出现于大众视野中。数据显示，三成以上国民有听书习惯，35.4% 的用户选择付费订阅，预计 2028 年在线音频市场收入增长

① 熊辉．声音的回响：中国网络音频发展简史［J］．互联网经济，2017（7）：92-99.

将达到510亿元……依托人工智能科技的发展，网络视听行业新业态正在萌芽，圈层的良性互动能够加速"耳朵经济"的改良及高质量发展。[①]我国"耳朵经济"正处在飞速发展阶段，这条小众的内容赛道正在走向大众化。

近几年，以播客、听书为代表的"耳朵经济"发展迅速。天眼查数据显示，目前中国有"耳朵经济"相关企业4万余家，其中约1.36万家为2019年以后新注册的企业。艾瑞咨询《2023年中国网络音频产业研究报告》显示，音频平台的内容数量也实现了显著增长，2023年的数量是2016年的135倍，是2020年的9倍。预计国内音频用户规模将在2026年突破3.5亿。[②]"耳朵经济"的商业前景一片向好，在满足听众对声音需求的同时，利用外部资源，发挥其最大价值。

二、网络音频的类型及特征

网络音频可以说纷繁复杂、类型众多，完全没有前文说的在"视觉转向"的时代被完全替代或者落伍淘汰的趋势。这也再次提醒我们，新旧媒体的区分和融合是多么必要。

在国外，网络音频平台主要有三个类型，分别是音乐流媒体平台、播客平台、传统电台转型而来的在线电台。首先，在美国，由新一代的互联网技术催生的Spotify、Apple Music和Pandora等音乐流媒体平台在21世纪00年代末和10年代初相继出现，这些平台提供了庞大的音乐库和个性化推荐服务，极大地提升了用户的音乐体验。通过这些平台，用户可以随时随地收听高质量的音乐内容。

其次，随着音乐节目的大规模普及，更加个性化、定制化和具有故事性的播客平台开始出现。如SoundCloud、Stitcher和Pocket Casts等，为播

① 张馨元．"耳朵经济"的发展特征与样态探索［J］．新闻世界，2024（2）：20-22.

② 王皓然，刘畅．"耳朵经济"焕发消费新"声"机［EB/OL］．（2024-07-10）［2025-02-14］．https://www.news.cn/tech/20240710/871b93dbd9d54d8099106e71f6a3e613/c.html.

客创作者提供了发布和分发内容的渠道。这些平台通过 RSS（简易信息聚合）订阅和社交分享功能，使得播客内容得以广泛传播。Anchor 等平台更是提供了简便的播客制作工具，降低了内容创作的门槛。在这些播客平台的支持下，听众收听到的内容越发丰富，相对而言，制作播客也变得更加普遍化、大众化。

最后，是由传统电台转型而来的在线电台。美国的在线电台包括 TuneIn Radio 和 iHeartRadio 等，它们一个最大的特点就是充分利用全球听觉资源，整合全球的电台资源，通过互联网实时播放广播节目。用户可以通过这些平台收听来自不同国家和地区的电台节目，获取多元化的音频内容。

国内的播客是在互联网时代发展起来的。2011 年，蜻蜓 FM 首次出现，成为中国首个网络音频平台。2012 年，懒人听书、喜马拉雅 App 相继问世。2013 年，荔枝 FM、考拉 FM 的出现形成了移动音频格局，加快了中国网络音频的发展。荔枝 FM 于 2018 年改名为“荔枝”，现主攻声音互动平台，强调“人人都是主播”的理念；考拉 FM 专攻车载广播，在汉富资本的投资下将品牌升级为“听伴”；蜻蜓 FM 在调整收费制度后开启自制节目模式，例如推出樊登问答脱口秀《我有一个问题》；小宇宙 App 的出现给中国播客行业带来前所未有的活力，它采用单一的播客模式，并且提供订阅 RSS 选择，打造简洁明了的播客页面。

现如今，不仅是专业播客平台才能收听到相关内容，网易云音乐、QQ 音乐等各大平台也开始设置播客区域，鼓励听众进行探索。播客平台不再只是简单的娱乐手段，而是能够向观众提供学习信息、进行心理疗愈的单独渠道。

在这里，我们有必要交代一下网络音频的技术运用，这和之前介绍的直播技术有异曲同工之处。网络音频的大规模运用和普及离不开音频压缩技术、流媒体传输技术、云计算和 CDN 技术。首先，音频压缩技术如 MP3、AAC 等，使得高质量音频内容可以以较小的文件大小进行存储和传输。系统通过算法，在保证音频听觉上不失真的前提下，对音频数据信号进行压缩，通常分为无损压缩和有损压缩，根据用户的需求进行选择。压缩技术的发展不仅提高了音频内容的传输效率，还使得用户可以更方便地存储和管理音频文件。

其次，流媒体传输技术的发展，使得网络音频内容可以实时传输，由视频服务器向各个用户方传送压缩包，减少了缓存和延迟问题。通过 HTTP 直播（HLS）和动态自适应流媒体（DASH）等技术，用户可以在不同网络条件下获得流畅的音频体验。

最后，云计算和 CDN 技术的发展，使得音频内容的存储和分发更加高效和可靠。通过云计算平台，音频内容可以实时处理和分发到全球各地的用户，确保流畅和高质量的收听体验。

依托智能科技技术，网络音频开始走向千家万户，音频内容开始丰富、多元化发展，开发了多种情境模式以满足听众的不同需求。网络音频相较于其他音频来说，更能够打动人心。不同的声音都有属于自己的听众，网络音频的收听不仅是情感的传递，也是个体社会交际的一种行为变现。当今时代，网络音频平台正在深度发掘“耳朵经济”的作用，抓住流量和现有用户，制作出更好的作品，增强用户黏性，发展网络音频产业。

三、网络音频的文化产业特性与融合

网络音频发展迅速，其组成成分有多种。其中，音乐流媒体、播客、有声书、在线教育、新闻与资讯是网络音频的几大分类方向。

音乐流媒体已经成为网络音频的重要组成部分。Spotify、Apple Music 等平台通过订阅服务和广告收入模式，吸引了大量用户和音乐创作者。移动模式的推广使得用户收听音乐的局限已被打破，大多数人能够在流媒体上实时收听歌曲，加强了用户的情感交互。个性化推荐、播放列表和社交分享等功能，提升了用户的互动体验。

播客在内容创作和消费方面取得了显著增长。不同的播客平台有其独有的主攻目标，蜻蜓 FM、考拉 FM、喜马拉雅等，都向大众展示出多元化的内容形式。各种主题的播客节目，如新闻、教育、娱乐、科技等，吸引了不同背景和兴趣的听众。播客的灵活性和个性化特点，使其在内容创作和营销方面具有独特优势。

有声书是网络音频的另一重要应用场景。受众范围从视力受阻和阅读困难人群扩大到不同年龄、不同阶层的人群，他们利用碎片化时间收听有声书，解放双眼。在国外，通过 Audible 等平台，在国内，通过前文介绍的诸如蜻蜓 FM、喜马拉雅、荔枝等平台，用户可以收听到各种类型的书籍，从小说到非虚构作品等。有声书不仅为读者提供了便利，也为作家和出版商提供了新的内容分发渠道。

互联网发展迅猛，网络音频在在线教育领域同样得到了广泛应用。通过音频课程和播客，教师和培训师可以传授知识和技能，学生可以在碎片化时间里进行学习。钉钉、腾讯会议等软件辅助学生在线上获取教育资源。网络音频的便捷性和灵活性，使其在在线教育中的应用前景十分广阔。

网络音频在新闻与资讯传播方面也发挥着重要作用。新闻播客、实时新闻电台和专题报道等形式，为用户提供了多样化的新闻获取方式。世界各地的新闻能够通过广播电台等形式传递给不同地区的听众，新颖的获取模式打破了时间和空间的限制。音频新闻的即时性和便捷性，使其在现代新闻传播中占据重要地位。

网络音频的未来发展也是不可限量的。随着大数据时代的到来，5G 技术的全面推广和物联网的发展，进一步提升了网络音频的质量，扩大了其覆盖范围。人工智能技术的高速发展带来了技术变革，音频全覆盖已初步实现。高带宽、低延迟的 5G 网络，以及未来的 6G 网络，将为音频内容的实时传输和互动提供更好的支持。大容量、低延迟、移动性强，这些高速网络优势将帮助信息传播不再受时间和空间的限制。通过数据整合和算法，网络音频平台能够计算出大众口味，更好地贴合用户喜好。在未来，网络音频将成为新时代不可或缺的一种媒介。[①]

PBL 案例分析和学习——网易云音乐和“emo”综合征

随着网络文化的不断发展，“emo”成为当代年轻人在感到孤独、落寞时表达情绪的流行语。在网易云音乐平台的评论区中，总能看见许多用户在表白、失恋、遗憾等歌曲下发表评论，诉说苦水，人人都在“emo”的局面出现了。在网络同质化的趋势下，人们总会因为他人对自己的审视、言论而暗自伤神，在社交平台上不能实名宣泄，只能通过隐藏信息的用户账号来抒发自己的情绪。网易云音乐便成为发泄的主要平台之一。

网易云音乐因此被戏谑为“网抑云”，石坂庆彦的歌曲 *Resistance* 就被认为是“emo 神曲”之一，是这个风格的代表作之一。用户在听歌的时候能够将自己的情绪宣泄出来，这也是网络音频引发用户情感共鸣的一种体现。然而，在网易云音乐评论区的大多数人并不是真的有抑郁症，他们的“小作文”也被路人拿出来嘲讽。“emo”浪潮来得快，去得也快，将情绪宣泄出来成为当代年轻人的普遍共识。

与此同时，“拒绝 emo”也成了另一种时尚，是年轻人自我疗愈的新方法。“‘emo’时听红歌”作为青年亚文化出现于大众视野，网易云音乐的歌单板块中也多出了许多红歌歌单，“有用”“有效”这类高频评论常常出现在社交平台上，音乐成为心灵疗愈的方法。

那么根据以上材料和分析，请同学们思考：

（1）为什么在视听综合艺术如此发达的今天，还有这么多年轻人选择相对比较单一的“音乐畅听”节目？这和艺术的功用有何关系？

（2）同学们可以进一步对比网易云音乐、QQ 音乐、酷狗音乐、虾米音乐等在线音乐平台，看看它们彼此是如何在中国市场发展和竞争的。此外，它们发展最大的瓶颈就是版权获取和保护，你怎么看待免费甚至盗版听音乐、听节目这个现象？

① 杨涵玉 . 36 氪研究院丨 2023 年中国在线音频行业洞察报告［R/OL］.（2023-06-01）［2025-02-14］. https://www.36kr.com/p/2281608690112518.

（3）“emo”和“拒绝 emo”都成了青少年亚文化的一种，你对此有何看法？

第三节 微短剧

近年来，网络上比较火的视听艺术内容之一是微短剧。根据某些网络行业调查，2023 年中国网络微短剧市场规模为 373.9 亿元，同比增长 267.65%，2027 年市场规模有望达到 1006.8 亿元。[①] 而同期的中国电影票房只有 549.15 亿元（2023 年）。在可预见的将来，微短剧市场超过电影票房只不过是时间问题。微短剧，按照官方的解释是指“单集时长从几十秒到 15 分钟左右、有着相对明确的主题和主线、较为连续和完整的故事情节”的内容。[②] 微短剧之所以如此走红，一定有它的机理和特征，当然肯定也有发展中不可避免的泡沫。在系统介绍微短剧之前，先来看看它的“前辈”或相关的艺术类型，那就是微纪录片和微电影。

一、市场前驱者：微纪录片和微电影

无论是微电影（micro-film）还是微纪录片（micro-documentary），都带着“微”字，这说明两者的形式都是以短小精悍、简洁有力、微言大义为特点。其实这两个类型可以统称为“短片”，各大电影节都设有特定的短片环节，也有基本的规定和要求；微纪录片和微电影的设定主要是相对于长片中的纪录片和电影这两个特定类型。微纪录片和微电影显然都是依

① 艾媒网 . 艾媒咨询丨2023—2024 年中国微短剧市场研究报告［R/OL］.（2023-11-22）［2025-02-14］. https://www.iimedia.cn/c400/97005.html.

② 国家广播电视总局 . 国家广播电视总局办公厅关于进一步加强网络微短剧管理 实施创作提升计划有关工作的通知［EB/OL］.（2022-12-27）［2025-02-14］. https://www.gov.cn/zhengce/zhengceku/2022-12/27/content_5733727.htm.

托新媒体的媒介孕育和壮大的，特别是互联网的加持。两者的出现差不多都是在21世纪初，都伴随着互联网的飞速发展，而且都脱胎于相对而言的“旧媒体”——纪录片和电影，但是更加适应网络新环境，进行创作、分发、营销和施加社会影响力。

首先来分析微电影。微电影以其创意独特和制作灵活的特点迅速崭露头角。作为一种介于广告、短片和电影之间的艺术形式，微电影不仅在娱乐和文化传播方面发挥了重要作用，还成为品牌营销和社会宣传的有力工具。与传统电影动辄两小时甚至更长的体量相比，微电影通常只有几分钟到30分钟，能够在短时间内讲述完整的故事或传递核心信息，其制作周期短、成本低，但仍具有较高的艺术性和观赏性。

微电影的概念最早出现在20世纪90年代，随着数字技术和互联网的发展，微电影逐渐成为一种新的影视表现形式。早期的微电影以广告短片和独立短片为主，注重创意和内容的独特性。随着手机的普及、互联网的提速、视频网站和社交媒体的兴起，微电影开始受到越来越多的关注，获得了越来越多的市场份额。越来越多的独立创作者、品牌和媒体公司开始制作和传播微电影，通过短小精悍的内容吸引观众，提升品牌知名度和影响力。

相较于电影或其他更成熟的艺术类型，微电影的特点十分突出，即短小浓缩，强调创意，创作灵活度高，高度依赖数字化和网络平台。比如对于创意性，微电影是非常看重的。与短视频、直播等网络催生的艺术形式一样，如果作品不能在开头迅速抓住观众眼球，在中后期实现反转，出现让人大呼过瘾的奇思妙想或突破常规桥段的设计，其完播率、点赞率和转发率可能都会比较低。再如依赖数字化和网络平台，微电影主要通过互联网的视频网站、社交媒体和移动应用来传播和行销，打破了传统电影在电影院这个封闭空间内放映和规定片长的限制，具有广泛的传播力和影响力。

和微电影相比，微纪录片的内容、形式和美学特征都与其相似，但是它突出的不同之处在于注重真实还原生活中的场景和人物。它以真实事件和真实人物为素材，通过客观记录和呈现，揭示生活中的真相和本质，这也是纪录片的本质要求。所以微纪录片更强调在主题、技巧、后期制作上真实还原的特征，从而也带来了强烈的视听感受与认知提升。

无论是微电影还是微纪录片，它们既然都是网络时代的新媒介代表，自然也体现着许多“网生”特征，比如融媒体发展、个性化与定制化、互动性与参与性、国际化与跨文化交流等。以 2012 年前后“出圈”的微纪录片《美丽中国》为例，这部由 6 集不同地域和风情内容组成的微纪录片是英国 BBC 与中国中央电视台联手摄制的，拍摄了 56 个国家级野生动植物和风景保护区，86 种中国珍稀野生动植物。这是一部国际化和跨文化的合作典范作品，不仅在传统电视台得到了大规模的放映和报道，也向网络媒体开放，收获了无数粉丝和他们的互动与点赞，这就是新媒体的魅力。

而差不多同时期央视推出的《故宫 100》更是将微纪录片的内容和形式推向了新的高峰。这部短片集用每集 6 分钟的时长，从不同角度讲述了故宫 100 个空间的故事。整个系列透过“看得见”的空间，将“看不见”的紫禁城建筑的实用价值和美学价值加以演绎，为故宫创建了一座超越时空的影像博物馆，让故宫从一座暮气沉沉的帝国皇宫变成了一座琳琅满目的博物院。整部作品充分运用了纪录片中常见的移轴摄影、微距摄影、延迟拍摄等技术，同时也结合了欢快灵动的网络文化表达，比如采用形象活泼、自由生动的卡通动画等。这些都让《故宫 100》在年轻人心中完美“种草”。

PBL 案例分析和学习——微电影《老男孩》

微电影《老男孩》讲述了两个痴迷于迈克尔·杰克逊的“老男孩”经历了高中以及成年后的平凡生活之后重拾信心，勇敢站在舞台上追梦的故事。影片于 2010 年上映后，在短短 7 天内，网络点击率高达 5000 万，剧情感动了“70 后”“80 后”乃至“90 后”的观众。影片没有激昂的情感突破，却充满令人难以忘记、刻骨铭心的回忆，片中传递的那一份纯真无邪，是多少人青春时期的缩影。从这点来看，微电影强调了情感的宣泄，以情感诉求和精神寄托为核心，因此才能打动被吸引来的观众。

《老男孩》的怀旧热潮引发全网热议，同时也向大众推广了“微电影”这一概念。随着新兴事物的出现，制作精良、富有创意的微电影如雨后春笋般冒了出来。在互联网的加持下，微电影的概念改变了人们对传统电影的认知，也改变了视频网站的营销策划模式。微电影需要一定的创作门槛，剧本也不亚于常规电影，甚至因为“微”的性质，情节更加紧凑，使得情感渲染更加到位。

微电影的传播渠道以新媒体为主。虽说是电影中的一类，但是在传播渠道、播放方式、宣传口径等方面，都与传统电影有着天壤之别。在手机上、电脑里，我们就能通过互联网播放微电影，不再受限于空间和时间，观众对于微电影的获取更加方便快捷。因此，为了跟随微电影的潮流，各大视频平台都开始开辟微电影专栏。在抖音、快手、B 站等平台上，都能观看微电影。

那么根据以上材料和分析，请同学们思考：

（1）微电影对比电影，两者的区别和联系在哪里？你对于微电影的未来发展有何期许和忧虑？

（2）除了《老男孩》，还有很多国内外的微电影值得我们去思考、学习。请自行找出两三部微电影，分析其特色、引领作用、社会影响，以及最关键的新媒体艺术特征等。可供参考的例子有《拾荒少年》《父亲》《零元招租》《调音师》等。

二、微短剧的定义与历史阶段

随着 2017 年短视频行业开始迎来爆发期，微短剧这一网络影视形态开始被广泛注意，带有“微短”和“剧”特点的网络微短剧能有效满足大众的碎片化、娱乐化需求。

微短剧拍摄周期短、成本低，大部分无须邀约流量演员，只需要满足观众的喜好、符合时代大趋势即可。随着市场监管的不断优化，微短剧的质量也在不断提升，时间短、强度大、短小精悍、内容丰富的微短剧成为新的潮流趋势。例如《飞扬的青春》《一梦枕星河》等高质量的微短剧出现后，吸引了一大批想利用碎片时间的用户。他们喜欢在闲暇时刻刷手机视频，微短剧投放在抖音、小红书、B 站等社交平台，其剧情进程契合了用户的休闲时间，跌宕的情节搭配精彩的演技，使微短剧逐渐有了流量和热度。

相较于微电影来说，微短剧的剧情内容多样，不墨守成规，剧本的编排是抓住观众眼球的关键，情节冲突不断、高潮跌宕起伏，甚至充满“狗血”和“套路”，这是微短剧的关键要素。而微电影更偏向于传统电影，情节完整、有丰满的人物形象。观众需要一直投入精力观看影片，才能完全了解整个情节。微纪录片与微短剧的区别在于微纪录片是拍摄真实的故事，通过剪辑等艺术手法，传递电影本质情感。

网络微短剧的内容生产主体从最开始的业余用户拍摄向专业影视机构过渡，因其独特的“短”和“剧”元素广受关注。在快时代的发展下，观众的耐心越来越少，拉进度条、快进、倍速播放已然成为常态。因此，微短剧的出现契合了大众的看剧心理，每集只有几分钟的时长，剧情丰富，体量小，能够让用户在很短时间内看完一个完整的故事。观众也需要一种情感突破口，在短时间内与剧情产生共鸣，碎片化的媒介习惯成功地迎合了市场走向，微短剧也逐渐被大众接受和喜爱。①

（一）萌芽时期（2012—2016 年）

2012 年出现了“网络微喜剧”的形态，如大鹏主导的《屌丝男士》每集 15 分钟，大鹏在其中扮演各种各样的人物，从真实生活中找到痛点和笑点，可以视作网络微短剧的萌芽。那时的网络微短剧主要依靠搞笑的情

① 刘诗琦．媒介环境学视角下网络微短剧研究：以快手 App 为例［D］．南宁：南宁师范大学，2022.

节和荒诞的剧情出圈，缺少时代特性和精神内核，大家也只是一笑而过。2013 年播出的《万万没想到》又吸引了一大批短视频爱好者。2014 年被称为“网络剧元年”，各视频网站纷纷推出自制内容计划和网络剧扶持计划。多元的视频团队逐渐进入大众视野。2015 年《陈翔六点半》播出，每集约 8 分钟时长的形式给了各大平台新的思路，开始纷纷尝试制作微短剧。

（二）不断发展时期（2017 年至今）

随着 2017 年短视频行业迎来爆发期，网络微短剧顺利进入第二阶段，有了更为宽松、适宜的生存环境。2018 年，爱奇艺联合开心麻花团队，将《生活对我下手了》投放在爱奇艺平台，自此，短视频正式投放至长视频平台。2019 年，微短剧的发展一片向好。抖音、快手等视频社交平台的问世促使微短剧扩大了传播范围，鼓励不同元素的题材出现：校园、言情、悬疑等。2020 年 8 月，国家广播电视总局正式将网络微短剧纳入影视作品分类之中，严格规范了网络微短剧的性质：“单集时长不足 10 分钟的剧集作品”，微短剧成为继网络影视剧、网络电影、网络动画片后第四种被官方认可的网络影视作品形态。[①]2020 年也被称为“网络微短剧元年”。随后，微短剧开始蓬勃发展。2021 年至今，网络微短剧数量呈阶梯式增长。“根据德塔文数据，2022 年 10 月 1 日—2023 年 8 月 31 日，长短视频平台共上线 1125 部微短剧，同比 2022 年 442 部、2021 年 420 部、2020 年 103 部上线量，再度实现阶梯式增长。”[②]微短剧的主攻平台主要集中于抖音、快手。近年来，随着市场变化，微短剧数量逐年增长，优酷、芒果 TV、腾讯视频也成为主力。各大视频平台为了支持微短剧的发展，相继推出扶持计划，例如“MCN 激励计划”“火星计划”“大芒计划”等。腾讯视频的《大妈的世界》、快手的《长公主在上》、芒果 TV 的《念念无明》等微短剧

---

① 屈定琴 . 智能推荐算法下微短剧内容生产优化策略［J］. 视听理论与实践，2024（3）：71-76.

② 首都广播电视节目制作业协会 .2023 微短剧行业报告［R/OL］.（2023-12-18）［2025-02-14］. https://lmtw.com/mzw/content/detail/id/230369#.

一夜爆火。[①]

爱奇艺、优酷、腾讯视频三大长视频平台都针对网络微短剧发布了分账规则。抖音、快手等短视频平台也不甘落后，在资金、流量、内部基础的多管齐下，刺激整个网络微短剧市场。这样的背景下，网络微短剧不断发展壮大。

三、微短剧的审美特征与发展趋势

（1）内容浓缩化，适应碎片化观看。微短剧每集的时长较短，导演需要在有限的篇幅里高频呈现剧情亮点，吸引观众。因此，节奏快、反转多成为微短剧的几大特点之一。剧情的编排也需要与视频集数相对应，在满足微短剧时长的同时兼顾剧情连贯性。每集时长都控制在 2—10 分钟内，剧情的设定和演员演技的好坏是抓住观众眼球的两大重点。演员的表情、人物之间的对话不能生硬，情绪的渲染要到位，这样才会留下观众。与电视剧不同的是，微短剧的总时长短、集数多，想要在这两个限制里高质量地完成，就更要强调人物对话、角色表情和情绪刻画。

（2）爽感文化与土味文化并存。爽感文化与土味文化构成了网络微短剧的两大审美特征，它们通过一系列矛盾冲突和高密度的剧情编织构建了一个能够精准击中观众爽点的故事，让观众在碎片化的娱乐时间里能够快速体验一场“逆袭重生”“霸道总裁爱上我”的绮色幻梦。

除了对爽感文化的追求，网络微短剧在审美特征上的另一表征是对土味文化的拼贴戏仿，即对受众耳熟能详的网络段子和网络文学故事模式进行搬演和二次重构，从而增强网络微短剧的趣味性和戏剧性。网络微短剧的土味特征可概括为套路化、可预见的剧情发展，叙事逻辑简单的故事内核，以及跌宕起伏、高潮不断的情节设置，并通过足够接地气、大众化的方式，向观众提供一种不加修饰、无须思考的快餐式文化，从而最大限度

① 王欣．网络微短剧受众互动行为影响因素研究［D］．杭州：浙江传媒学院，2024.

地消除作品与观众之间的审美距离。

综观2023年播放量较高的微短剧，从《穿到古代当首富》到《厉总，夫人她罪不至死》《复仇从离婚开始》再到《闪婚后，豪门老公马甲藏不住》《无双》等剧可以发现，观众从其剧名即可迅速意会每部剧的故事类型和叙事走向。而仔细拆解这些微短剧的故事也可以发现，它们都基本遵循所属类型的叙事套路。随着播放量的上升，更多的微短剧作品被大众看到，未来的发展趋势也呈上升状态。

（3）制作精品化。周星驰担任出品人的首部微短剧《金猪玉叶》于2024年在抖音播出，周星驰和抖音副总裁陈都烨担任出品人，叫兽易小兴监制，抖音短剧负责人钱立立和冷刚担任总制片人，史元庭、夏若妍领衔主演，土豆、蒋诗萌、派小轩、张百乔、徐志胜等参演。从主创阵容来说，已堪称相当重量级。该剧还拥有资深电影摄影和美术班底，采用横屏拍摄，力求为观众带来一部具有电影质感的喜剧题材精品微短剧。该剧讲述的是一名台湾律所的实习生叶小莱，因其双胞胎姐妹遭遇“杀猪盘”，决定来到大陆寻找嫌疑人朱浩，但发现朱浩也被冒用了身份。这对欢喜冤家开始踏上追凶之路，携手从成都追踪到东北，和诈骗团伙斗智斗勇。

《金猪玉叶》的剧情设定贴合当下社会，“杀猪盘”是一种常见的诈骗手段，但是在剧播出后，评论出现了两极分化。有的网民认为星爷这次尝试非常大胆，题材讽刺辛辣，视频质量高，社会价值和影响力不在话下；也有网民认为电影导演拍微短剧走错了道路，剧情很尴尬，一味地炒冷饭、蹭热度。对于导演来说，从电影转战微短剧已经是很大的突破。周星驰的风格能不能适应微短剧？如何在保留自己风格的情况下完整地将微短剧展现出来？这些都是现在我们需要讨论的问题。

（4）主题主流化。在新时代背景下，微短剧导演、策划开始将目光放在了主流文化上。国粹遗产、文物保护、中外交流，这些题材能够更好地引起观众的共鸣。微短剧《逃出大英博物馆》深耕内容创作，讲述了华人记者在大英博物馆帮助流落在外的文物回家的故事。该剧采用拟人化的手法，将中华缠枝纹薄胎玉壶化为真实的人形，赋予其鲜活的生命，将玉壶的归乡情绪转变为直观、立体的画面，营造出浓浓的思乡情感氛围。《逃出大英博物馆》为了让我们记住那些被遗忘的历史，选择将许多文物细节隐藏在画面中，以含蓄、温暖的呈现方式燃烧着民族情绪的火苗，为观众注入了丰富浪漫的想象。

（5）题材类型多样化。古装与都市爱情题材一直是微短剧创作的主流类型。就七大视频平台（优酷、爱奇艺、腾讯视频、芒果 TV、B 站、抖音、快手）播出的微短剧进行题材归类分析，微短剧题材呈现出百花齐放的格局，古装、爱情、都市题材数量多、占比大。2024 年微短剧类型不断扩充，呈现更加丰富多元的趋势。

近年来，随着微短剧的不断发展，相关政策文件出台、IP 产业升级、受众新变、媒介环境发展等多元变化促使越来越多的微短剧创作者立足时代语境求新、求变，不断拓宽类型题材，逐渐消弭各种题材之间的壁垒，极大地开发了微短剧内容的发展之路。在此趋势下，各大平台也对微短剧进行了更加详细的题材划分。

PBL 案例分析和学习——微短剧《二十九》和《逃出大英博物馆》

柠萌影业出品的微短剧《二十九》在抖音平台上线 3 集后便创造了播放量破亿的骄人成绩。它演绎了一个古往今来经久不衰的经典命题：出轨，同时又细致讲述了女主人公袁裴在得知丈夫出轨后的绝地反击。但是该剧并未止步于传统的原配打击第三者的雌竞模式，而是反套路地讲述了袁裴与第三者陆筱杉在后期携手开店、共创事业的故事。这一叙事编排不仅满足了观众基于传统道德是非观和善恶观的朴素愿望，又兼顾了时下流行的“girls help girls”的女性主义议题，故而在叙事上呈现出解构与建构并行的状态。

《逃出大英博物馆》在“主流化”和“正能量”的大旗之下，其成功要素还可以归结为以下三点：首先，小视角撬动大情怀。《逃出大英博物馆》摆脱市场上的热门题材，突破现有的创作思路，从“文物的流失与回归”这个小切口，将中华民族长期深沉含蓄的情怀展现出来，突破当今微短剧内容过度同质化、文化驱动力不足的问题，让中华传统文化在传播中展现价值。其次，调动集体记忆。就像费孝通在《乡土中国》中所言，文化是依赖象征体系和个人的记忆而维持着的社会共同经验。《逃出大英博物馆》以2017年大英博物馆收藏的中华缠枝纹薄胎玉壶为原型，展现了令人动容的文物思乡之情和家国情怀，调动公众对流失文物的集体记忆，引发公众对“文物回归”议题的共鸣。最后，契合碎片化语境。在后文本时代，碎片化的阅读习惯和阅读语境助推微短剧的风口到来，短视频本身短小精悍，且在融入剧情、故事、情感等方面比长视频剧集更具有优势。《逃出大英博物馆》总计不到20分钟，简短易懂的视觉化呈现迎合了碎片化时代受众的观看习惯。

那么根据以上材料和分析，请同学们思考：

（1）微短剧《二十九》和《逃出大英博物馆》是如何在各自的细分赛道出圈并受到热捧的？换言之，两者是如何在遵循类型原则的前提下进行创新的？

（2）看完两部微短剧，细读文本后，会发现它们作为微短剧的代表作品，本身还是有不少缺陷和不足的。你觉得有哪些遗憾之处？

（3）如果请你来编写一部微短剧，你将从何处入手？怎么编写？

四、微短剧“出海”分析

“买量投流”，是决定一部微短剧是否赚钱的重要环节。2024年，中国微短剧投流规模达到了约420亿元。在这个大背景下，中国微短剧“出海”已具备许多基础条件。首先，国内微短剧已走向成熟。艾媒咨询报告显示，2023年中国微短剧市场规模达373.9亿元，同比增长267.65%。在全球文化交流的当下，微短剧在国外也一定能找到市场。其次，微短剧可以看作影视化的网络文学，而在此前，中国网络文学已成功实现出海，为微短剧提供了经过市场检验的IP库。同时，短视频平台TikTok在海外各地的应用也为微短剧的传播提供了载体。

（1）出海模式。微短剧“出海”主要包括四种模式：第一种是直接将国内微短剧的改编版权卖给海外公司，由海外公司自行进行翻译与发行，此为版权出海。第二种是国内公司自行购买微短剧作品版权，自行翻译之后，直接投放至海外的流量平台。第三种是最为精品化也是制作成本最高的一种，即将国内的微短剧拍摄模式移植到海外，雇用海外的影视团队与演员进行本土化的制作。第四种是针对海外华人的定制作品，如九州文化公司主要面向东南亚及中国港澳台地区进行微短剧出海，99TV 则直接将微短剧加上繁体字幕后上线。

（2）本土化构建。Reelshort 平台能成为继 TikTok 之后，深入欧美海外市场的“中国出口”产品的原因，绝非简单地复制国内微短剧的模式，从内容、盈利模式、制作等环节都需要做出本土化的改变。例如 Reelshort 平台上的经典案例——《命中注定是狼王》便是将国内微短剧中的“霸道总裁”形象替换成了“狼人”，这既是创作者对于欧美经典作品的思路复制，同时也是根据欧美本身的文化进行的本土化构建。欧美市场的用户具有较强的付费意愿，他们更加青睐于本土元素中的“狼人”“吸血鬼”“古堡”等元素，故而直接翻译国内网络文学作品作为剧本是行不通的，《命中注定是狼王》就是改编自海外网文阅读平台 Kiss 的同名小说。

（3）海外受众分析。海外微短剧的观看群体以女性为主，年龄大多在 35 岁以上，低线城市更显著，受众周均观看时长为 2.3 小时。具体到观看入口，长视频近五成受众通过搜索栏观看，短视频受众近半数通过首页 / 推荐页 / 精选页跳转观看。在付费人群中，男性、中青年、高线城市、高收入、高消费人群更为显著。在付费方式上，以平台会员和单剧集购买为主，其中 51% 用户选择支付特定周期的会员费，享受特定权益；33% 的用户选择特定剧集单独支付，金额主要集中在 10—200 元。

对 Reelshort 等海外短剧平台的调查研究显示，使用这些微短剧 App 的用户中，超过七成为女性，45 岁以上的用户占比超过 48%，39% 的用户年龄在25—44岁，故而使用这些海外微短剧App的用户画像为“女性”“中年”。说到海外微短剧，就不得不提到九州文化公司。“九州文化的愿景是打造属于中国的‘新奈飞’，作为短剧行业的头部企业，九州文化已通过‘99TV’App和‘Short TV’App等产品，使作品广泛覆盖到中国港澳台地区、日韩、东南亚、美国、加拿大、澳大利亚、中东、欧洲及非洲等全球多个国家和地区的用户群体。”九州文化公司专注于制作短小精悍、内容丰富的微短剧，他们将中式微短剧中的“霸道总裁”“灰姑娘”“复仇”等特点推向国外，打造全新的微短剧模式。为此，九州文化公司推出了“乘风计划”，目的是挖掘海外优秀短剧团队，提高执行过程中的透明度，保障成片的质量。九州海外短剧负责人刘金龙表示，希望在全世界推广中国的故事，也期待在全球做到DAU（日活跃用户数量）超过500万。①

课堂或课后思考

（1）灵魂之问：直播，是不是一种艺术，或新媒体艺术？推而广之，本章介绍的其他艺术形式，比如微短剧、网络音频等，是不是一种新媒体艺术？

（2）感兴趣的同学可以分组策划，调研微短剧的现状、核心用户、产业模式、出海情况等。

（3）看看身边还有没有突出和流行的其他新媒体视听艺术形式，比如手机游戏、网络K歌等，这些新媒体视听艺术形式的特征和发展情况又是什么样的？

① 付知行.海外自制短剧，“做5部，爆1部”丨专访九州海外短剧负责人刘金龙［EB/OL］.（2023-12-07）［2025-02-14］. https://www.163.com/dy/article/ILCECLF9051284V8.html.

新媒体艺术与产业发展

第九章 新媒体艺术与文化创意产业

前面我们分门别类地谈到了多种新媒体艺术形式，它们既受到当下传播媒介环境的影响，也和如今的新媒体所引领的文化创意产业有着重要联系。一方面，艺术虽然纯粹且自足，有独立的艺术价值评价体系，但艺术也难以完全远离商业和市场。只有与一定的商业和市场联系起来，艺术才能更具生命力。另一方面，艺术作品本身就是基于艺术家创意而形成的，而新媒体艺术具有较强的文化创意性，与文化创意产业之间有较大的关联。在如今这个技术赋能艺术的时代，创意和创新更显得尤为重要。本章我们将从文化创意产业出发，联系新媒体艺术，探讨在新媒体艺术渗透下文化创意产业的发展和表征。

第一节 我们要探讨一个怎样的“文化创意产业”

文化创意产业其实并非一个有明确定义的概念。在其日常使用的语境中，创意产业、文化产业、文化创意产业等概念往往呈现出等同使用的情况，一般认为是指代同一个产业样态。在进行进一步讨论之前，我们需要尝试界定本章将要讨论的“文化创意产业”的范围。

一、创意产业（Creative Industries）的定义

创意产业概念的出现其实并不久远。2001 年，澳大利亚昆士兰科技大学成立了世界上第一个“创意产业学院”，学院院长约翰·哈特利（John Hartley）坦率地承认，“在当时没人能说清创意产业究竟是什么，甚至连教员和学生也是如此”[①]。尽管当时创意产业才初见端倪，但在世纪之交，已经有学者尝试对“创意产业”进行定义。英国创意产业特别工作小组（Creative Industries Task Force）在 1998 年的筹划文件中就对创意产业做了定义，认为这是一个源于个人创造力、技能和才华，而通过知识产权的生成和取用，具有创造财富和就业的潜力的产业。[②]

除此之外，一些其他学者也尝试对这一产业进行定义。约翰·霍金斯（John Howkins）从对“创意”的阐释入手，认为“创意可以被简单地定义为‘有新点子’”，它有四个标准：个人的、独创的、有意义和有用的。他进一步认为，当创意可以产生商业价值时，创意产业就应运而生，这是“一个脑力工作占优势、所产出的结果是知识产权的产业”[③]。在霍金斯的定义中，这种对知识产权的认识，将知识产权保护法范畴下的版权、专利、商标、设计等经济部门共同统筹在创意产业之下，拓展了创意产业的内涵。[④] 而之后哈特利认为“‘创意产业’这一概念，试图以新知识经济中的新媒体技术发展为背景，描述创意艺术（个人才能）和文化工业（大

① 朱自强，张树武．文化创意产业概念及形态辨析［J］．东北师大学报（哲学社会科学版），2012（1）：117-121.

② 坎宁安．从文化产业到创意产业：理论、产业和政策的涵义［M］// 林拓，李惠斌，薛晓源．世界文化产业发展前沿报告（2003—2004）．北京：社会科学文献出版社，2004：134-135.

③ 朱自强，张树武．文化创意产业概念及形态辨析［J］．东北师大学报（哲学社会科学版），2012（1）：117-121.

④ 厉无畏．创意产业导论［M］．上海：学林出版社，2006.

规模）在概念和实践层面上的融合，供新近才实现互动的‘公民—消费者’所用”。他认为，从长期来看，这一概念可以追溯到18世纪的“创意艺术”和“文化工业”概念，也吸收了“消费者”“公民”等概念；而从短期来看，它又与20世纪90年代以来经济和技术的高速发展以及交互媒体的广泛使用有关。①

从上述定义中，我们可以明确，“创意”应是创意产业的核心和起点。而创意产业，是由创意形成的知识产权而进一步形成商业价值的产业。在这一形成过程中，本质上蕴含了一条个人创造经由商业和文化的价值加工而走向规模化的路径。在这一过程中，新媒体艺术扮演了重要的角色。

二、文化产业（Cultural Industries）的定义

法兰克福学派的马克斯·霍克海默（Max Horkheimer）和西奥多·阿多诺（Theodor Wiesengrund Adorno）于1947年②在“The Culture Industry: Enlightenment as Mass Deception”（《文化产业：欺骗公众的启蒙精神》③，又译作《文化工业：作为大众欺骗的启蒙》④）一文中第一次提出“文化产

① 哈特利.创意产业读本［M］.曹书乐，包建女，李慧，译.北京：清华大学出版社，2007：4.

② 1947年的说法来自邓静.从文化工业到文化产业：概念溯源［C］// 中国教育发展战略学会教育教学创新专业委员会.2020全国教育教学创新与发展高端论坛会议论文集：卷1.中国教育发展战略学会教育教学创新专业委员会，2020：161-162.原文为，阿多诺在1975年发表的《文化工业再思考》一文中回忆：“‘文化工业’这个术语可能是在《启蒙辨证法》（1947）这本书中首先使用的。霍克海默和我于1947年在荷兰的阿姆斯特丹出版了该书。”这里选择相信1947年的说法，此外也有部分文献认为是1944年。

③ 这种译法来自厉无畏.创意产业导论［M］.上海：学林出版社，2006.原文将文章名译为《文化产业：欺骗公众的启蒙精神》，可能是作者行文时自己翻译的，这里予以保留。

④ 这种译法出自霍克海默，阿道尔诺.文化工业：作为大众欺骗的启蒙［M］// 霍克海默，阿道尔诺.启蒙辩证法：哲学断片.渠敬东，曹卫东，译.上海：上海人民出版社，2020：121-172.书中将文章名译为《文化工业：作为大众欺骗的启蒙》，因此另做标注。

业”的概念（我国学界也译为“文化工业”[①]），指的是大众文化产品及其生产过程。[②]在他们那里，文化产业“包含两个层次的意思：一是指凭借现代科学技术手段，以标准化、规模化、机械复制等工业化方式生产出来的与高雅文化相对立的，以电影、电视、广播、报纸杂志等大众传媒为传播媒介的具有商品性、消费性特征的文化形态或曰文化产品，这是文化工业的静态含义。从动态的角度来讲，文化工业是整个文化产品的生产和消费系统”[③]。

到了20世纪末期，文化产业在实践中的高速发展也使得其定义不断发生变化。1986年，联合国教科文组织将文化产业定义为“以艺术创造表达形式、遗产古迹为基础而引起的各种活动和产出”[④]。之后其官方界定中经常使用的定义为“文化产业就是按照工业标准，生产、再生产、储存以及分配文化产品和服务的一系列活动”[⑤]。联合国教科文组织在2005年出版的 *International flows of selected cultural goods and services*，*1994-2003: defining and capturing the flows of global cultural trade*（《1994—2003年特定文化产品和服务的国际流通：国际文化贸易流通的定义和数据获取》）一书中，又重新定义了文化产业：“对本质上无形并具有文化含量的创意内容进行创作、生产，并使之商业化的产业。”[⑥]2009年出版的《2009年联

---

① 厉无畏．创意产业导论［M］．上海：学林出版社，2006.

② 韩英，付晓青．文化产业概论［M］．福建：福建人民出版社，2012.

③ 邓静．从文化工业到文化产业：概念溯源［C］// 中国教育发展战略学会教育教学创新专业委员会．2020全国教育教学创新与发展高端论坛会议论文集：卷1. 中国教育发展战略学会教育教学创新专业委员会，2020：161-162.

④ 郭万超，马萱．全球视野下的中国文化产业价值链［J］．人民论坛·学术前沿，2015（13）：82-90.

⑤ 郭万超，马萱．全球视野下的中国文化产业价值链［J］．人民论坛·学术前沿，2015（13）：82-90.

⑥ 联合国教科文组织统计研究所，联合国教科文组织文化处．1994—2003年特定文化产品和服务的国际流通：国际文化贸易流通的定义和数据获取［M］// 李平，张晓明，尹昌龙．国际文化产业发展报告：第1卷（2007）．北京：社会科学文献出版社，2007：1-102.
郭万超，马萱．全球视野下的中国文化产业价值链［J］．人民论坛·学术前沿，2015（13）：82-90.

合国教科文组织文化统计框架》(*The 2009 UNESCO Framework for Cultural Statistics*)一书中简略地将文化产业定义为“对文化产品(传递思想、符号和生活方式的消费品，比如书籍、杂志、多媒体产品、软件、唱片、电影、视频、音像节目、手工艺品和时装)和服务进行生产和分配的产业”[①]。

尽管文化产业的概念发生了诸多变化，但总的来说，我们大致可以将文化产业分为从事文化产品的生产经营活动和为这些生产经营活动提供相关服务这两个方面。[②] 这也与大卫·赫斯蒙德夫(David Hesmondhalgh)提出的“核心文化产业”以及“周边文化产业”相对应。他认为的“核心文化产业”包括广告与营销、广播、电影产业、网络产业、音乐产业、印刷与电子出版、视频与电脑游戏等，认为“它们从事文本的产业化生产与流通”；而“周边文化产业”有剧院、运动、消费类电子产业/文化产业硬件、软件等，这些产业不进行或较少进行文本的生产，而多是为文本提供服务。[③] 此外，从学术研究的角度，文化产业也具有其基本特性：第一，研究对象以文化行业(也包括文化从业者)、文化商品(文化产品)及其受众为主体；第二，研究目的从文化产业、文化产品与社会的供求关系出发；第三，文化产业具有文化与经济的双重属性。[④]

三、创意产业和文化产业的区别与关系

至此，尽管我们已经尝试从概念的发展中来寻找创意产业、文化产业的定义，但似乎仍旧不能很好地区分两者，总结出来的定义更多像是从不同角度形成的。事实上，在世界各国都没有一个绝对的定义来划定这些概念。英国是最早提出“创意产业”的国家，而美国则使用“版权产业”，

① 联合国教科文组织统计研究所.2009年联合国教科文组织文化统计框架[M].加拿大蒙特利尔：联合国教科文组织统计研究所，2009.

② 厉无畏.创意产业导论[M].上海：学林出版社，2006.

③ 朱自强，张树武.文化创意产业概念及形态辨析[J].东北师大学报(哲学社会科学版)，2012(1)：117-121.

④ 韩英，付晓青.文化产业概论[M].福建：福建人民出版社，2012.

欧洲其他国家则更多使用“文化产业”的概念，中国也同样如此。

斯图亚特·坎宁安（Stuart Cunningham）认为，“‘创意产业’是一个相当新的学术、政策和产业论述范畴，它可以捕捉大量‘新经济’企业的动态，这是诸如‘艺术’、‘媒体’和‘文化产业’等词汇所无法做到的”[①]。“创意产业”作为更“年轻”的概念，相比于“文化产业”，确实存在更多“文化产业”所不具备的新意涵。

一些学者尝试对两者进行区分。有学者认为两者具有一定的历史顺承关系和概念交叉性，但这绝不意味着两者可以混淆或等同，也不是简单的逻辑包含关系。在我国，“文化产业”作为政府语境下的规范概念，主要用来区别于“文化事业”，强调与文化相关产品与服务的“经营性”。而“创意产业”概念更重要的不是要界定一个新兴行业，而是提倡一种打破传统产业界限，通过创新创意提升产业附加值，推动经济发展的新思路。[②] 这与我们前文所表达的感受是相似的，即这些概念“更多像是从不同角度形成的”。

因此，一些学者也认同不对两者进行区分。如认为这两者的“所指”应是同一的，本质上内涵没有差别[③]，或认为这两者在实践中未必就有很大的区别。[④] 但还是存在问题，比如两者确实在政策性文件中的使用有所不同，文化产业使用得更多，章建刚也认为可以将其看作政策的风向标。[⑤] 一些如“文化就是创意、创意就是文化”的说法更是不合逻辑。[⑥] 因此，直接

① 坎宁安．从文化产业到创意产业：理论、产业和政策的涵义［M］// 林拓，李惠斌，薛晓源．世界文化产业发展前沿报告（2003—2004）．北京：社会科学文献出版社，2004：134.

② 余霖．文化产业、创意产业和文化创意产业概念辨析［J］．厦门理工学院学报，2013，21（3）：73-77.

③ 董庆佳．文化产业诸概念再辨正［J］．中华文化论坛，2015（7）：87-89.

④ 章建刚．文化产业，抑或创意产业？——概念与政策趋向的差异［J］．学术探索，2009（5）：27-29.

⑤ 章建刚．文化产业，抑或创意产业？——概念与政策趋向的差异［J］．学术探索，2009（5）：27-29.

⑥ 董庆佳．文化产业诸概念再辨正［J］．中华文化论坛，2015（7）：87-89.

将两者等同似乎也行不通，我们还是需要对两者进行区分。

有学者指出，“创意产业区别于文化产业的最大特征主要在于它高度集纳了创意元素、文化因子和科技力量，三者相互作用并深度融合，形成了高智慧、高文化的新型产业集群”[①]。而回看第一部分霍金斯的定义，也能发现他认为的创意产业是一个“泛知识产权”的定义，既涵盖了文化的部分，也涵盖了科技的部分。由此，有学者将创意产业分成广义和狭义两个部分，广义的创意产业和霍金斯的定义是一致的；狭义的创意产业是文化产业和创意产业的交汇，可以定义为工作中智力占优势，产出是专利权以外其他可交易的知识产权（版权、商标、设计）的行业[②]，并绘制了相应的关系图（见图 9-1）。

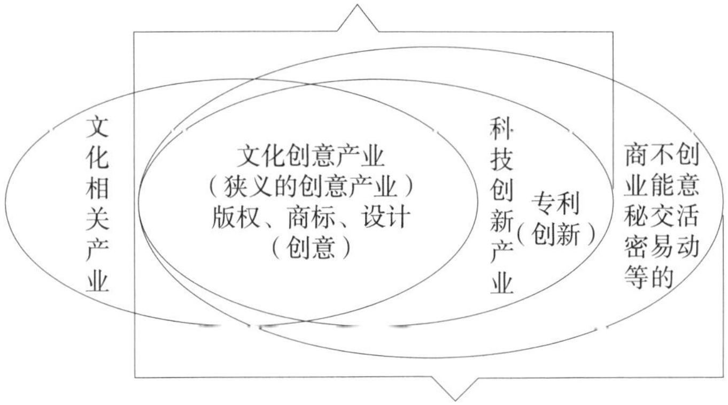

图 9-1 创意活动、创意产业、文化创意产业、科技创新产业的关系[③]

从中我们可以看出，文化产业与创意产业存在交叉，但创意产业包含了文化产业所不包含的科技产业部分，这也是斯图亚特·坎宁安认为的创

① 常凌翀．文化产业的概念与分类［J］．新闻爱好者，2013（12）：30-34.

② 赵继敏．文化产业与创意产业的概念探讨［J］．对外经贸，2011（12）：62-64.

③ 原文中表述为“文化创意产业”，但原图中表述为“文化创新产业”，可能是刊误，因此在图中做了相应修改。另，图中文化相关产业是指印刷和记录媒介复制、文化产品制造和社会文化娱乐服务业等，它们与文化相关，但是是否属于文化产业又存在争议（因为很难说观念价值是否高于实用价值）。

意产业“可以捕捉大量‘新经济’企业的动态”的原因，而文化产业中一些不以创意为导向的部分也并不属于创意产业。但这些不以创意为导向的部分是否等同于图 9-1 所注的“文化相关产业”，是指印刷和记录媒介复制、文化产品制造和社会文化娱乐服务业等呢？

有学者发现，在文化产业当中，既有创造的部分，也有复制的部分。以图书出版行业为例，创造的部分是指作家的文学创作，复制的部分是指印刷厂印刷文学书籍等。[①] 这一复制的部分（“复制”指的是广泛的工业生产过程）与所谓的“印刷和记录媒介复制、文化产品制造和社会文化娱乐服务业等”有着相似之处。我们认为，这种复制的部分可以看作文化相关产业，即文化产业中不以创意为导向、不属于创意产业的部分。以产品的形成时刻为界线，可以划分复制部分和创意部分。同样以图书出版行业为例，产品的形成主要包括作家的文学创作、编辑的审核排版、封面设计师的装帧设计等，最终形成在电脑上可见的图书文件，至此属于文化创意产业。而形成产品之后，印刷厂将图书的载体由电脑文件变成实体的图书，再经过搬运送到书店，最终由书店销售给消费者。形成产品之后的过程，就属于复制部分或文化相关产业。这一界线的划分，也恰与第二部分提到的文化产品的生产经营活动和为这些生产经营活动提供相关服务这两个方面，以及大卫·赫斯蒙德夫所说的“核心文化产业”与“周边文化产业”相对应。

四、文化产业在中国的历史

有学者通过比较两者在国际上的使用，认为“创意产业”这一概念的定义具有较大争议，且“容易引起混淆，特别是与创新型经济、创新型国

① 朱自强 . 论文化产业理论的几个重要概念［J］. 中国海洋大学学报（社会科学版），2016（3）：61-65.

家等概念的混淆”，因而推崇使用“文化产业”的概念。[①] 这是有一定道理的。在中国语境下，我们确实更多使用“文化产业”的概念。也有学者认为，“创意产业”和“文化产业”是西方国家的“发明创造”，而“文化创意产业”带有明显的中国烙印，是具有典型中国化特征的概念。[②] 但在官方层面，我国对“文化产业”的使用似乎更加广泛。

在我国，对文化产业的关注主要在改革开放之后。1985 年，国务院批转国家统计局的《关于建立第三产业统计的报告》中将“文化艺术”作为一个行业列入第三产业进行统计，这算是“文化产业”在我国首次被关注（尽管所谓的“文化艺术”并不等同于“文化产业”）。[③] 而“文化产业”这一概念真正出现在我国是在 1987 年，李军的《试论文化艺术的商品性质及其调节机制》一文首次将“文化产业”作为独立术语使用。而 1988 年李建中的《论社会主义的文化产业》是我国第一篇以“文化产业”命名的学术论文。[④]

在国家层面上第一次正式提出“文化产业”是在 2000 年，《中共中央关于制定国民经济和社会发展第十个五年计划的建议》中提出要“完善文化产业政策，加强文化市场建设和管理，推动有关文化产业发展”[⑤]。之后又陆续发布了《文化及相关产业分类（2004）》《文化及相关产业分类（2012）》《文化及相关产业分类（2018）》等，不断适应经济社会发展进行版本的更迭，反映了我国对文化产业认知的逐渐深入。

在《文化及相关产业分类（2018）》中，明确指出了文化产业的定义是“为社会公众提供文化产品和文化相关产品的生产活动的集合”，这是

① 罗兵，温思美 . 文化产业与创意产业概念的外延与内涵比较研究［J］. 甘肃社会科学，2006（5）：117-120.

② 张振鹏 . 文化创意产业的中国特性和中国道路［J］. 经济问题探索，2011（11）：37-41.

③ 韩英，付晓青 . 文化产业概论［M］. 福建：福建人民出版社，2012.

④ 韩英，付晓青 . 文化产业概论［M］. 福建：福建人民出版社，2012.

⑤ 韩骏伟 . 文化产业概论［M］. 3 版 . 广州：中山大学出版社，2023.

现阶段国家层面对文化产业的定义。并且也将文化产业分为两个部分：第一，以文化为核心内容，为直接满足人们的精神需要而进行的创作、制造、传播、展示等文化产品（包括货物和服务）的生产活动。具体包括新闻信息服务、内容创作生产、创意设计服务、文化传播渠道、文化投资运营和文化娱乐休闲服务等活动。第二，为实现文化产品的生产活动所需的文化辅助生产和中介服务、文化装备生产和文化消费终端生产（包括制造和销售）等活动。[①] 这种分类方式恰合我们在第三部分最后所说的内容。

五、我们将要讨论的“文化创意产业”

至此，我们终于要将视线转回到在第三部分中出现但并未谈及的文化创意产业。图 9-1 展示了文化创意产业和文化产业、创意产业之间的关系，它是两者的重合部分，既不包含文化产业中的中、下游其他相关服务产业或者说缺少创意的衍生产业[②]，也一般不包含以科技创新或产出科技产品为主要创意形式的产业，如芯片、移动设备、材料等产业。

于是，我们能够得到文化创意产业的定义：文化创意产业是基于一定的文化基础，由创意催生出可进行知识产权交易的符号文本或文化产品的产业。总结来看有四个特征：具有可交易的知识产权；居于文化产业的上游环节；具有原创性即创意；能够产生文化产品。[③]

本章最终将讨论范围划定在本节所界定的文化创意产业。而限定这一讨论范围是必要的，因为我们必须承认，新媒体艺术所能影响的范围是有

---

① 国家统计局 . 文化及相关产业分类（2018）[EB/OL] .（2018-05-09）[2024-12-31] . https://www.gov.cn/zhengce/zhengceku/2018-12/31/content_5427877.htm.

② 这个说法来自朱自强，张树武 . 文化创意产业概念及形态辨析［J］. 东北师大学报（哲学社会科学版），2012（1）：117-121. 其中提到徐清泉在《创意产业如何走出困局？》一文中把文化产业看作由上游、中游、下游这样三个环节构成的产业链，作者认为文化创意产业处于上游的环节，而其他的文化产业处于中、下游的环节。

③ 朱自强，张树武 . 文化创意产业概念及形态辨析［J］. 东北师大学报（哲学社会科学版），2012（1）：117-121.

限的。而事实上，文化创意产业在近年来也的确成为新媒体艺术“大展拳脚”的产业领域。接下来，我们将就这一话题展开讨论。

第二节　新媒体艺术赋能文化创意产业

一、新媒体艺术与新媒介形式

进入 21 世纪，新的技术和概念如视觉特效、虚拟现实或增强现实技术，以及虚拟人、元宇宙、生成式人工智能（AIGC）等，促使现代传播媒介高速发展和更迭，使得新的媒介形式层出不穷。在影视艺术领域，新的艺术媒介形式如面向移动终端的影视作品（网络综艺、网络剧、网络电影）、网络游戏等的出现，使得电影等昔日文艺界的“龙头老大”风光不再，转而成为影视业、网游业的补充，而网络游戏等先前的“无名小卒”则异军突起，势不可当地成为新兴媒介形式的代表。[①] 这些新的媒介形式既来源于电影，也各自具有独立的特性。

而在媒介融合的背景下，这些新的媒介形式之间也在发生着融合的态势，并产生融合后的新媒介。这些新媒介既作为原有媒介的补充，也成为独立于原有影像媒介之外的文化创意产业的组成部分，并拥有了独立的产业模式和内容创作方法。以下，我们将介绍三个有代表性的方面：由真人电影和动画角色重叠形成的真人动画电影；短视频的“快节奏”特点与电视剧的“剧集化”特点相结合形成的短剧，以及电影、电视剧等影视作品嫁接短视频进行传播而形成的影视短视频；影游融合下诞生的互动电影、电影游戏、互动电影游戏。

① 金元浦．从文化产业到数字内容产业［J］．今日中国论坛，2005（12）：32-35.

（一）从真人电影、动画电影到真人动画电影

所谓真人电影，也就是大众惯常认知的那一类电影，即由真人扮演，以真实世界作为影像基础，其内容来源于现实世界或可预料的未来世界会发生的事件。与真人电影相对的，动画电影这一影像媒介显得更好定义一些。尽管孙振涛在探讨“动画”的界定问题时“采众家之言”，最终却仅得到“根本不存在一种稳定不变的结构可以把‘动画’和‘非动画’严格区分开来”的结果。[①] 但是，就这里所谈及的动画电影（动画片）而言，“cartoon”一词就足以指代这一影像媒介。[②] 综合而言，可以这样定义动画电影：非真人演出，以绘画等美术作为外部形式，结合电影蒙太奇的内部语言进行呈现的影片。从两者的定义上，可以明显感受到这两种不同影像媒介的区别。

除此之外，这两种影像媒介的生成过程也是截然不同的。王岩松在比较电影和动画两种影像媒介时认为，真人电影本质上是一种“摄影影像”，“其影像的本质是基于现实世界的真实”，其运动性建立在“自然界已有的事物及其运动”上。[③] 法国电影导演亚历山大·阿斯特吕克（Alexandre Astruc）曾提出“摄影机是自来水笔”，中国导演沈浮也提出过类似的“开麦拉是一支笔”，认为摄影机对于导演而言就如同作家写作的笔。两者结合，可以这样理解真人电影：一种由摄影机这支“笔”（或者理解为一种捕捉和收纳画面的工具）记录所形成的影像。而动画则具有更广泛的生成方式，它所依靠的方式包括但不限于绘画、剪纸、雕塑等美术手段和现代的 CG、特效合成等技术手段。总而言之，动画电影的形成不需要以现实世界为基础，而是基于创作者的个人表达和想象的产物，其本质是一种“画”出来的幻象。

---

① 孙振涛．动画性：一种历史建构［J］．人文杂志，2009（6）：99-106.

② 张惠临．二十世纪中国动画艺术史［M］．西安：陕西人民美术出版社，2002.

③ 王岩松．真人动画电影“全年龄向”的本体论分析［J］．当代电影，2019（12）：151-154.

近年来，一个新的概念——真人动画电影走入学界视野。回溯历史可以发现，在诸如国外的《金刚》（*King Kong*）、《谁陷害了兔子罗杰》（*Who Framed Roger Rabbit*）、《加菲猫》（*Garfield*）和国内的《瓷娃娃》《捉妖记》《长江七号》等影片中，虽然也有真人扮演，但其中都加入了一些动画形象。这些影片既不是完全的真人电影，也不是纯粹的动画电影，但又能拓展真人电影的人物类型和动画电影的叙事性外延。[①] 因此，"真人动画电影"的概念应运而生，用以解释真人电影与动画电影重叠部分的理论"真空"。

然而，真人动画电影难以界定。王岩松通过比较多篇文献对真人动画电影的定义，认为众多定义对于这一概念只是做了技术层面的界定，但事实上许多运用了相关技术的好莱坞大片并没有被称为真人动画电影。[②] 但当我们再次阅读其提及的几个定义，其中有学者提到的"虚拟角色和奇观场景"[③] 又似乎给予了真人动画电影在叙事层面被定义的标准。回看前文所提及的真人动画电影，这一界定标准似乎"恰逢其时"。"虚拟角色"很好理解，就是动画角色（非真人角色）直接出现在电影中（往往与真人角色有着明显区别）。而"奇观场景"就需要观照动画电影的审美特征。郭锦龙、左娜认为真人动画电影的审美特征包括童话性、喜剧性、奇观性（技术意义的视觉奇观）三个方面[④]，但我们认为这三个方面基本是"奇观场景"的考虑范畴。这里的喜剧性不是指搞笑，而是指通过卡通的设计使呈现效果趋于轻松而不至于严肃。同时，考虑到该文章主要探讨的对象是美国真人动画电影，因此在中国语境下，童话性还应该包括神话性或传说性。"奇观场景"就可以看作上述三个方面的集合体，即在童话、神话或传说背景

① 王岩松．真人动画电影"全年龄向"的本体论分析［J］．当代电影，2019（12）：151-154.

② 王岩松．真人动画电影"全年龄向"的本体论分析［J］．当代电影，2019（12）：151-154.

③ 徐旸．真人动画电影的发展分析［J］．美术大观，2013（11）：145.

④ 郭锦龙，左娜．当代美国真人动画电影的审美特征分析［J］．电影文学，2016（24）：99-101.

下，通过卡通方式呈现的非真人和非真实景观的、具有强视觉冲击力的场景。孙烨、高红岩在探讨真人动画电影的 IP 衍生与跨媒介运营模式时，将其主要探讨的动画真人化改编的影视作品同样认为是真人动画电影，这也为真人动画电影的定义提供了方向。[①] 综上，我们可以如是定义真人动画电影："虚拟角色"在真人角色世界里或真人角色在"奇观场景"里进行活动所发生的故事形成的影片。

（二）从短视频、电视剧、电影到短剧和影视短视频

短视频一般是指时长在 5 分钟以内的视频形式。作为一种基于网络传播、以广大网民为受众对象的视听媒介形式，短视频不可避免地会存在大众性、年轻性、集中性等特质，但仍具有显性的影视艺术基因。但如今，这一定义早已被打破，时长超过这一限制的短视频作品不在少数。这一现象的产生与剧情类短视频作品的数量迸发是密不可分的。剧情类短视频作为网络短视频的一个重要分支，是短视频平台中数量和受关注度最高的类别之一。随着影像媒介形式的发展与变化，脱胎于影视作品并同属于剧情类视听作品的剧情类短视频收获了受众的广泛欢迎。2018 年开始，剧情类短视频的创作进入一个高潮期，短视频平台加快了对剧情类短视频的布局，抖音基于年轻的用户群体与自媒体的独立创作能力，涌现出大量包括搞笑、悬疑等题材和家庭、职场等场景的剧情作品。[②] 在这一过程中，剧情类短视频的创作水平不断提高，并在快节奏、碎片化的传播中成功塑造了受众的观看习惯，适应了受众对短时长电视剧的需求，催生了短剧的发展。

短剧，顾名思义，就是短视频的"短"和电视剧的"剧"的集合体。它统合了短视频的碎片化和电视剧的剧集化特点，既能保持对受众快节奏

① 孙烨，高红岩 . 迪士尼真人动画电影的 IP 衍生与跨媒介运营模式［J］. 当代电影，2022（2）：64-72.

② 向成龙 . 剧情类短视频的现状、不足与改进策略［J］. 新媒体研究，2020，6（6）：83-85.

生活状态和碎片化娱乐时间的适应，又能通过剧集的方式扩充故事的丰富度。相比于短视频，短剧的时长限制则更加自由，从几分钟（微短剧）到十几分钟甚至二十几分钟不等，主要集中在10—15分钟这一区间，体量（集数）一般在20集左右。相对融合的“短”“剧”特点和相对独立的时长体量状态使其成为一种全新的影像媒介，与电视剧一起放在了同一考量维度（在猫眼专业版中，“短剧”与“电视剧”“网络剧”一同整合在“剧集”这一范围中进行观察。我们这里将“网络剧”也放置在广义的“电视剧”当中，因此均写作“电视剧”）。

影视短视频则是将影视作品的“精彩段落、剧集预告、幕后花絮、人员采访、二次创作、剧情讲解等多类片段式内容”形成短视频的一种影像媒介。[①] 这些原产自电视剧的短视频既是原电视剧的一部分，又能单独成篇，甚至可以进一步聚合成集。例如幕后花絮和人员采访，既可以视作一个单独的花絮或采访作品，又能整理成合辑变成花絮集或采访集。也就是说，影视短视频在一定程度上具有独立性，这是其作为一种新的影像媒介的基础。

（三）从电影、游戏到互动电影、电影游戏、互动电影游戏

影游融合已经可以视作电影和游戏产业发展的必然趋势，两者通过在思维、风格、元素、内容、产业、技术等方面的互相融合，能够形成新的艺术形式和产业模式。一方面，电影可以通过融合游戏，提升自身画面感、技术性、影响力，由此诞生了游戏电影；另一方面，游戏也可以通过融合电影，提升自身叙事性、内容度、表现力，由此诞生了电影游戏和互动电影游戏。其中，我们可以发现游戏电影、电影游戏、互动电影游戏这三个概念。

法国学者让－米歇尔·弗罗东（Jean-Michel Frodon）早在2004年，就

① 张鹤炀．技术·用户·文本·未来：对电视剧短视频传播的四重分析［J］．当代电视，2021（8）：94-98.

颇具前瞻性地将电影和电子游戏之间的关系总结为四种形式：评述、改编、引用和结合。这几乎涵盖了影游融合中电影与游戏两种媒介形式之间的所有可能性表征。“评述”是电影展示游戏的方式和由此形成的观点；“改编”指的是根据游戏的故事制作电影；“引用”则是基于现实世界的原型并结合游戏的叙事元素；“结合”意味着克服电影和游戏之间的媒介特征障碍（“引用”强调叙事，而“结合”强调交互性）。[①] 游戏电影则是基于这四种关系而形成的影游融合影视作品，具有鲜明的游戏特性元素或游戏化的叙事结构。其中最具代表性的是互动电影，其内核依旧是电影叙事，将一些故事分支和走向交由观众决定，主要的交互方式是“观众选择”[②]。而电影游戏是发展自传统的冒险类游戏，通过真人动作捕捉和 3D 渲染技术增加游戏的画面质感，以电影风格的动画替代传统游戏中的过场画面，强调游戏的故事体验。[③] 互动电影游戏则是在电影游戏的基础上进一步拓展其互动性，同样也是将一些故事走向的决定权交由观众，相比于互动电影，互动电影游戏的“观众选择”更加细碎而丰富，每个选择与故事情节的联系也更加紧密。在此背景下，一些相关的优秀作品如《夜班》（*Late Shift*）、《黑镜：潘达斯奈基》（*Black Mirror: Bandersnatch*）、《底特律：化身为人》（*Detroit: Become Human*）等层出不穷。新的作品也引发了新的思考。《夜班》既作为游戏发行，也作为电影放映，其中的双重媒介属性不禁让人展开对电影和游戏边界的思考。

当玩家通过游戏角色进入游戏中时，他们通常想要获得更高的自由度，就像在现实世界中一样，但这往往是不可能的。在游戏中，玩家通常

① 弗罗东 . 电影的不纯性：电影和电子游戏［J］. 杨添天，译 . 世界电影，2005（6）：169-173；杜梁 . 影游融合：从联动到共生［M］. 上海：上海社会科学院出版社，2022.

② 王官 . 互动电影、电影游戏与互动式电影游戏：基于观众（用户）叙事参与度的一种考察［J］. 电影新作，2021（2）：152-156.

③ 王官 . 互动电影、电影游戏与互动式电影游戏：基于观众（用户）叙事参与度的一种考察［J］. 电影新作，2021（2）：152-156.

不能像在现实世界那样自由地探索环境，甚至不能控制游戏角色来进行所有的动作和活动。由于作者身份的存在，游戏中的环境和角色的开放权限都由作者控制。《侠盗猎车手》(*Grand Theft Auto*)这个游戏就是一个例子，玩家只能控制角色进入作者允许进入的地方（有许多建筑是关闭的），并根据作者的预设进行动作（一些动作，如坐下、躺下和捡物品只能在特定情况下完成）。

但我们也必须承认，在元宇宙空间出现之前，作者出于建构游戏故事的原因必须具有一定的权限（也许元宇宙可以在一定程度上解决这些问题）。由于作者权限不可避免地存在，且游戏玩家也不可能像电影观众那样如看电影一般进行游戏，作者只能通过将部分权限（或称“叙事权力”）转移给玩家来满足玩家在游戏内空间中对自由探索和活动的追求，这也是游戏互动性的来源及其得以独立的基础。根据作者转移的叙事权力大小，游戏可以分为两大类：重故事游戏和轻故事游戏。

这进一步引向了游戏叙事的两种方式：“玩家叙事”和“作者叙事”。“玩家叙事”是指玩家基于背景故事的自发活动所形成的叙事。“作者叙事”是指作者所创造的具有固有取向的叙事风格。自由度越高，游戏创作者所需要设计的故事剧情就越少，越能让观众参与故事线的建构。如《我的世界》(*Minecraft*)、《侠盗猎车手》、《原神》和《骑马与砍杀》(*Mount & Blade*)等，这种类型的轻故事游戏通常只有少量的背景故事，而具体的故事是由玩家在游戏中的经历构成的（“玩家叙事”）。如玩家可以自由探索地图、购买物品、与 NPC（Non-Player Character，非玩家角色）交流等。另一种类型的重故事游戏则拥有非常完整的故事，玩家只能在预设的故事框架下活动，（“作者叙事”）。作者最多可以设计多个结果，允许玩家在不同的节点上做出选择来改变游戏的方向（而不偏离作者预设的故事框架）。

另一种区分方式是从受众的角度出发。游戏电影的本质还是电影，其受众是观众。对于观众而言，作者让渡的只是角色在面对重大选择时的决定权，影片中角色的具体行动对于观众而言是无法完全掌控的，观众的主体性并不能完全投射到角色身上。当然，所让渡的决定权在一定程度上能够增强观众的共情或者说移情效果。而电影游戏的受众是玩家，这里的“电影”只是对于“游戏”在叙事层面上的要求和限定。对于玩家而言，电影游戏创作者需要完全让渡角色的近乎所有行动权，只能保有对故事背景的设定权和一定的行动限制。因此，电影游戏的玩家几乎可以完全掌控角色，并使自我的主体性近似整体地与角色相重合，以至能达到精神上完全代入的效果。

PBL 案例分析和学习——互动电影的多媒介传播

互动电影最早可以追溯到 1967 年蒙特利尔世界博览会捷克斯洛伐克馆展出的由拉杜兹·辛瑟拉（Radúz Cincera）导演的作品《自动电影：一个男人和他的房子》，亦简称为《自动电影》（*Clovek a jeho dum*）。在观看这部电影的过程中，观众可以通过手中的红绿按钮进行投票，投票情况经过延伸的电线反馈到计分板上，根据观众的投票结果来决定剧情的走向。①

前文我们提到了弗罗东所提出的电影和电子游戏之间关系的四种形式——评述、改编、引用、结合。而互动电影正是在第四种“结合”形式下诞生的产物，它兼具电影的外在媒介形式和游戏的互动性这一内在表达形式。但在本质上，互动电影基本还是在影院银幕放映，没有跳出电影这一外在媒介形式。

《夜班》是第一个在事实上跨越媒介的作品。它于 2016 年诞生于瑞士，之后陆续在全球多个地方上映，2020 年登上北京国际电影节，2021 年上映于中国香港。同时，它也作为游戏，于 2017 年上线游戏平台 Steam。

这种“在事实上跨越媒介”也使得《夜班》难以被定义为任何一种媒介。在《夜班》的官网上，它被描述为“一部互动式高风险犯罪惊悚片”（an interactive high stakes crime thriller）。而在 Steam 平台，它被描述为“一

① 张成．银幕与屏幕：互动电影的两种起源［J］．电影评介，2022（22）：71-77.

款全动态影像的犯罪悬疑游戏”[①]。这样矛盾的定义让《夜班》成为极具代表性的互动视听作品。一些其他作品也经常和《夜班》放在一起讨论，如《黑镜：潘达斯奈基》和《底特律：化身为人》等，与《夜班》一样具有交互性。

《黑镜：潘达斯奈基》于 2018 年在流媒体平台 Netflix 上线，也说明了互动电影找到了最适合承载自身的媒介载体。相比于流媒体平台，观众在电影院欣赏互动电影具有较多的局限性。首先，在影院放映时，由于互动电影并非影院放映的主流类型，影院播放互动电影时不得不重新布置场地，以开展互动电影所要求的投票活动，这无疑会增加影院的场地和设备成本，相应地会反映在影片的票价上。其次，互动电影的选择节点出现时，是由在场观众的多数投票结果决定剧情走向，这也使得必然会有部分观众无法随心所欲地选择剧情走向，削弱观众的观影效果。更重要的是，由于互动电影具有非常丰富的叙事线体系（这也是互动电影的重要吸引点之一），观众在看完一遍以后需要不断回顾剧情进行其他选择，以进一步体验更多剧情，而影院放映明显无法实现这一点。观众既无法随心所欲地选择，也几乎不可能一次次出入影院反复观看影片。相比而言，流媒体平台作为私人终端的属性使得观众能够如“包场”一样看电影，以上在院线会出现的问题都能迎刃而解。

《底特律：化身为人》最早在 2018 年上线 PS4 平台，2020 年在 Steam 上线 PC 端。由于前文所提到的，游戏作者必须将部分叙事权力转移给观众以实现玩家在游戏中对自由探索和活动的追求及游戏的成立，在《底特律：化身为人》中，玩家可以操控游戏角色自由移动到一定的位置拾取物

① 有意思的是，如果将语言切换成英文，我们又会发现它被描述为“a high stakes FMV crime thriller”（一部高智商的全动态影像犯罪惊悚片），并没有提及它作为游戏（game）的性质（尽管上线于游戏平台已经在事实上承认了这种游戏性质）。FMV（Full Motion Video），即全动态影像，一种视频游戏叙事技术，运用预先录制的视频文件来显示游戏中的动作，在游戏中一般作为过场动画。主要通过 FMV 构成的作品一般可以称为全动态影像游戏或互动电影。

品、查看线索并与NPC对话等。由此，相比于《夜班》和《黑镜：潘达斯奈基》而言，《底特律：化身为人》作为互动电影游戏的互动性脱离了简单的叙事节点的选择，而将更多获取信息的方式和更细碎的选择交给了受众（见图9-2）。

图9-2 《底特律：化身为人》的游戏界面，当前是与NPC艾伦队长交谈，在交谈过程中玩家可以多次进行内容选择以获取想得到的信息。截图自哔哩哔哩UP主“纸壳”的游戏视频：https://www.bilibili.com/video/BV15P4y1G7NP

如今，互动电影已然成为当下电影产业的一个重要部分。对于不断接受新媒体时代快节奏信息的观众而言，互动电影作为求新求变的内容，通过互动元素使观众更加投入，提升了观影体验的个性化和互动性。在未来，互动电影可能会与游戏、社交媒体平台等进一步融合，提供更加多样化的互动体验，甚至可能会允许观众生成和分享自己的剧情线，进一步增强参与感和社区互动。这些变化能够吸引寻求新鲜体验的观众群体，具有广阔的市场前景。

那么根据以上材料和分析，请同学们思考：

（1）互动电影和互动电影游戏的边界，即影游分界在哪里？

（2）互动电影的兴起将如何影响传统电影和游戏产业？它又有哪些可能的未来趋势？

（3）互动电影的剧情编创与传统电影的剧情编创可能会有哪些不同？是否需要一些独特的技能和思维方式？

（4）如何评价一部互动电影？互动电影的评价体系与传统电影有哪些不同？有哪些可能的新的评价维度？

二、新媒体艺术与新内容

在第一节，我们讨论了创意产业、文化产业、文化创意产业在世界和中国的定义、历史发展和它们之间的关系。而另一个概念——内容产业，其实也重叠在上述三个产业概念当中。“内容产业”（content industry）最早在1995年的西方七国信息会议上提出，1996年欧盟《信息社会2000计划》进一步明确其内涵为“制造、开发、包装和销售信息产品及其服务的行业”[①]。

而作为内容产业的分支，数字内容产业在当下新媒体和数字化趋势的影响下应运而生，成为“文化产业的重要构成部分，也是文化产业发展状态在数字化时代中的折射”[②]。同时，数字内容产业是“文化创意结合信息技术形成的产业形态，是由多个细分领域交叉融合而成的产业群组”[③]，应是文化创意产业的重要组成部分。它涵盖多种媒体形态，是“将图片、文字、视频等信息数字化后，向人们提供相应的产品和服务”的综合性产业[④]，而数字内容则是“以数字形式提供的产品或服务，包括文本、数据、

① 闫世刚．数字内容产业国际发展模式比较及借鉴［J］．技术经济与管理研究，2011（1）：104-107.

② 董毅敏，吴素平．我国数字内容产业发展趋势、挑战与建议：基于2019至2023年数据观察［J］．中国出版，2024（5）：34-40.

③ 范以锦，郑昌茂．信度·丰度·力度：数字内容生产的新维度建构［J］．新闻与写作，2023（12）：88-100.

④ 范以锦，郑昌茂．信度·丰度·力度：数字内容生产的新维度建构［J］．新闻与写作，2023（12）：88-100.

图像、音频、视频等”[①]。从中我们不难发现，数字内容的内涵与新媒体存在明显的重合。

也有学者指出了数字内容产业和新媒体、文化创意产业之间的关联，认为它们是同一对象的不同说法：“北美地区如美国、加拿大习惯称之为‘新媒体’（New Media），英国、澳大利亚、新西兰等英联邦国家一般叫‘文化创意产业’（Cultural Creative Industries），日本、韩国则广泛采用‘数字内容产业’（Digital Content Industries）的名称。”[②] 尽管我们还是认为数字内容产业只是文化创意产业的一个部分，但不可否认的是，当今的文化创意产业确实被数字内容充斥。

早期的数字内容应该可以追溯到互联网诞生之初出现的 BBS（Bulletin Board System，电子公告板），作为早期的一种网络社交媒体，在早期的互联网中广受欢迎，代表性的有百度贴吧、天涯社区等。随着技术的发展，BBS 也衍生出基于 Web 技术的 forum（论坛），代表性的有新浪微博等。[③] 在论坛中，人们可以即时发布信息，并实现和他人的交流。这给予了受众一个虚拟社区平台，使受众可以在其中自由地生产和消费内容。这种“草根主义”的生产方式，奠定了新媒体时代内容生产的基调。

当然，传统媒体也并没有就此沉寂，而是通过向网络拓展业务的方式以获取受众。比如杂志、报纸、图书等纸媒向电子书刊业务拓展，电影、电视剧、综艺节目等影像媒介也各自基于视频平台开展相应的网络业务，以至一些影视作品可以做到完全基于网络发行，网络电影、网络剧、网络综艺等应运而生。通过互联网，作品的宣传和发行成本大大降低，也使得作品的总数量大大增加。此外，传统媒体也会通过提升受众参与度的方式

---

① 余钧 . 国内外数字内容研究热点、演化及其趋势［J］. 长安大学学报（社会科学版），2022，24（2）：57-68.

② 闫世刚 . 数字内容产业国际发展模式比较及借鉴［J］. 技术经济与管理研究，2011（1）：104-107.

③ 潘敏，凌惠，于朝阳 . 国内外 BBS 论坛发展及管理比较研究［J］. 思想理论教育导刊，2007（7）：68-72.

来取悦消费者。一方面，通过开放评论或进入社交平台，为受众建立参与作品讨论的渠道，“弹幕”就是这一方式下的变体。另一方面，让受众能够参与作品最终形成的过程。一个很显著的例子就是选秀节目。早期的选秀节目如《快乐男声》《快乐女声》等，观众通过发短信的方式为选手投票。近年来的选秀节目则是将投票与平台绑定，受众可以通过播出平台和合作方的 App、微信小程序或线下渠道扫描二维码等方式参与投票。由于全民参与的性质，这类节目在播出期间往往能够产生较大的讨论度和较高的收视率。

新媒体的出现，大大降低了受众获取内容的成本，使受众能够更加轻易地获取信息。同时，新媒体也降低了内容生产者的创作门槛，给予了普通人成为内容生产者的可能性，内容数量由此激增。这也使得内容数量已不再是内容产业考量的主要因素，取而代之的，内容质量成为衡量内容产品的主要标准。

CG（Computer Graphics）技术将电影的视效和质量提高到了新的层次。在中国，早在 20 世纪 90 年代，就有《百变星君》（1995）、《风云雄霸天下》（1998）等电影率先采用了 CG 技术。而到 21 世纪初，《蜀山传》（2001）、《无极》（2005）、《画皮》（2008）、《长江七号》（2008）等影片进一步提升了视效质感，将 CG 电影带入了“大片”行列。到了 21 世纪 10 年代，《西游降魔篇》（2013）、《捉妖记》（2015）、《美人鱼》（2016）等更具“感知真实性”（perceptual realism）的影片接踵而至，给予了受众更加真实的视觉感受。在动画和游戏中，CG 技术同样扮演着重要角色。第一部全 CG 动画长片《玩具总动员》（*Toy Story*）诞生于 1995 年，CG 技术所带来的全新视觉体验和新奇有趣的情节使其大获成功，从而激发了影视从业者将 CG 技术应用于动画电影的热情，促进了一批 CG 动画电影《极地特快》（*The Polar Express*，2004）、《最终幻想 7：圣子降临》（*Final Fantasy VII: Advent Children*，2005）、《贝奥武夫》（*Beowulf*，2007）、《生化危机：恶化》(*Resident Evil: Degeneration*，2008）等的产生。[①] 尽管这些作品受限于当时的技术、设备以及制作者尚不成熟的理解，在票房上比较失败，但它们的出现也的确为 CG 动画的探索提供了帮助。现在，CG 技术已经十分成熟，大部分动漫作品都是基于 CG 技术完成的。而在游戏中，CG 动画成为游戏过场动画的主要选择，帮助游戏进行不同场景的切换。

在本书前面章节中所提到的短视频也是我们讨论数字内容产业时无法跳过的内容载体，它的发展也体现了内容质量的更迭。在短视频诞生早期，以抖音、快手为代表的短视频平台最初的定位是音乐短视频社交平台，早期的作品也大多是与音乐结合的个人展示类短视频，主要展现创作者自身的才艺与颜值，而在观点表达上则有所欠缺。近年来，短视频内容逐渐多元化，也逐渐由个人展示转向观点表达，整体呈现出由浅入深的过程，这一过程与年轻一代“重自我—重表达”的成长过程是重合的。[②] 在这一转变的背景下，短视频逐渐分类出生活类（如 vlog)、知识类等其他类别，借助语言和非虚构影像，分享自己的日常心情感悟或是向受众普及知识。而另一个重要类别——剧情类短视频，也同样给予了年轻的创作者向受众树立人设、展现自我价值的渠道。创作者跳脱出了其他类别的“分享”意味，而是利用剧情和虚构影像，融合更精湛的视听艺术形式，创作出精品化的剧情作品。[③] 传统视频平台受其影响，也逐渐开展对短视频、短剧的探索。

再之后，CG 技术、AI 技术等进入短视频领域，更先进的技术加持也推动了短视频的精品化。一些创作者转而对传统题材作品进行结合或

① 许文骏 . 论“拟真人 CG 动画电影”的困境和误区［J］. 徐州师范大学学报（哲学社会科学版），2011，37（2）：51-54，112.

② ZHU J Q，CHEN A Q，YANG X A. Investigating the influence of online novel creation on plot-based short video：a study based on TikTok examples［J］. Communications in humanities research，2024（34）：190-195.

③ 尤达 . 短视频剧情化与网络剧迷你化：网络微短剧精品化发展的迷思与探索［J］. 中国电视，2022（3）：75-82.

二次创作，或者与热门 IP 进行联动，或者创作具有一定“网感”的新题材，等等。例如抖音博主朱铁雄，利用精致的后期视效技术，结合中华民族“忠、孝、礼、义”等传统文化和京剧国粹、川剧变脸等传统艺术元素，联动现实背景的原创剧情，让孙悟空、二郎神、赵子龙等经典的历史或艺术人物重新出现在现实世界中。[①] 此外，还出现了基于 CG 技术的虚拟人博主，如“柳夜熙”。作为少有的虚拟人博主，“柳夜熙”从人设本身就具有很强的科技“网感”。同时，其剧情又将中国玄幻故事的鬼怪妖邪、附身、灵异等元素与时下热门的元宇宙的脑机接口、平行宇宙等概念结合在一起，具有多元碰撞的内容“网感”。[②]

以 ChatGPT、Sora 等为代表的 AI 技术的出现和普及也进一步促进了内容的升级。2024 年 3 月 22 日，央视频 AI 微短剧启播暨 AI 频道正式上线，我国首部 AI 全流程微短剧《中国神话》正式与受众见面。该剧共 6 集，分别为《补天》《逐日》《奔月》《填海》《治水》《尝百草》，由央视频、中央广播电视总台人工智能工作室联合清华大学新闻与传播学院元宇宙文化实验室合作推出，其美术、分镜、视频、配音、配乐全部由 AI 完成。[③] 除此之外，央视频还陆续上线了其他 AI 微短剧，如讲述典籍故事的《AI 看典籍》和讲述儿童睡前故事的《爱（AI）上睡前故事》，央视网也创作了全流程 AI 文生视频和 AI 配音的风景短片《AI 我中华》。这些 AI 短视频在一定程度上拓展了影视行业或短视频的可能性。

① 刁明康，徐语杨 . 青年新榜样丨国风达人朱铁雄：拍情景剧宣传中国传统戏剧人物，17 条视频获千万粉丝［EB/OL］.（2022-06-15）［2023-04-22］. https://www.sohu.com/a/557441196_120952561.

② 苟春 . 对话“柳夜熙”幕后创作团队：虚拟与现实之间 追寻“元宇宙”的哲学与人性丨2021·刻度［EB/OL］.（2021-12-17）［2023-04-22］. https://new.qq.com/rain/a/20211217A0BTGA00.

③ 中央广播电视总台央视新闻 . 国内首部！AI 全流程微短剧《中国神话》启播 总台央视频 AI 频道上线［EB/OL］.（2024-03-22）［2024-05-29］. https://www.cctv.com/2024/03/22/ARTImxwnEZa0LYYPusv8E57A240322.shtml.

PBL 案例分析和学习——AI 引领新产业

在本书的第二章中，我们提到了 AI。从这些年来看，AI 似乎一直引领着新产业的发展。除了前文提到的 AI 短视频外，AI 相关的教育培训、AI 语音助手等也在如火如荼地发展着，以下是几个标志着 AI 发展的重要节点。

2016 年 3 月，AI 机器人 AlphaGo 战胜了韩国围棋职业九段棋手李世石。一年后，2017 年 5 月，它再度升级，战胜了代表着当时围棋最高水平的柯洁。

2018 年 8 月，世界上第一幅由 AI 创作的画作《埃德蒙·贝拉米画像》（*Portrait of Edmond Belamy*）在著名艺术品拍卖行佳士得的拍卖会上，拍出了 43.25 万美元（约合 300 万元人民币）的高价。2022 年 12 月，由百度文心一格续画的民国才女陆小曼未尽稿连同著名海派画家乐震文补全的同名画作《未完·待续》，也拍出 110 万元的高价。

2022 年 11 月，OpenAI 发布大语言模型 ChatGPT，并在此后逐渐由文字生成进化为图片生成，一举让 AIGC 成为这些年讨论最为热烈的话题之一。

2024 年 2 月，OpenAI 发布人工智能文生视频大模型 Sora，AI 从图片生成进化到视频生成，也引发了人们对 AI 电影的憧憬，“人人皆可创作电影”似乎即将成为可能。

2024 年 4 月，苹果公司发表论文，介绍了新研发的成果——可以理解手机屏幕上各种内容的多模态大型语言模型（MLLMs）Ferret-UI，向人们预示着 AI 手机的到来。[①] 以 ChatGPT 为代表的 AI 大语言模型（LLMs），其训练材料通常是文本内容。为了让 AI 模型能够理解图像、视频和音频等

① YOU K，ZHANG H T，SCHOOP E，et al. Ferret-UI：grounded mobile UI understanding with multimodal LLMs［J］. arXiv：2404.05719.

非文本内容，多模态大语言模型因此孕育而生。[①] 它既是以文本为基础的ChatGPT的升级版，也是目前手机内置的AI语音助手的升级版。

2025年1月，国产开源模型DeepSeek横空出世，作为高性能的推理模型，性能比肩OpenAI的o1模型的同时成本更低（仅数百万美元），API调用成本每百万tokens仅需几元人民币。高性能、低成本且开源的特点让其迅速爆火，引发国内外巨大讨论。

那么根据以上材料，请同学们思考：

（1）除了以上提到的这些，如今AI引领的新产业还有哪些？

（2）AI的普及会取代一些职业吗？你如何看待AI普及可能会带来的问题？

（3）AI在电影、音乐、游戏等不同领域中的应用有哪些？你认为对哪一个领域的影响最大？

（4）AI创作的作品是否具有美学意义？我们又该以怎样的评价体系来评价AI作品？

课堂或课后思考

本章我们从文化创意产业的界定出发，区分了文化产业、创意产业、文化创意产业的概念。之后，我们立足文化创意产业，分析了新媒体发展对影视媒介进步的促进作用，着重分析了真人动画电影，短剧和影视短视频，互动电影、电影游戏和互动电影游戏这三个方面。还分析了新媒体对数字内容生产的促进作用，主要涵盖互联网、CG技术、AI等方面。通过这一章的学习，相信大家对新媒体与文化创意产业之间的关系会有更加深刻的理解。由于篇幅有限，在此不可能做到面面俱到，大家接下去可以继续思考相关的问题。

① IT之家．苹果介绍Ferret-UI多模态大语言模型：更充分理解手机屏幕内容［EB/OL］．（2024-04-10）［2024-05-30］．https://www.ithome.com/0/760/905.htm.

（1）除了我们在本章中提到的内容，文化创意产业还包含许多其他行业，你在生活中还知道其他的吗？

（2）本章中提到了AI，你认为AI还有可能给文化创意产业带来哪些发展呢？

（3）本章中提到了电影的许多新形式，包括可预见的AI将会带来的影响。你认为AI是否能够实现“人人皆可创作电影”？AI电影有前景吗？如果可以实现，现阶段有哪些亟待解决的问题？

（4）在新媒体时代，文化创意产业还需要做出哪些发展，以便于更好地跟上时代？

第十章 新媒体艺术与多元文化

本章我们将回归新媒体艺术本身，剖析其与当下多元文化及亚文化之间千丝万缕的联系，期冀在最后为新媒体艺术的未来发展部分做铺垫。对于同学们来说，了解新媒体时代的多元文化，不仅能加深对新媒体艺术的多样性理解，也能将在这一过程中的所学所得运用在对其他人文学科的思考当中，感受多元文化的多样魅力。

第一节　多元文化

当我们谈及一门艺术，无论是新媒体艺术的新样态如数字艺术、互动艺术、虚拟艺术等，还是我们所谓的传统艺术形式如音乐、绘画、雕塑等，都必然要将它放置在它所起源的国家、地域或者文化圈当中，并与其中诞生的传统文化与新文化等背景关联思考。这样一种现象，昭示了多元文化与艺术发展之间密不可分的关系。

一、多元文化理论

在分门别类地介绍各种各样的新文化类型之前，我们首先要从理论的角度，来了解一下何为多元文化。多元文化是指一个社群、城市或国家内存在多个不同文化和民族的现象。多元文化不仅涉及国家层面的文化差异，还包括了个人、族群和社区层面的文化多样性。这种多样性可以表现在语言、宗教、习俗、风俗、饮食、艺术、音乐等多个领域。因此，多元文化的定义超越了单一文化的范畴，强调了文化的交流、互动和共生。其兴起和发展有后殖民主义下的文化碰撞及之后的世界多极化、经济全球化、跨国跨洋移民和国际与地域间文化交流等多种因素的作用。比如，多元文化主义（multiculturalism）作为当代美国研究学者经常关注的一个问题，自 20 世纪五六十年代的美国民权运动时期开始兴起，而其思想根源更可以追溯到 20 世纪初。北京大学历史系教授王希曾指出，尽管多元文化主义目前尚未得到一个明确的定义，但不同类型和用途的多元文化主义仍有共通之处，指出它具有多种功用，既是一种教育思想、一种历史观、一种文艺批评理论，也是一种政治态度、一种意识形态。[①] 也有国内学者进一步提出多元文化主义有三重含义：一是用来描述文化或族裔多样性的社会，二是指代一类社会—政治思潮或理论学说，三是泛指一类国家—社会治理体系或具体的制度、法律及公共政策体系。[②] 这三重含义基本概括了对多元文化主义的理解。从中不难看出，多元文化主义关注和研究的问题更多集中在文化霸权和反霸权、移民国家的文化融合以及不同国家或不同种族文化的文化平等和文化交流的问题上，主张社会文化的尊重、包容与多样性。

① 王希．多元文化主义的起源、实践与局限性［J］．美国研究，2000（2）：44-80.

② 于海峰．多元文化主义的局限性：理论、主张及实践［J］．理论界，2023（8）：75-82.

下面我们可以从国家或者文化圈的角度，举几个例子方便大家理解：在像美国这样的典型移民国家内部，非常明显地存在着多元文化之间的交融，其建国初期的近乎一元的盎格鲁—撒克逊（Anglo-Saxon）文化也在“民族大熔炉”（immigration & melting pot）中融合了如黑人文化、东南欧文化、华裔乃至亚裔文化、拉美文化等，成为如今的多元文化主体代表。与之类似的加拿大和新加坡等著名的移民国家，也有着同样的特征。而中国这样的具有长期发展和文明的国家同样也是多元文化的代表之一。在漫长的五千多年历史长河中，经由文字、语言、通婚等文化交流抑或是战争、政治等统治手段，逐渐形成如今汇聚56个民族的多元文化集合体，少数民族文化成为当今中国多元文化的有力证明。而整体视角下的欧洲，同样是一个由多民族的分化状态逐渐交融而形成的统一的政治经济文化集合体。

二、多元文化离不开新媒体

在新媒体时代，多元文化表现出新的特征，除了上述这些“老生常谈”的文化，还诞生了一些大众文化、流行文化、亚文化和青年文化，这些文化也成为多元文化大家庭当中的重要组成部分。其中包括但不限于嘻哈（Hip-Hop）文化（如说唱、街舞、DJ、电音等）、朋克（Punk）文化、嬉皮士（Hippies）文化、杀马特（Smart）文化（如火星文、葬爱家族等）、御宅族/ACGN/二次元文化〔如动漫、cosplay（通过造型手段还原二次元角色）、JK（女子高中生）等〕、同人文化、丧/emo（emotion的缩写，一般理解为情绪化的、悲伤的）文化、粉丝文化、邪典（cult）文化（题材诡异，充斥着暴力、恐怖、黑暗等猎奇元素的文化风格）、克苏鲁文化〔来源于美国作家霍华德·菲利普·洛夫克拉夫特（Howard Phillips Lovecraft）创建的克苏鲁神话世界观〕、迷因（meme）文化等，还有一些比较传统的文化如曲艺文化（如相声、小品、戏剧戏曲等）、广场舞文化等，视听媒介时代所诞生的电影、电视剧、短视频等也都包括在此列。这些文化在诞生之初，有许多都是为当时主流文化所不接受，甚至是与主流文化背道而驰的。而其中的一些文化经过传播和发展逐渐得到越来越多人的支持和喜爱，变得大众化并开始与主流价值观接轨。还有一些文化依旧居于副文化地位，呈现出小众化、圈层化、青年化的特点。关于这些文化的具体论述，我们会在本章的其他部分展开。

新媒体为多元文化提供了极大的推动力，在多元文化发展中扮演着关键角色。一方面，新媒体为不同文化提供了传播和展示的平台。互联网、手机、社交媒体和数字技术的普及使得文化信息可以更快速、更广泛地传播，有助于促进多元文化的对话、理解和共享。尤其是自媒体的出现进一步加快了这一过程。自媒体作为后网络时代的新秀，开创了个体传播的新时代。各个文化群体成员都可以成为内容的提供者，传播的主体不再局限于专业媒体。这进一步促进了“地球村”的形成，我们对于多样性和文化多元化（diversity & cultural pluralism）现象的感受也更加明显。

另一方面，新媒体还能够有效地刺激多元的文化形式产生。一种新的文化传播媒体出现，不仅是以一种文化存在于社会中，还是一种文化系统的组成元素。新媒体在进行文化传播时，一定会形成一种崭新的关于文化的秩序规则。这种不同于传统的传媒方式，可以将文化重新包装，因此需要重新定义和理解新媒体。例如，在歌曲表演当中，可尝试利用高科技和计算机技术来营造虚拟影像，为观赏者呈现极为高端的新的视觉享受。以一种新的形态出现，才能有这样的交流互动，才是新旧文化相互融合的状态，能够创造出新的文化形式。

另外，新媒体还有助于记录和保护濒临消失的传统文化。近年来一些中国传统文化如汉服等民族服饰、传统非遗手工艺产品等借由新媒体重新回到大众视野，促进了文化遗产的传承。

第二节 大众文化与流行文化

在第一节中我们了解了多元文化这一概念，对多元文化尤其是新媒体时代下诞生和存在的新文化建立了认知。从这一节开始，我们就要分门别类地了解新媒体时代下的多元文化当中具体的一些文化门类。接下来，我们将从大众文化与流行文化讲起。

一、大众文化与流行文化的概念辨析

“大众文化”一词的含义有着广义和狭义的区分。广义的大众文化可以包括大众文化和流行文化，在学术界一般默认大众文化指代一切广泛流传于大众之中，深受大众欢迎且具有较大影响力，能够满足大众文化需求、供大众娱乐消遣的文化。而狭义的“大众文化”与“流行文化”两词往往被认为是这一概念的两种说法（本节这里认为的“大众文化”是翻译自“mass culture”，“流行文化”则是翻译自“popular culture”，而在国内学术界，这两个词一般都翻译为“大众文化”），但两者之间存在实质上的不同之处。有国内学者在其文章中结合国外研究历程，叙述“mass culture”和“popular culture”（该文中翻译为“民众文化”）的翻译问题时认为，“mass culture”指代的大众是被动的、由个体叠加而成的，具有“携带着统治阶级意识形态、抹杀民众个性、对民众进行统治”的性质，其讨论也大都集中在文化工业（具有目的性和利益驱动而批量生产的文化产品）研究上；而“popular culture”则强调大众的喜爱与自发参与，其立足于大众本身，强调大众“对文化的能动性”，这里的大众是主动和积极的。[1] 从中我们可以发现，大众文化和流行文化分别具有由上至下和由下至

① 张文瑜．学术术语翻译面面观：以“Mass Culture”和“Popular Culture”为例［J］．语言与翻译，2018（1）：62-66.

上的不同传播路径。

后面这种说法也许理解起来会比较复杂，那么我们可以换一种方式去理解这两种文化。在另一种理解中，大众文化指代广泛流传于社会大众之间的文化，它不同于传统的高雅文化，更偏向于群众的消遣和娱乐，是为了迎合大众口味、满足大众需求而广泛创作和传播的文化产品。它强调的是这一文化的全民性。在中国语境下，它或许可以翻译为人民文化，也近似于我们常说的主旋律文化。而在这种定义下，流行文化则指在特定时期内迅速传播、被广泛接受并具有较大影响力的文化产品，反映了当代社会的审美趋势和消费习惯。它强调的是这一文化的时效性和商业性，因此这种文化也可以理解为被选择的文化。在这种定义下，我们同样可以发现这两个词语所指代的不同。

根据上述对这两个词语的解析，同学们可以有一些思考，在这里先铺垫两个问题：

（1）既然本节我们将大众文化与流行文化放在一个范围中去讨论，那么这两者之间是否应该存在联系？如果存在，又是怎样的联系？

（2）在第一节第二部分所提出的一系列文化当中，或是在大家的生活当中，哪些属于大众文化，哪些属于流行文化呢？

带着这些问题，我们接着往下去探索和思考，将在接下来的部分尝试为同学们解答这些问题，当然也希望同学们能有自己的理解。

二、大众文化与流行文化之间的关系与二者的具体征象

我们先回答第一个问题：大众文化与流行文化之间当然存在一定的关联。从第一部分中能够得知，二者都与广泛传播和受众接受这两个前提密切相关。它们的相同之处也正是在于都是适应和满足大众需求的文化内容，都能够引起大众的共鸣和兴趣。然而，我们也能发现两者存在一些不同之处：大众文化更注重消遣娱乐和日常生活，具有更广泛的受众传播范围（涵盖各年龄层和各收入群体）；而流行文化更强调时尚、热门和潮流，

具有较短的生命周期和高度商业化等特点。

在进一步对大众文化与流行文化的关系进行讨论之前，我们先回答第二个问题，为同学们提供大众文化和流行文化的几个具体征象。从当前时代来看，我们熟悉的曲艺文化、传统节日文化以及我们经常关注的体育文化（如很多同学喜欢的篮球或足球比赛）等都属于大众文化产品。这些文化在发展过程中逐渐受到当下时代的主流意识形态影响，成为凝结着意识形态性质和反映普罗大众文化需求的文化产品。而目前的流行文化有第一节第二部分中提到的嘻哈文化、二次元文化、迷因文化等。这些流行文化在收获受众的同时，其商业性也被进一步挖掘，诞生了一批以说唱、电子音乐表演为主的音乐节和相关的厂牌、演出经纪服务等，也诞生了以二次元文化为基础的虚拟偶像产业、以表情包为代表的迷因文化产品等。

上述的定义看似是给大众文化和流行文化之间划定了一条“泾渭分明”的分界线，但它们所具有的相同前提，使得二者间又存在着“你中有我、我中有你”的部分。如果要为它们画一幅关系图，那么最合适的表达方法就是交集（见图 10-1）。

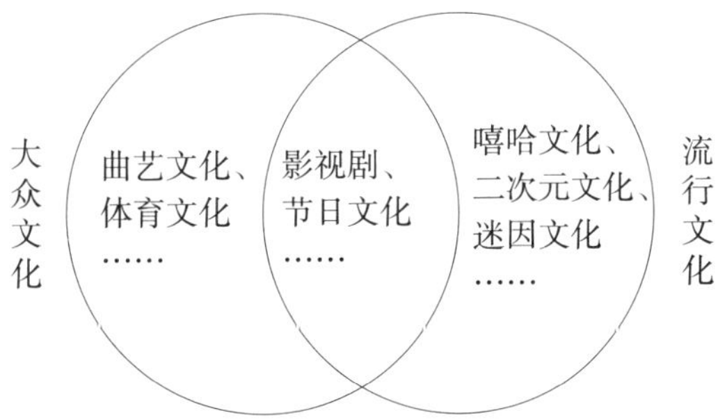

图 10-1 大众文化与流行文化之间存在交集关系

而在这个交集关系的交叉之处，也有一些表征，例如影视剧和节日文化。影视剧中既有深受各类观众喜爱的经典作品如《甄嬛传》《亮剑》《武林外传》等，年长的观众守候在不断重播的电视机前观看，年轻的观众从网络视频平台中频频翻出重温；也有近年来流行的《琅琊榜》《沉默的真相》《隐秘的角落》《觉醒年代》等“叫好又叫座”的新作，在新媒体的加持下收获拥趸，其中的精彩片段被一些观众剪辑摘出、反复观看。而在节日文化当中，传统节日和新兴节日、外来节日（“洋节”）分立于大众文化和流行文化的两端。中秋节、端午节等节日是刻在普罗大众基因里的美好记忆，而圣诞节、万圣节、情人节等也成为部分群体（大多为年轻群体或有海外背景的群体）热衷庆祝的盛会。从中，我们又发现了大众文化与流行文化的另一差异，即尽管二者均具有较大的受众基础，但大众文化更强调普遍的、全面的大众性，是建立在由意识形态主导的绝对数量上的；而流行文化是建立在一定数量上的，一般是可以涵盖一个或多个年龄层，而且一般更受到新媒体的“主力军”（新媒体时代可以这么表述，如果是在其他时代，可以表述为该时代最具创造力的群体）——年轻群体的欢迎。相对而言，大众文化在年轻群体中的影响力相比流行文化较弱。这一点我们之后还会讲到。

有些同学可能会提出另一个问题：这两种文化是如何产生的？或者我们把这个问题转化一下：大众文化 / 流行文化生来就是大众文化 / 流行文化吗？

大众文化的产生一般有两种途径：一种是由统治阶级或上层阶级创造并向全社会推广产生的，例如“齐桓公好服紫，一国尽服紫”的典故。另一种是在市井平民中产生的文化不断扩大影响力，逐渐成为流行文化，最终被主流意识形态接受而变成大众文化，更多的大众文化形成于这一途径（见图 10-2）。

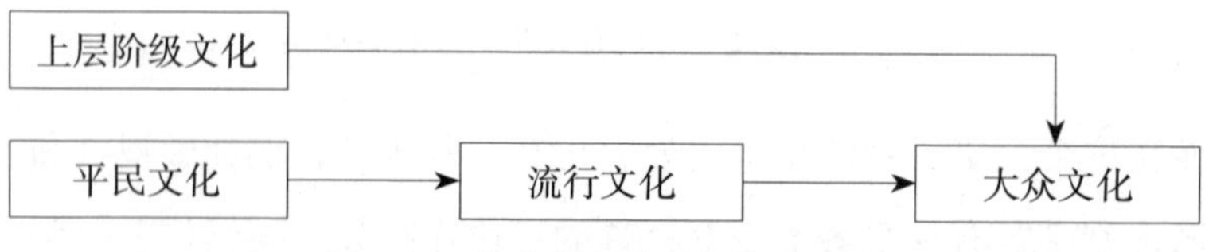

图 10-2　大众文化的两条产生路径

当下，也有一些流行文化存在向大众文化转变的趋势，换句话说，大众文化必然会兼容流行文化。一种流行文化的影响力扩大到一定程度后，必然会受到主流意识形态的关注，或主动、或被动地被浸润。这一方面是文化生存的必然生态，另一方面也是一种文化进一步扩大自身影响力的必然选择。本部分最后的案例可以作为示例。

到此，我们可以得到两个方面的信息：一方面，我们的视角立足于当下，能够发现大众文化和流行文化在各自具有自己的一些代表的同时，它们之间也存在交叉之处。另一方面，我们将视角放在一个整体的文化发展历程当中，可以发现二者在自身不断发展的同时，也存在流行文化向大众文化转变的情况。总结起来，可以用两个词语来概括大众文化与流行文化的关系——“交集”和“前奏”。

PBL 案例分析和学习——流行文化与大众文化的“前奏”关系：嘻哈文化在中国的发展历程

嘻哈文化诞生于美国纽约的布朗克斯区（The Bronx），那里由于 20 世纪五六十年代纽约的市政规划逐渐被“遗弃”，成为贫民区。到了 70 年代，嘻哈文化诞生于居住于此的牙买加移民库尔·霍克（Kool Herc，被认为是“嘻哈之父”）创办的音乐派对当中，在派对中逐步诞生了 DJ（全称 Disc Jockey，译为唱片骑师或打碟者）、Rap（说唱）、Breaking（霹雳舞）等日后嘻哈文化中的重要元素。

而在中国，嘻哈文化最早可以追溯到 20 世纪 90 年代，但长期都只是活跃在小众圈层当中，只有少数音乐人如周杰伦将说唱作为一种元素融入主流的流行音乐当中。嘻哈文化真正迎来巨大发展是在 2017 年。这一年，本以“地下”为标榜的嘻哈文化在《中国有嘻哈》播出后逐渐走向“地上”。从此，嘻哈文化成为流行文化并逐渐出现向大众文化转变的趋势。一方面，在民众层面，一部分嘻哈文化爱好者和影视创作者联合，创作了一批具有代表性的嘻哈文化影视产品，如以说唱音乐为核心的《中国新说唱》（前身为《中国有嘻哈》）系列节目和《说唱听我的》《说唱新世代》

等，以街舞为核心的《这！就是街舞》《热血街舞团》等，以电音为核心的《即刻电音》《星电音联盟》等，主动走向大众。另一方面，在国家层面，嘻哈文化等作为节目元素在近年频频登上春晚舞台，一些带有说唱、街舞元素的节目如《最好的舞台》《过年迪斯科》《画卷》《我的家乡》在春晚上大放异彩，也预示着主流意识形态引导下的大众文化对它们的接纳态度。

那么根据以上材料和分析，请同学们思考：

（1）目前作为流行文化的嘻哈文化，是否能够真正得到主流意识形态的承认？还是终究只能成为一种元素或是保持现状？

（2）嘻哈文化已经得到了许多人群的接受，其中大部分为年轻群体，很明显，年轻群体对流行文化有着更高的接受度。那么如果到一段时间后的未来，现在的年轻人占据了主流地位，嘻哈文化能否被主流接受成为大众文化？同理，其他的流行文化又是否可以呢？

三、大众文化与新媒体

在这一部分，我们终于要将（狭义的）大众文化与流行文化统合在（广义的）大众文化的范畴下进行讨论（先要明确，这一小节我们提到的大众文化均指代广义的大众文化）。首先，我们需要再一次明确大众文化的定义。简单来说，我们可以这样定义大众文化：具有广大受众并被广泛传播的文化。由此得出大众文化的两个特征——广大受众与广泛传播。

在新媒体的加持下，大众文化得到了更广泛的传播，为大众文化影响力的提升提供了宣传渠道。它一方面有力地促进了大众文化的品牌化和商业化，并增添了大众文化的艺术感和设计感，一些新媒体艺术形式如潮流文化产品、潮牌球鞋中经常使用的涂鸦艺术、拼贴艺术等融入大众文化产品。另一方面新媒体技术发展所下放的内容创作权利也使更多普通用户获得了大众文化的参与和实践机会，如用户自主创作的表情包以及根据热点事件提炼或个人经历创作的段子（或者称为“梗”）等迷因文化产品。另外，新媒体也推动了社会文化运动，近年来讨论越发热烈的性别问题就是其中一个重要实例。最后，最重要的一点是，新媒体还促进了一些大众文化产品和大众文化产业业态的形成。接下来我们将以沉浸式艺术及其文化产品与产业为代表进行分析。

剧本杀是一种以剧情和演绎为核心的沉浸式游戏，起源于英国的“谋杀之谜”（Murder Mystery）。游戏由 DM〔剧本杀主持人，全称为 Dungeon Master（地下城城主），引申自桌游《龙与地下城》中的地下城城主一角，简单来说是这一游戏的引导者〕进行引导，每名玩家会分到属于自己角色的剧本，并以第一人称进行演绎，再通过搜索证据和互相交流，以达到发现真相或还原故事的目的。

沉浸式是剧本杀最重要的特点之一，它的沉浸来源于玩家极具私密性的剧情、代入感极强的第一人称演绎，以及玩家与玩家之间和玩家与 DM 等 NPC（非玩家角色）之间的实时互动等。由剧本杀引申，再包含密室逃脱、沉浸式戏剧（或称“互动式戏剧”）等文化产品，共同组成的一个整体，我们可以用沉浸式艺术来概括它们。根据第一节第一部分的分析，我们可以将沉浸式艺术划分为大众文化的一种。

沉浸式艺术是新媒体助推大众文化发展的代表之一。一方面，沉浸式艺术暗合新媒体艺术的特征，可以看作新媒体艺术的一种。从前面章节对新媒体艺术的类型归纳中可知，互动艺术、虚拟艺术是新媒体艺术中非常具有代表性的艺术类型，而其互动式、沉浸式等特征也同样反映在沉浸式艺术当中，甚至互动艺术和虚拟艺术中的部分特征在沉浸式艺术发展中发挥了重要作用。可以说，沉浸式艺术是在新媒体艺术的前期基础上形成的，是新媒体艺术在当下的重要表征之一。

另一方面，沉浸式艺术的流行本就是新媒体发力的结果。以剧本杀为例，其发展历程的开端、高潮均有新媒体的身影。剧本杀火爆的开端是2016 年《明星大侦探》节目在网络视频平台（芒果 TV）的播出，自此大批爱好者和投资者入局。2017—2018 年，剧本杀借助互联网和移动端 App

飞速发展，诞生了“我是谜”“百变大侦探”等线上剧本杀 App，玩家不仅可以通过线上 App 开展游戏，还可以完成游戏报名、查看规则、获取剧本与角色背景信息、进行交流互动等行为。而到 2019 年之后，线下剧本杀快速崛起，全国门店数量破万，哪怕在新冠疫情期间也依旧保持高速发展的态势。线下剧本杀的快速发展也与新媒体的宣传手段和社交平台息息相关。剧本杀游戏的开展有着非常明确的人数门槛，整体在 4—12 人不等，多数情况为 6—8 人。通过在抖音、微信公众号、相关剧本杀 App 等新媒体平台发布视频、宣传文案、评论、介绍等作为推广和宣传手段，以吸引新老玩家体验或参与游戏；再通过微信等社交媒体建立门店社群，为玩家提供交流分享的平台，以维护与玩家之间的关系，玩家也可以通过社群报名参加游戏，实现游戏的长期稳定性。这种“开源节流”式的方法保证了剧本杀游戏的正常开展和持续发展。

沉浸式戏剧是沉浸式艺术的集大成者。沉浸式戏剧的概念起源于 20 世纪六七十年代，是指打破传统的观演模式，采用互动式的观演方式，多重线性叙事同时进行等，使观众可以自由地选择跟随角色和故事空间变化而随意走动的演出形式，也有学者称之为“环境戏剧”〔主要创始人为理查·谢克纳（Richard Schechner）〕。[①] 上海戏剧学院教授、剧作家孙惠柱在其文章中也曾提到，剧作家熊佛西于 20 世纪 30 年代在河北定县就已经进行了含有观众参与的实验戏剧的尝试。[②] 可以说，沉浸式戏剧并不是一个很新鲜的论题。而在这里我们再次提到，是由于它出现了新的转变。

第一，沉浸式戏剧的场景进一步扩大。如沉浸式戏剧代表剧场“只有河南·戏剧幻城”，总占地 622 亩，是国内首座全景式沉浸式戏剧主题公园，也是国内规模最大、演出时长最长的戏剧聚落群之一，其中有 21 个

① 陶瑞，刘宝瑞．沉浸式戏剧及其中国本土化实践探微［J］．戏剧文学，2023（2）：110-113.

② 孙惠柱．“戏剧”与“环境”如何结合？——兼论“浸没式戏剧”的问题［J］．艺术评论，2018（12）：43-49.

剧场（分为 3 个主剧和 18 个小剧），剧目总时长近 700 分钟。这种场景设置，使得沉浸式戏剧由单个向集群化发展，整体上更加宏伟壮观，丰富了沉浸式戏剧的表现空间，也为受众提供了更多选择。

第二，实景剧本杀的出现进一步拓展了沉浸式戏剧的可能性。实景剧本杀本质上是一种沉浸式戏剧，但它与传统的沉浸式戏剧不同的是，它进一步增强了受众的参与感。传统的沉浸式戏剧，是将场景开放给观众，由观众自由选择观看，上述提到的“只有河南·戏剧幻城”和近年来最为成功的沉浸式戏剧作品《不眠之夜》（*Sleep No More*，有着超过 10 条故事线，同时发生在一栋建筑中）都是其代表。而实景剧本杀则将剧本杀和沉浸式戏剧的特点融会贯通，不仅是将场景开放给观众，还把观众纳入演员和表演当中。观众在某种程度上已经摆脱了观众的身份（虽然实景剧本杀的受众已经不能单纯地被称为观众了，但在这里为了与前面对比，姑且这么称呼），成为戏剧本身的一分子，可以自由地影响不同的故事进程。

第三，沉浸式戏剧甚至说沉浸式艺术这一整体，进一步衍生出了沉浸式产业。除了我们前面提到的实景剧本杀、密室逃脱、沉浸式戏剧等，沉浸式产业还联动了展览、文旅、时尚、购物、音乐等多元场景，并且不断拓展边界。① 一些沉浸式戏剧（尤其是与景区合作的或基于民宿创作的）和我们接下来将要提到的 VR 博物馆等，都是沉浸式产业不断拓展自身边界的证明。

至此，相信同学们对沉浸式艺术已经建立了一个基本概念。但沉浸式艺术这一概念其实非常宽泛，它不仅包含了我们上面提到的剧本杀、沉浸式戏剧等，而且还有更广泛的边界，甚至会与其他一些类型产生重合，沉浸式产业也是这样应运而生的。或许大家还可以思考：你还了解到哪些艺术形式也可以被称为沉浸式艺术呢？你是如何理解沉浸式产业的呢？对于沉浸式产业的未来，你又持怎样的观点和态度？这些问题的答案也许能够

① 潘好．《不眠之夜》入沪 5 年，见证沉浸式产业狂飙突进［EB/OL］．（2021-12-22）［2023-10-10］．https://www.thepaper.cn/newsDetail_forward_15953525.

帮助你进一步产生对沉浸式艺术及其文化产品与产业的兴趣。

PBL 案例分析和学习——新媒体的技术意义：VR+文旅、博物馆

2022 年 10 月 28 日，工业和信息化部、教育部、文化和旅游部、国家广播电视总局、国家体育总局等五部门联合印发《虚拟现实与行业应用融合发展行动计划（2022—2026 年）》（简称《行动计划》）。其中，“虚拟现实 + 文化旅游”成为加速虚拟现实应用落地的场景之一。在业内人士看来，这也是对文旅市场释放出的积极信号。

《行动计划》还指出，要“推动文化展馆、旅游场所、特色街区开发虚拟现实数字化体验产品，让优秀文化和旅游资源借助虚拟现实技术‘活起来’。开展行前预览、虚实融合导航、导游导览、艺术品展陈、文物古迹复原等虚拟现实创新应用，鼓励一二级博物馆、具有条件的旅游活动场所设置沉浸式体验设施设备”。

故宫博物院在 VR 博物馆建设方面一直处于国内前列。早在 1998 年，故宫就着手建设“数字故宫”，并于 2017 年在线下推出了“故宫 VR 体验馆”，其首期推出的“朱棣肇建紫禁城”VR 体验项目，让戴上 VR 4D 头盔进行体验的游客仿佛穿越时空回到明朝，去见证朱棣与故宫的那段历史。[①] 线上平台则是以 PC 端为主，移动端为补充。PC 端主要通过故宫博物院的官方网站，比较有代表性的是“V 故宫”平台。“V 故宫”通过 3D、VR 等数字技术，使大众可以通过电脑等设备沉浸式“云游故宫”。进入宫殿游览后，观众可以在右下角进行切换，前往不同场所（见图 10-3）。移动端则主要是“故宫展览”App。它将故宫举办的展览活动复制到手机端，观众可以直接通过手机，从千里之外的任何地方观看故宫正在举办的展览。观众能够如同亲临现场一般，根据屏幕上的方向指引，肆意地行走在展览当中，并且可以通过点击文物上的按键，清晰地看到展出文物的特写以及它的相关介绍（见图 10-4、图 10-5）。

---

① MetaPostOfficial. 全球博物馆竞相“搬进”元宇宙［EB/OL］.（2022-07-08）［2023-10-10］. https://mp.weixin.qq.com/s/OQZhHi6SvD9VmPU7b6OQbQ.

图 10-3 通过“V 故宫”平台，进入养心殿游览截图

图 10-4 通过“故宫展览”App，观看故宫“‘茶·世界’茶文化特展”的一角

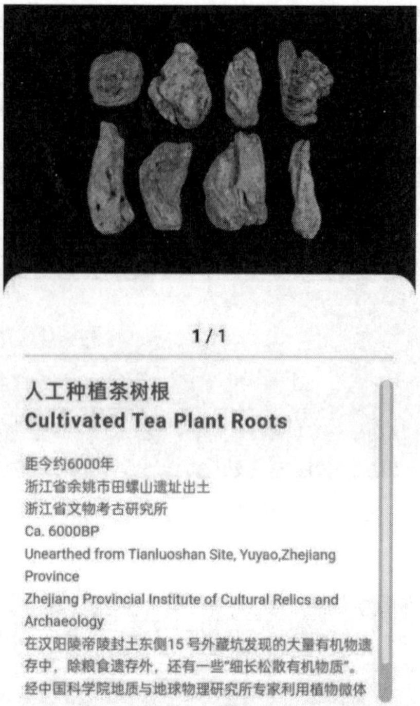

图 10-5 点击文物上的按键后看到的文物特写及其信息

而在国外，一些颇具规模的博物馆和艺术馆也进行了线下 VR 展览和线上 VR App 的尝试，如大英博物馆与 Oculus 合作展出收藏的埃及木乃伊、洛杉矶当代艺术博物馆举办画家克里·詹姆斯·马歇尔（Kerry James Marshall）的 VR 回顾展、史密森尼美国艺术博物馆（Smithsonian American Art Museum）创建的免费 VR App、法国卢浮宫博物馆（Musée du Louvre）推出的"蒙娜丽莎：越界视野"（Mona Lisa：Beyond the Glass）VR 体验项目等。而荷兰的乔治·克雷默（George Kremer）和乔尔·克雷默（Joël Kremer）父子于 2017 年 10 月共同创办的克雷默博物馆（Kremer Museum）则是"全球首个仅存于 VR 中的博物馆"，其首期在纽约苏富比（Sotheby's）展出，受众可以通过 VR 头戴设备欣赏 74 幅世界著名画作。[①]

① 底伊乐．全球首个仅存于 VR 的博物馆展出 74 幅名画　它能吸引多少客人？[EB/OL].（2017-12-28）[2023-10-11]. https://www.jiemian.com/article/1846262.html.

在此基础上，克雷默博物馆进一步推出了线上 App，“用户只需一台拥有配备有谷歌 VR 平台的手机和一部 VR 头戴设备就可以欣赏所有馆藏”[①]。

那么根据以上材料，请同学们思考：

（1）我们可以将像克雷默博物馆这样的“仅存于 VR 中的博物馆”称为“无实体博物馆”。这种“无实体博物馆”是否能够成为未来博物馆或艺术馆建设的一种趋势？又是否能够完全取代“实体博物馆”？

（2）“无实体博物馆”是否能够完全实现“实体博物馆”对大众的意义？如果不能，它缺失的意义有什么？

（3）再进一步，新媒体（尤其是 VR）所带来的虚拟化的确已经是大势所趋。虚拟化是否能够取代实体？它是否能够实现与实体相同或相似的意义？对于虚拟化浪潮，你有什么样的想法？

第三节　青年文化与亚文化

与前面提到的（狭义的）大众文化和流行文化相比，青年文化与亚文化相对而言就没有如此复杂的概念和关系。因此，本节更像是对上一节的延续和补充，进一步帮助同学们理解多元文化中的各种门类和它们之间的关系。

一、青年文化与亚文化的定义

青年文化，顾名思义，指的是在青年群体（通常指青少年和年轻成年人，一般是在 10—30 岁之间）中流行的文化。它表现在多个方面：一是青年群体对特别的娱乐、消费等活动的关注及其反映出的新兴的社交

① 雅昌艺术网 . 在这座虚拟现实博物馆遇见伦勃朗［EB/OL］.（2018-03-03）［2023-10-11］. https://m-news.artron.net/news/20240505/n1123347.html.

方式。比如青年群体在音乐（如流行音乐、电子音乐、嘻哈音乐等）、影视（如各类视效大片和新兴的“小屏”“一起看”“弹幕”等观影方式）、体育（尤其是新型体育活动，如电子竞技、飞盘等）、时尚（如“千禧风”和“街头风”穿搭、NFT时尚等）、科技（如芯片、移动设备、显示技术等的更新和迭代）等领域中可能形成具有群体特征的品位和兴趣。而这些具有青年群体特色的活动又反映出青年群体独特的社交方式和社交行为，如弹幕社交、电竞社交、飞盘社交、线下桌游（如剧本杀、狼人杀等）社交、虚拟社交等，由此可以发现，青年群体的社交方式逐渐拓展了传统的吃喝玩乐的范畴。二是青年群体积极的社会参与和创新的职业选择。比如在社会问题和相关政策的讨论中扮演积极角色，倾向于通过社交平台发表意见，来对社会热点进行讨论。又如青年群体中倾向于创新职业和进行创业的人数较之以往有明显增多，互联网相关行业成为青年群体的热门甚至首要选择，同时，工作与生活的平衡也成为青年群体关注和选择职业的重要考量。这些积极、创新地进入社会的态度与青年群体所诞生和成长的互联网环境、新媒体时代之间的关系是密不可分的。三是青年群体重自我、重表达的价值观念。表层的文化选择和中层的社会参与最终体现的是青年群体深层的文化观念，青年群体期望通过拥抱流行文化和接纳亚文化来构建自我的身份符号，借此表达具有代际标签的青年独特文化内涵，最终实现自我和自我思想的向外体现。

亚文化（subculture）是指在一个更大的文化或社会群体内部，由于特定的兴趣、价值观、行为模式、社交标准或身份特征，在小众的圈层中形成的具有自我独特特征的文化或文化团体。亚文化通常具有独特的符号和规则，与主流文化在某些方面存在显著的不同。亚文化进一步可以表现为反文化（counterculture），这是亚文化更激进和极端的表现形式。亚文化一般具有偏离性、边缘性、挑战性，它反映了社会存在的结构性矛盾，“呈现为处于从属（或弱势）地位的群体对占主导地位的阶层或意识形态的反叛或抵抗”，集中体现在年龄（代际）、种族、性别等多方面。[①] 在第一节第一部分有关多元文化的讨论当中，我们也对种族方面的亚文化有了一定涉及。考虑到本章还是以新媒体背景下的新文化为讨论重点，因此在这里，我们主要从年龄这一方面展开讨论，即青年亚文化。

二、青年亚文化的特点、表征和影响

青年亚文化（youth subculture）即在青年群体中产生的亚文化，这也是亚文化领域讨论最多的方面之一。如果用“切片”的方式观察一个时代，我们会发现，青年群体实际上是作为弱势群体从属于时代的主流群体的。在任一时代，青年群体尽管更具创造性和积极性，但终究会因为年龄或代际原因而从属于政治经济社会的主要管理者和社会意识形态的主要体现者，这是必然的。因此，在这种情况下，青年群体借由青年亚文化对主流文化进行挑战，也是必然的。特别是在新媒体一代青年中，更重自我和表达的文化观念使得这种挑战更加明显。

因此，青年亚文化对主流文化的挑战或者反抗，实质上也就蕴含了青年群体对主流的中年群体的观念的挑战与反抗，在这一过程中建构自我身份。这首先就表现在青年亚文化的表征上，其中一个重要代表就是曾经在“90后”青年群体中广为流传的杀马特文化。杀马特一词音译自smart（取它的时尚、潮流、聪明之意），源自日本的互联网文化，最早在日本的网络社区中开始流传，并在社交媒体和在线论坛上被广泛使用。尽管它的具体起源时间已经难以考证，但基本可以推定是在21世纪00年代至10年代形成并发展壮大的。杀马特文化的一个重要标志就是异样的外貌和行为方式，其文化群体通常表现张扬、穿着另类、打扮怪异、妆容夸张或佩戴假发，以突出自身的独特地位。这在当时被部分青年视为先锋潮流而追随，被视作对主流审美的一次冲击。但是，杀马特文化相对而言存在的时

① 孟登迎．“亚文化”概念形成史浅析［J］．外国文学，2008（6）：93-102，125.

间并不长，很快便消失在了历史长河之中。而与它一样同样来自日本的御宅族/ACGN/二次元文化，却在较长的历史进程中取得了较大的发展。

这里之所以将御宅族、ACGN、二次元三者分别标明，却又共同放在一个文化范围当中，是因为三者虽然各有含义，但之间又有着非常紧密的联系。“御宅族”（otaku）一词最早起源于20世纪80年代的日本，一般用来形容那些痴迷于动漫、漫画、电子游戏、小说等领域的人。他们往往对虚构媒体具有极大的热情，甚至会进行钻研，通常在互联网上的特定社交圈子中互相交流。因此人们对他们也有一些社交障碍、过度狂热、与现实社会脱节等负面印象。ACGN则是一个汇总词语，它是由动画（animation）、漫画（comic）、游戏（game）、小说（novel，通常指以漫画或动画为基础创作的小说）这四个起源于日本的亚文化元素的首字母提炼而成的，正是御宅族比较关注的领域集合。而“二次元”（2D）是一个广泛用于描述ACGN中的虚拟角色和虚构世界的概念。它是虚拟人物（“纸片人”）生存的“二维世界”，与我们现实生活“三次元”（3D）的“三维世界”相对应。二次元是在ACGN的基础上形成的，在某些时候二者可以等同和互用。如今，二次元文化也逐渐跳脱出维度限制，走向三维（当然，我们还是将其称为二次元），如虚拟偶像等，这一点我们之后还会讲到。由于三者之间存在的密切关系，在接下来的讨论中，为了方便行文，我们将御宅族/ACGN/二次元文化统称为比较熟知的二次元文化。

二次元文化在21世纪取得了更好的发展，影响力逐步扩大，有效填补了杀马特文化消失在历史长河里所带来的青年文化表达的缺失，而且进一步丰富和拓展了青年文化观念的表达。相比于杀马特时代通过外形改造和行为转变等方式进行的“低层次”表达，二次元时代的青年文化表达显得更加“高级”。一方面，青年群体由改造自身转向了改造“纸片人”，通过创造虚拟人物来满足自己对“人”的想象，实际上也是对理想自我的想象，借由虚拟人物表达自我意识。另一方面，青年群体也能将自我对世界的认识融入对“异世界”（二次元世界）的构建当中，在“异世界”中构建理想社会生活。二次元文化作为一种青年亚文化，所带来的对主流文化的挑战是更隐性、更温和但也是更大的。青年群体的自我意识表达不再简单地外化为叛逆的外在变化，而是直接呈现为一个世界和一类人物形象，在具有直观性的同时也方便了传播，成为当下青年亚文化的主要形态。当然，还存在一些更为小众的亚文化类型，如第一节第二部分提到的同人文化、丧 /emo 文化、粉丝文化、邪典文化、克苏鲁文化等，它们与二次元文化类似，都是青年文化的一种亚文化体现，在此我们就不赘述了，同学们可以自己检索和了解。

主要亚文化形态的改变，也在很大程度上体现了新的青年群体和青年文化的改变，相比于以“90 后”为主的青年一代，以“95 后”甚至“00 后”为主的青年一代走上了一条更为鲜明的文化表达道路。“重自我、重表达”看似只是简单的六个字，集中体现的是当下青年群体与过去截然不同的文化观念，新的青年群体和青年文化在社交平台、职场、家庭等多个场域中无不贯彻着这六个字。对互联网技术和方法的掌握、对社交平台的使用、对法律的了解和信息的检索、对自我的了解和探索等方面，新媒体时代的青年群体已然有着绝对的优势。近年来，“‘00 后’整顿职场”等由青年群体引发或产生的话题频频登上热搜，青年群体在社交平台上的声音也越发明显，话语权逐渐扩大。可以说，新媒体时代的青年一代比过去的任何一代都更早地登上历史舞台，更早地被主流文化看见，这是时代发展的必然结果。而面对挑战，主流文化也应以拥抱的态度去面对，作为顺应时代之举。

PBL 案例分析和学习——新媒体艺术与新青年文化下的二次元形象：虚拟偶像与虚拟人

虚拟偶像（Virtual Idol）是近年来兴起的一种二次元形象。它是由计算机生成的虚拟角色或虚构个体，一般会通过音乐、表演、互动和社交媒体活动等方式吸引粉丝和受众。虚拟偶像通常具有自己独立的外貌、个性、背景故事，可以是动画角色、3D 建模或基于人工智能技术形成的虚拟艺人和虚拟主播。

目前，我们比较熟知的虚拟艺人有初音未来、洛天依等，这些虚拟艺人能够登上各类晚会舞台，独立或是与真人合作进行表演，甚至开办自己的个人演唱会。一些综艺节目如《2060》《跨次元新星》更是直接将镜头对准虚拟艺人选秀。传统媒体平台也相继推出了虚拟主播，如中央广播电视总台在2022年两会期间推出的“小C”，表情自然、肢体语言丰富，语言表达也与正常主播十分贴近。而在新媒体平台，一些虚拟偶像成为自媒体创作的主角，具有代表性的有“柳夜熙”。她穿着一身标志性的中式服装，凭借在虚拟世界捉妖的故事收获了大批观众。

虚拟偶像是对二次元形象的立体化，它不再是一个“凝固”的图片或模型，而是成为活动的“类人”。在这一阶段，二次元形象不再单纯被赋予内涵，而是能够在青年文化观念的浸润下主动输出内涵。换句话说，虚拟偶像使二次元形象从观念载体变成了观念分身，它进一步拓展了青年群体的自我表达。

如果说虚拟偶像还可以被认为是二次元文化的一部分，那么元宇宙和虚拟人的出现则跳脱出了这一文化概念。元宇宙让虚拟偶像进一步拓展至更为广泛的虚拟人（或称为数字人）范畴。在元宇宙时代，人类可以通过构建数字人分身的方式进入“异世界”。至此，真人与虚拟人将会达到前所未有的高度重合，新的世界观也将在这一时代产生，也就真正超脱了二次元文化或者说亚文化的范畴。

那么根据以上材料，请同学们思考：

（1）为什么说元宇宙时代的虚拟人“真正超脱了二次元文化或者说亚文化的范畴”？

（2）你是怎样认知虚拟偶像的？对于虚拟偶像，你是否会产生相关的焦虑心态？如果会，具体是怎样的想法？如果不会，你认为青年群体可以如何通过虚拟偶像进行自我表达/虚拟偶像可以如何帮助青年群体进行自我表达？

三、新媒体时代的四方关系：青年文化、青年亚文化、流行文化、大众文化

在这一部分，我们尝试为本章节提到的四个文化概念之间的关系做一个归纳。经过本章的讨论，我们已经可以发现一个非常浅显的关系，就是青年文化包含青年亚文化的关系（见图 10-6）。另外，我们在第二节第二部分也已经分析了（狭义的）大众文化与流行文化之间的交集关系（见图 10-7，这里之所以不提“前奏”关系，是因为“前奏”关系是在一个相当长的历史阶段中体现的，而我们只是在新媒体时代这一有限的时段内进行讨论，因此只考虑交集关系）。所以，我们已经得到了两对关系的关系图。

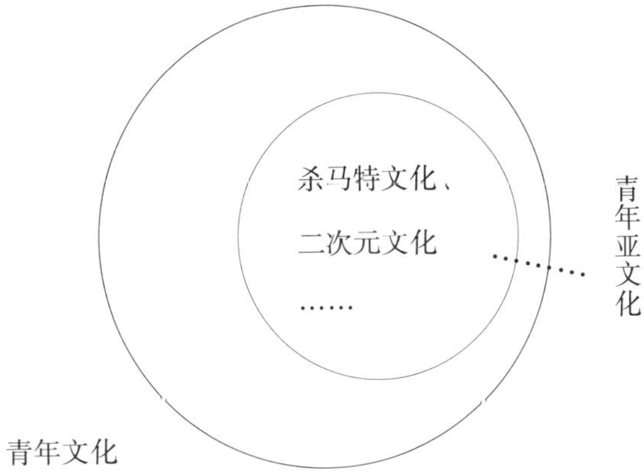

图 10-6　青年文化和青年亚文化之间存在包含与被包含的关系

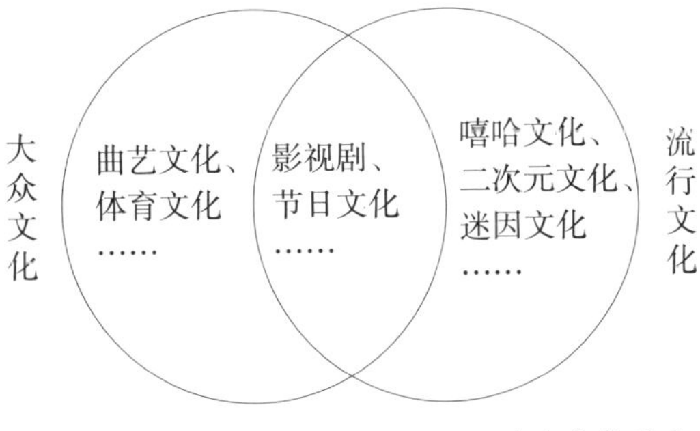

图 10-7　大众文化与流行文化之间存在交集关系

而当我们进一步考虑四方关系时，就要考虑这两个关系图之间的连接。我们发现，在第二节第二部分讨论流行文化征象和在上一部分讨论青年亚文化征象时，都提到了二次元文化等。也就是说，流行文化与青年亚文化之间应存在交集。有些同学也许会感到疑惑：为什么这二者之间会有重合？因为亚文化中的某些元素可能会成为流行文化中的一部分，但这不一定是亚文化的主要目标或意图。虽然亚文化可以在某种程度上影响流行文化，但流行文化通常代表着社会的主流趋势（这个“主流”指的是大众选择的主流，是建立在一定数量上的，而非我们之前所说的主流意识形态的主流），而不是特定亚文化的趋势。流行文化会吸收和整合各种元素，包括亚文化的元素，以满足更为广大的文化群体的口味和兴趣。另外，在第二节第二部分中我们也讲到流行文化一般是要求涵盖年龄层，而亚文化只是要求文化团体，所代表的受众范围是不同的。因此，只有当某一文化团体达到占据一个年龄层的大多数的程度，才能重合至流行文化之中。

于是，这一点就为我们找到青年文化和流行文化之间的关系建立了基础。既然“只有当某一文化团体达到占据一个年龄层的大多数的程度，才能重合至流行文化之中”，那么青年文化中占据主要部分（除去亚文化的部分）的内容，不就是与流行文化重合的吗？青年文化中除去青年亚文化的部分，其实就是多数青年选择的和接受的部分。如今，大多数的流行文化的确是由青年产生的，这些“多数青年选择的和接受的部分”其实也就是“大多数的流行文化”。当然，其他年龄层也会有属于自己的流行文化，比如在第一节第二部分中提到的广场舞文化，就是在中老年年龄层中产生的流行文化。不过，在流行文化中，青年文化还是当之无愧的“顶流”，这是时代发展的必然趋势，掌握时代未来的群体是当之无愧的产生流行文化的“主力军”。换言之，流行文化的趋势也是时代发展的趋势。

由此，我们可以用一个整合的关系图，来描述这个四方关系（见图10-8）。

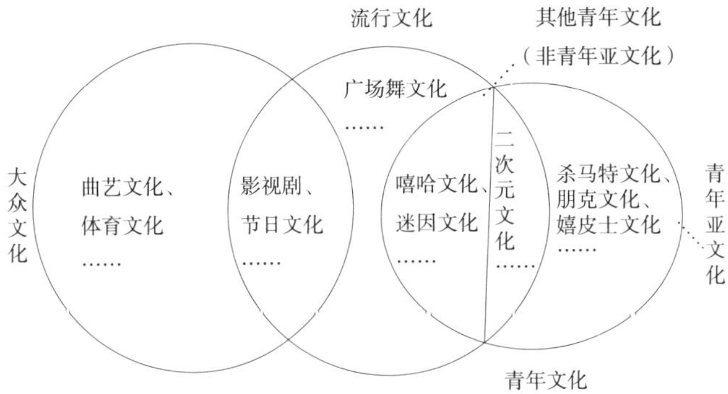

图 10-8 四方（青年文化、青年亚文化、流行文化、大众文化）关系

课堂或课后思考

本章我们从多元文化理论出发，结合新媒体的时代背景，和大家一起讨论了大众文化与流行文化、青年文化与亚文化，以及它们之间的关系。并在其中融入了新媒体时代在艺术发展与技术进步的共同影响下，这些文化当中诞生的新现象、新产业和新趋势。经过这一章的学习，相信大家对新媒体背景下的多元文化都有了自己的理解，大家课后可以以小组的形式接着讨论，不一定要求得出一个结果，而更应该享受思维碰撞的过程。

（1）我们在本章讨论这些文化类型（大众文化、流行文化、青年文化、亚文化）时给出了一些征象，除了给出的这些，你在生活中还知道其他的吗？你知道的这些又分别属于哪个文化类型呢？

（2）除了我们前面提到的这些文化，你还知道哪些文化类型？其中又有哪些征象？与大众文化、流行文化、青年文化、亚文化之间又有怎样的关系？

（3）对亚文化这一类型我们着墨不多，主要探讨的是青年亚文化。根据我们对亚文化的定义，你对亚文化有怎样的理解？它具体可以包含哪些文化呢？

（4）在新媒体时代，文化也在同步发生“快节奏”变化，你对未来的文化发展趋势有怎样的期许呢？

（5）在本章中我们谈到了沉浸式产业。当然，新兴文化产业肯定不止这一种，你还知道哪些呢？你是如何看待新兴文化产业的发展的？你认为未来还会诞生哪些文化产业呢？

（6）你认为，在新媒体时代，信息的获取更加方便，我们是否还有必要了解各种文化（包括过去的、现在的、未来可能的）？我们了解、学习、研究文化的意义是什么？

第十一章 新媒体艺术的未来发展

在前面两章中，我们分别从多元文化和创意产业两个维度分析了新媒体艺术的实践运用与产业发展。当然这方面的研究还有很多，比如新媒体艺术与用户和用户画像的关系，新媒体与实体经济相互促进、互为因果的联系，以及新媒体艺术在产业升级和国民经济转型与提质中的重要作用，等等。在最后这一章中，我们将目光对准未来发展，聚焦改变趋势，再次把新媒体艺术中媒介性、艺术性和科技性三者结合起来综合分析，以“机遇与挑战”的战略眼光来把握新媒体艺术的未来之路。

所以，本章我们将展望新媒体艺术的未来发展，剖析其内在发展逻辑和未来发展态势的联系：第一节我们将重温和深化新媒体艺术发展的“铁三角”，即媒介性、艺术性和科技性这三者之间的概念内涵与外延，以及彼此的交互作用。第二节则是聚焦新媒体艺术未来可能的新机遇，第一部分具体从重点领域，特别是人工智能、量子计算、生物科技、区块链技术等领域的关键科技突破来看新媒体艺术未来的无限可能性。第二部分把研究对象从内容拓展到传播，考察新媒体艺术未来新的生产、传播与受众关系。第三节当然是挑战篇。这种挑战是全方位、各领域的，对文化层面、社会接受、人力资源、知识产权等领域，都有切实的巨大冲击。但我们坚信，“发展中遇到的任何问题都可以通过发展来解决”，未来，新媒体艺术、新媒体乃至科技本身都会是机遇大于挑战。

第一节　新媒体艺术发展的“铁三角”

新媒体艺术发展的“铁三角”是指媒介性、艺术性与科技性三者之间的相互作用与融合，它们共同构成了新媒体艺术的核心特征和发展趋势。以下，我们将分别论述新媒体艺术的媒介性特征，以及媒体、科技分别与艺术之间的关系。

一、媒介性是主要特征

前文我们从各个角度反复论证的观点就是，新媒体艺术是一种通过新兴科技与数字媒介进行创作和传播的艺术形式，其媒介属性具有独特特征和直接作用，最直观地影响艺术的表现方式、创作过程以及观众的体验。因为媒体艺术本身是一种结合了媒体技术、创意表达和艺术观念的艺术形式。它利用各种媒体形式，如电影、数字影像、声音、互动技术等，来创作具有独特审美和创意的艺术作品。而在此基础上的新媒体艺术则更强调科技引领，比如数字化、网络性、智能应用等，新媒体艺术能体现和探索数字化时代的创作方式和传达方式，同时也反映了科技、文化和社会变革的影响。据此，我们可以尝试梳理和总结新媒体艺术不断发展和演进中的一些主要的媒介特性，比如多媒介性、跨媒介性、媒介基础设施、互动参与能力、数字化与虚拟性、非物质性与物质性互补、沉浸性与虚拟空间等。

我们先把目光聚焦于多媒介性。新媒体艺术具有多媒介融合的特点，能够将图像、声音、视频、文本甚至是编程代码等并列呈现在一起，形成复杂的艺术表现形式。不同于传统艺术形式的单一媒介，新媒体艺术利用数字技术实现了多种感官的同步刺激，增强了艺术作品的表现力和感染力。多媒介性在新媒体艺术中扮演着核心角色，改变了传统单一媒介的创作和欣赏方式，赋予了艺术更大的表现力和开放性。例如，我们在第三章"新媒体艺术类型概况"中专门介绍过的新媒体交互装置艺术往往集中展现了视觉、听觉、触觉甚至味觉等多种感官体验，给观众带来了沉浸式、互动感十足且充满多媒介刺激的感受。多媒介性中起关键作用的还是视听感觉的综合运用、互动与感官体验的融合、文本与图像的跨媒介叙事、多感官融合的沉浸体验等媒介机制。

跨媒介性与多媒介性相似，很多时候还可以相互替代，但毕竟一字之差，含义还是有所不同的。新媒体艺术的跨媒介性指的是在创作和展示的过程中，艺术作品同时运用多种媒介和技术，以实现艺术表达的综合性和多样性。这里的跨媒介更多指的是媒介之间的综合、融合、相互促进，而不仅仅是各个媒介之间简单而分割地呈现。所以跨媒介性侧重表达的是媒介融合与综合表现、技术与艺术的跨界融合、跨文化与跨领域合作等。比如生成艺术（Generative Art）通过编程生成艺术作品，艺术创作过程的算法本身就是艺术的一部分；再如第三章中介绍的遗传艺术也是跨领域、技术与科技跨界的典型实例。

媒介基础设施则是一个比较新的概念和运用，它是指支撑这一领域的各种技术和设备，这些技术和设备构成了新媒体艺术得以创作、传播和展示的核心条件。随着科技的飞速发展，基础设施不仅影响了新媒体艺术的创作方式，也塑造了其传播与接受的形式。这其实与我们在第一章讨论过的"用马克思主义辩证唯物论理解新媒体设备的发展"是一脉相承的关系：新媒体媒介其根本就是生产力和生产关系的相互作用。而新媒体设备的发展可以看作生产关系和生产力之间矛盾的体现。人类社会是不断发展变化的过程，而新媒体设备的出现以及不断地变革和升级，相应地推动了社会的发展。从技术层面来看，在硬件基础上，新媒体艺术离不开各类先进的硬件设备，这些设备为艺术家的创作提供了物质支持，扩展了艺术的表现形式。从传播层面来看，在网络平台中，互联网为新媒体艺术提供了一个全球化的传播平台，突破了传统艺术的地域限制，使得艺术能够迅速传递到全球观众手中。从实现层面来看，在各种创作和后期软件赋能下，新媒体艺术的创作离不开功能强大的软件工具。这些工具不仅帮助艺术家在虚拟环境中创作作品，还可以用于后期处理和编辑工作。

另外一个比较重要的媒介特性是网络参与和互联互动。如上所述，新媒体艺术通过互联网实现了全球化传播，打破了地域和时间的限制。网络的无边界性让艺术作品能够迅速传播到世界各地，艺术家和观众之间的交流也变得更加便捷和即时。例如，通过社交媒体、数字画廊或虚拟展览平台，艺术家能够展示他们的作品并与观众互动，而观众也可以通过评论、分享等方式参与其中。这种传播的广泛性和快速性使得艺术作品的影响力更大，也改变了传统艺术依赖于物理展览空间的传播模式。再如我们在第一章“新媒体艺术基础”中介绍的播客就充分利用了广播这个20世纪曾风靡全球的“旧媒介”，这也为第八章“其他新媒体视听艺术”中的网络音频提供了更详细的传统广播转型成网络音频的经验和启示。

新媒体艺术强调观众的参与和互动，打破了传统艺术中观众仅作为被动欣赏者的角色限制。特别是在互动装置艺术、虚拟现实艺术、沉浸式体验等艺术亚类型中，观众通过感应器、触屏、摄像头等设备，可以与艺术作品进行互动，甚至影响作品的内容和呈现方式。这种互动性和参与性不仅改变了艺术传播的模式，也重新定义了艺术与受众之间的关系。艺术不再是固定的、封闭的，而是可以通过互动在实时中生成或改变的。

数字化与虚拟性特征是另外一个媒介特性。新媒体艺术依赖于数字技术，其核心特性之一是数字化的媒介属性。通过计算机、网络和虚拟环境，艺术创作不再局限于物理材料或空间。作品可以以代码和数据的形式存在，创作过程也更加依赖算法、编程等工具。数字绘画、3D 建模、虚拟现实艺术等都是新媒体艺术在数字化媒介中的典型形式。数字技术的应用让艺术家可以突破传统艺术的材料限制，创作出虚拟的、动态的甚至是可交互的作品。我们在第三章中介绍的大卫·霍克尼的 iPad 绘画就是比较典型的例子。

非物质性与物质性的相互补充。新媒体艺术的独特魅力在于其能够将非物质性和物质性结合起来，创造出丰富而复杂的艺术体验。这种结合不仅丰富了艺术创作的表现手法，也推动了观众与艺术作品之间的互动。新媒体艺术的非物质性和前文提及的数字化与虚拟性特征类似，指的是新媒体艺术作品中存在的虚拟、数字、数据等无形的元素。这些元素通常依赖于计算机程序、数字信号、虚拟现实等技术进行展现和操作。而其物质性指的是艺术作品的实物属性，即其物理存在形式，包括实际的艺术装置、雕塑、画布、影像、图形等可以触摸和感知的实体。物质性涉及材料、结构和物理展示方式，而非其虚拟特质。

非物质性与物质性的相互补充使得新媒体艺术的可复制性和流通性极大增强。比如，新媒体艺术的数字化特性使得艺术作品的可复制性极大增强，不同于传统艺术作品的唯一性，数字艺术作品可以被轻松地复制、分享，甚至在多个平台和媒介中同时存在。这种可复制性带来了艺术流通的便捷性，同时也对艺术作品的唯一性和原创性提出了新的挑战。我们将在本章第二节“新媒体艺术未来可能的新机遇”中详细介绍区块链技术和新媒体的结合。简言之，随着区块链技术和 NFT 技术的兴起，数字艺术作品的所有权和稀缺性问题逐渐得到解决，唯一性和原创性变得更加模糊和不确定，但这也引发了数字环境中如何平衡艺术的传播、如何进行数字版权保护等激烈讨论。

我们要讨论的最后一个媒介特性是沉浸性与虚拟空间。新媒体艺术与传统艺术的一个很重要的区分点在于沉浸性，尤其是在虚拟现实和增强现实技术的推动下，观众可以进入一个完全虚拟的空间，与艺术作品进行沉浸式的互动。艺术作品不再仅仅是被观看的对象，而是观众可以“进入”的世界，给人以身临其境的感受。第三章中介绍的通过虚拟现实技术实现复原和拓展的 VR 作品《夜间咖啡馆》就是最好的例子。所以，虚拟现实艺术、全景视频、沉浸式装置艺术等形式正是利用了这种媒介特性，将观众带入虚拟世界，让他们在空间中自由探索，增强了艺术的体验感。

当然，上述总结只是新媒体艺术比较凸显的一些特征，其他有代表性的特质也值得我们注意。比如时间性与动态性。新媒体艺术的时间性与动态性是其重要的媒介属性之一。通过计算机和网络技术，艺术作品可以在时间轴上发生变化，即所谓的打破线性规划的时间安排，进行任意维度的拼接、组装和重联。这种变化还可以根据观众的互动产生不同的反馈。这种动态性区别于传统艺术的静态呈现，使得作品具有生命力和可变性。例如，生成艺术依赖于算法和编程，作品在特定规则下自行生成，具有不可预测性和时间流动感。而实时影像和网络直播艺术则通过时间的流逝和网络环境的变化形成独特的艺术表达。“康威生命游戏”（Conway's Game of Life）就是早期生成艺术的代表模型（见图 11-1）。更确切地说，它是元胞自动机艺术的代表：英国数学家康威在 1970 年发明的细胞自动机是结合计算机编程来模拟细胞演化，即基于细胞随时间演化的规则系统，能生成复杂的图案和结构。

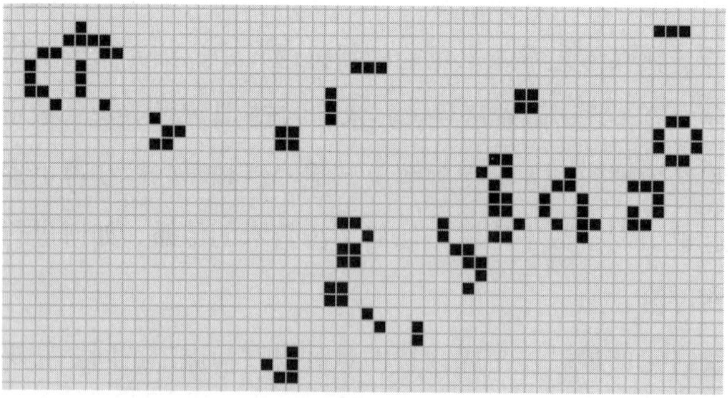

图 11-1 “康威生命游戏”

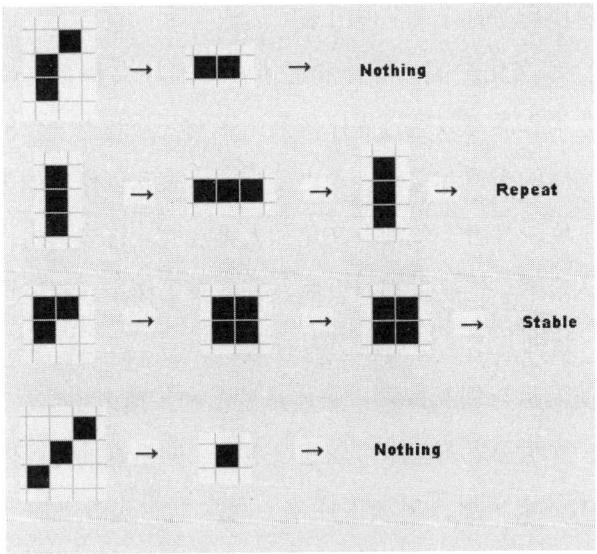

图 11-1 “康威生命游戏”（续）

二、媒体与艺术关系再探讨

媒体与艺术之间存在着密切的关系，它们相互影响并在许多方面交织在一起。媒体可以是艺术的一种表现形式，同时艺术也可以借助媒体来传达创意和观点。媒体与艺术之间的辩证关系可以从以下几个方面来回顾。

（1）媒体作为一种艺术表现形式：在数字时代，艺术作品不再局限于传统的画布或舞台，而是通过电影、电视、摄影、音乐视频、数字艺术等多种形式呈现。这些媒体不仅传达艺术家的创意和情感，为艺术家提供了新的表达空间和创作平台，也使艺术作品能够跨越地理和文化的界限，触及更广泛的受众。

（2）创意与媒体技术的融合：创意与媒体技术的融合推动了艺术的边界不断扩展。得益于新兴媒体技术的发展，数字技术、虚拟现实、增强现实等媒体技术可以被应用于艺术创作，为艺术家提供了更多实验和创新的机会，艺术家得以探索新的创作手法和表现形式。这些技术不仅丰富了艺术的表现力，也为观众提供了前所未有的沉浸式艺术体验，使艺术作品能够以更加直观和互动的方式呈现出来。

（3）社会和文化影响：媒体和艺术在塑造社会和文化观念方面起着重要作用。艺术作品可以通过媒体传播来影响公众观点、价值观和审美标准。同时，媒体的报道和文化表现也受到艺术家和创作者的影响。艺术可以通过媒体来反映社会、政治、文化和人类经验。许多艺术作品在探讨社会问题、表达情感、传达批判等方面发挥着重要作用。媒体可以为这些作品提供平台，帮助艺术家传达他们的信息。

（4）表演展示与创新探索：媒体是展示和传播艺术作品的重要途径。音乐、戏剧、舞蹈等表演艺术可以通过电视、网络直播等媒体形式传达给观众，使艺术的表现形式更加多样化，观众也能获得更加丰富的艺术体验。同时，创新探索也在这一过程中悄然发生。艺术家和媒体创作者通常在创作过程中不断探索新的媒体形式和技术，以实现创新的效果。这种探索有时会推动媒体技术和艺术的发展，也能为媒体带来新的应用场景，为媒体技术的进步提供动力。

当下媒体与艺术之间的关系是相互依存、相互促进的，它们相互借鉴、相互影响，共同构建了丰富多彩的文化和社会生态系统。通过媒体，艺术家可以将他们的创作传播给更广泛的受众，媒体也为艺术作品提供了更广阔的展示平台和更多样化的创作手段。而艺术则赋予媒体以更深的文化意义和更高的审美价值。这种互动关系不仅丰富了我们的文化生活，也为社会的进步和发展提供了动力。随着技术的不断进步，我们可以预见，媒体与艺术之间的这种互动将更加紧密，它们共同构建的文化和社会生态系统将更加多元和充满活力。

三、科技进步推动艺术创新

科技的迅猛发展在过去几十年间已经显著地重塑了我们的生活方式和认知模式，同时也对艺术领域的创新与创作产生了深远的影响。科技的进步不仅为艺术家们提供了新的工具和媒介，还促使他们探索新的表达方式和观念。我们认为，未来能实质性推动新媒体艺术发展和改变的根本力量不是其他，而是科技。这条准则实际上对于其他艺术领域，甚至社会发展，也是适用的。

新媒体艺术的科技创新驱动已经在过去几十年中取得了巨大的成就，同时也在不断变化和演进。我们可以对科技进步推动的艺术创新进行必要的展望和总结重要趋势。

（1）移动优先：随着智能手机等移动设备的普及，移动互联网已经成为人们获取信息和娱乐的主要渠道。移动应用、移动网站和社交媒体平台都在不断优化用户在移动设备上的体验。移动媒介的普及和艺术作品的在线化带来的一个重要现象就是社交媒体的崛起。社交媒体已成为新媒体生态系统中的核心组成部分。如 Facebook、Instagram、Twitter 等平台不仅改变了人们的社交方式，还成为信息传播、品牌推广和社会互动的重要渠道。

（2）多媒体和互动体验的融合：新媒体艺术通过将文本、图像、音频、视频等多种媒体形式融合在一起，创造出更加丰富和多样化的内容体验。此外，互动技术如虚拟现实、增强现实等为用户提供了全新的媒体交互方式，这些技术的发展和应用为艺术创作和体验提供了无限的可能性。

（3）个性化和定制化内容的兴起：新媒体平台能够根据用户的兴趣和行为，提供定制化的内容推荐，使用户能够更容易找到符合自己需求的信息和娱乐产品。这种个性化的趋势不仅限于信息和娱乐领域，也扩展到了在线教育和数字内容等领域。新媒体为在线教育提供了更广泛的机会，课程、培训和学习资源可以通过互联网进行全球传播。数字内容如电子书、在线课程等也成为教育和知识传播的重要形式。

（4）虚拟现实与真实渐进：虚拟现实和增强现实技术逐渐成熟，为媒体和娱乐领域带来了新的可能性。这些技术通过将现实世界和虚拟内容融合在一起，创造出身临其境的体验。这些技术的应用不仅在游戏和娱乐领域，也在教育、医疗、旅游等多个领域展现出巨大的潜力。

第二节　新媒体艺术未来可能的新机遇

新媒体艺术的未来展望十分广阔，随着科技的持续发展与创新，艺术家将会有更多实验性的尝试和跨学科领域的合作。新媒体艺术未来可能的新机遇分别在艺术本体、跨学科突破、互动参与和个性化、全球文化多样性等方面得到充分展现。

（1）艺术表达的多元化与创新：新媒体艺术未来将不断拓展其表现形式，并呈现出更加丰富多样的创作形式，从传统的视觉艺术向更为多元的领域延伸。虚拟现实、增强现实、人工智能、生物艺术等技术的应用，将为艺术家提供前所未有的创作工具和表达手段。这些技术不仅能够增强艺术作品的互动性和沉浸感，还能够激发艺术家探索新的叙事方式和视觉语言，从而推动艺术表达的多元化与创新发展。

（2）跨学科领域合作的深化：未来新媒体艺术的发展将更加依赖于跨学科领域的合作。艺术家与科学家、工程师、设计师等专业人士的合作，将促进科技与艺术的深度融合，创造出新的艺术形式和体验，共同探索艺术和科技相互促进的可能性，实现更为前沿和创新的艺术实践。

（3）交互性和参与性与个性化定制是一体两面的关系：随着互动技术的发展，越来越多的新媒体艺术作品将强调观众的参与体验。观众不再只是被动的欣赏者，而是作品创作和传播过程中的积极参与者。这种参与性不仅能够增强艺术作品的互动性和趣味性，还能够促进艺术与观众之间的对话和交流。而随着人工智能和大数据的应用，未来的新媒体艺术将能够为观众提供特定的个性化体验。从定制内容到具有个性化审美的艺术品，新媒体艺术能够更好地满足不同观众的需求和口味，提供更加个性化的艺术享受。

（4）全球化与文化多样性：随着网络技术的普及，新媒体艺术发展将更容易触及全球范围内的观众，消除地域和文化的阻碍。艺术家可以在全球范围内寻找灵感，将不同文化元素融入作品，从而赋予新媒体艺术更广泛的影响力和更高的文化价值。

一、重点领域突破（人工智能、量子计算、生物科技、区块链技术等）

（一）人工智能与艺术的结合

1. 生成艺术

人工智能的发展进步为艺术创作带来了新的可能性。AI 可以根据设定的算法和规则自动生成艺术作品，这种生成艺术开创了全新的艺术表达方式。这种艺术形式通常依赖于算法和程序来创造视觉作品，已经从简单的图片生成发展到能够模拟复杂艺术风格和创作过程的阶段。通过机器学习和深度学习，AI 能够模仿人类艺术家的风格，甚至创造出全新的艺术形式。例如，AI 可以根据数百万幅画作的学习结果生成独特的数字绘画作品，并形成一定的风格。创作者可以通过输入并不断调整文本提示使 AI 生成符合自己预期的作品。事实上，一些作品已然具有了一定的艺术性，并得到认可。我们在第二章提到的获奖作品《太空歌剧院》就是一个例子。

2. 智能创作工具

AI 不仅能够独立创作，还可以作为艺术家的智能助手。智能创作工具能够帮助艺术家在创作过程中进行颜色搭配、风格建议、图像修复等，从而提高创作效率和作品质量。这样的工具不仅让艺术创作更加轻松，也为艺术家提供了更多的灵感和创作方向。在传统绘画中，艺术家需要花费大量时间和精力来实现作品的构图、色彩、光影等要素，而 AI 绘画可以更为轻松地完成这些工作。在影视创作中也同样如此，AI 的分镜制作能将画面的构图、色彩、光影等要素体现出来，可以帮助导演直观地呈现自己的创意，方便与其他剧组成员的沟通，为影片的拍摄提供帮助。

3. 人工智能与艺术的深度融合

（1）自我进化的生成艺术：人工智能已经在生成艺术中展现出巨大的潜力。未来，随着深度学习和神经网络技术的进一步发展，AI 将能够自我进化，创作出更为复杂和独特的艺术作品。这些作品不仅可以模仿人类艺术家的风格，还能够在无监督学习的过程中，产生完全新颖的艺术形式，打破现有的艺术风格和流派。

（2）个性化艺术创作：未来，AI 可能会根据个人的审美偏好、情感状态和互动行为，自动生成定制化的艺术作品。这种个性化创作将使艺术变得更加贴近观众，使观众能够拥有专属于自己的艺术体验，还能够通过实时反馈机制不断调整和优化作品，以满足观众不断变化的需求。

（3）AI 作为艺术创作伙伴：未来的 AI 不仅是一个创作工具，更可能成为艺术家的合作伙伴。通过增强现实和虚拟现实等技术，艺术家可以与 AI 共同创作，AI 在创作过程中提供实时建议、灵感和技术支持。这种合作模式将推动艺术创作进入一个新的维度，艺术家和 AI 之间的互动将生成全新的创作体验，人机共为主体的艺术创作逐渐形成。艺术家可以利用 AI 的强大计算能力和数据处理能力，探索更加广阔的创意空间，而 AI 则可以从艺术家的直觉和创造力中学习，进一步提升其艺术创作能力。

PBL 案例分析和学习——“下一个伦勃朗”（The Next Rembrandt）

“下一个伦勃朗”是一个艺术与科技结合的项目。该项目利用人工智能技术，通过分析伦勃朗的大量作品，学习其绘画风格和技巧，最终创造出一幅全新的“伦勃朗”画作。

2014 年 10 月，荷兰金融公司 ING 与 J. Walter Thompson Amsterdam 广告公司一起发起了一个展现荷兰艺术发展历程的项目。J. Walter Thompson Amsterdam 广告公司的创意总监巴特·科斯腾（Bart Korsten）提出了一个简单但又有点吓人的问题："你能让电脑学着像伦勃朗一样画画吗？"于是，科斯腾的团队与微软、代尔夫特理工大学（Delft University of Technology）、海牙莫瑞泰斯皇家美术馆（Mauritshuis）以及伦勃朗故居博物馆（Museum Het Rembrandthuis）的专家们合作，开发出了一款可以对伦勃朗的艺术作品进行风格分析，并依照这位艺术家的构图与绘画材料进行"创作"的软件。这款有着复杂运算方式以及面部识别系统的软件对346件伦勃朗的作品进行了分析，并且推断出了伦勃朗下一件作品可能的面貌。①

项目团队收集了伦勃朗的346幅作品，并利用深度学习算法分析其绘画技巧、色彩使用、构图等元素。通过机器学习，AI能够模仿并融合伦勃朗的风格，创造出看似由大师亲手绘制的作品。然后，AI生成的数字画作被转换成3D模型，并使用3D打印技术制作成实体油画。

数据和技术提供了新的创意，该项目能够激发人们创新探索数据的潜力，挑战我们对艺术、创造力和情感的思考方式，探索数据的边界和可能性：这是一件艺术品吗？程序员可以被视为艺术家吗？这种方法可以应用于其他艺术家和音乐家吗？艺术史学家加里·施瓦茨（Gary Schwartz）在评论其对伦勃朗艺术本身的影响时指出，"虽然没有人会声称伦勃朗可以简化为一种算法，但这种技术提供了一个机会，可以以具体的视觉形式测试你自己对他的画作的看法"②。

那么根据以上材料，请同学们思考：

（1）人工智能是能够真正"创造"艺术，还是仅仅在模仿已有的艺术风格？创造力是人工智能可以拥有的特性吗？

（2）艺术作品的价值部分来自其独特性和不可复制性。当AI可以复

① 99艺术网.人工智能创作艺术 16万块碎片组成伦勃朗画作［EB/OL］.（2016-04-08）［2024-09-20］. http://art.people.com.cn/n1/2016/0408/c206244-28261542.html.

② Microsoft. The Next Rembrandt［EB/OL］.（2016-04-13）［2024-09-20］. https://news.microsoft.com/europe/features/next-rembrandt/.

制甚至改进历史上著名艺术家的风格时，这对艺术市场和艺术价值观念有何影响?

（3）在 AI 创作的艺术作品日益增多的情况下，如何鉴定艺术作品的真伪和来源？随着 AI 技术的发展，是否需要制定新的伦理规范和监管措施来指导 AI 在艺术领域的应用?

（二）量子计算与数据驱动的艺术

1. 量子艺术

量子是一个物理学的概念，指的是物理量最小的不可分割的基本单位。量子艺术是一个新兴的跨学科领域，它主要探索量子物理学的概念和原理在艺术创作中的应用。量子艺术的实践不仅限于对量子理论的形象描述，而是作为一种艺术解构与再建构的方式，通过艺术媒介理论研究与媒介空间阐释，拓展了艺术的边界。在概念与类别上，量子艺术媒介大体可分为三个方面：一是基于量子应用服务于艺术创作的媒介，二是以量子力学领域生发的哲学观念来进行艺术创作的媒介，三是观念与技术应用皆关涉量子的艺术媒介。①

罗伯特·P. 克雷斯（Robert P. Crease）在其文章中提到了几个颇具量子意义的雕塑作品，其中一个是安东尼·葛姆雷（Antony Gormley）的《量子云》（*Quantum Cloud*）（见图 11-2），另一个是朱利安·沃斯 – 安德烈（Julian Voss-Andreae）的《量子人》（*Quantum Man*）（见图 11-3）。②

① 孙晓晨 . 量子艺术：一个亟待研究的领域［N］. 中国社会科学报，2020-11-03（A04）.

② CREASE R P. Quantum of culture［EB/OL］.（2008-09-01）［2024-09-20］. https://physicsworld.com/a/quantum-of-culture/.

图 11-2 《量子云》

图 11-3 《量子人》

量子艺术的创造性在于，量子作为一种创意源泉的介入，使得原本经典世界中的固化描述变得更加灵活，对视觉语言与观念呈现的发展具有时代意义。艺术家们开始探索不确定的艺术，这在一定程度上挑战了传统的艺术形式和表现手法。量子艺术的研究和实践正在逐步构建其本体以及相对独立的美学系统，它不仅为艺术创作提供了新的视角和灵感，也为科技与艺术的融合提供了新的探索路径。随着量子技术的不断发展，我们未来可以看到更多科技与艺术结合的突破性成果。

2. 大数据与艺术

随着大数据技术的发展，数据将有可能融入未来的艺术创作。艺术家可以通过分析海量数据来获取灵感，并利用算法创作出具有数据特征的艺术作品。例如，利用社交媒体数据、环境数据或生物数据等，创作出反映社会情绪、自然变化或生物节律的艺术作品。这种通过数据可视化和数字技术来展现的艺术作品，不仅能够提供视觉上的美感，还能够揭示数据背后的深层含义和社会现象，同时也能引发对数据隐私和伦理的深思。

一些具有代表性的艺术家和作品比如亚伦·科布林（Aaron Koblin）的《阿姆斯特丹短信服务》（*Amsterdam SMS*，对 24 小时内荷兰阿姆斯特丹市民众发短信的时间和地点情况数据的可视化呈现，见图 11-4）和《飞机航班线路图》（*Flight Patterns*，对 24 小时内美国境内商业航班的线路网络数据的可视化呈现，见图 11-5）；劳里·弗里克（Laurie Frick）的《感受到的个性》（*Felt Personality*，用一系列颜色由深到浅的嵌板来对收集到的数据进行可视化再现，数据来自在线交友网站 OkCupid 的用户通过回答评估其诚实度、同理心和忠诚度的问题获得的包容性评分，见图 11-6）和《睡眠模式》〔*Image of Sleep Patterns*，对睡眠模式下的大脑活动数据的可视化呈现，数据来自作者自己使用的脑电图（EEG）头带，见图 11-7〕；约恩·霍德（Jörn Röder）和乔纳森·皮尔内伊（Jonathan Pirnay）的 *fbFaces*（用 JavaScript 和 PHP 代码查找并保存 Facebook 用户公开的账号头像、身份和姓名，然后再查找并保存其好友同样的信息，最终将所有图片统一呈现在墙纸上，见图 11-8）。[①]

① BBC News 中文 . 数字游戏：艺术家用大数据兴风作浪［EB/OL］.（2019-04-25）［2024-09-20］. https://www.bbc.com/ukchina/simp/vert-cul-48052126.

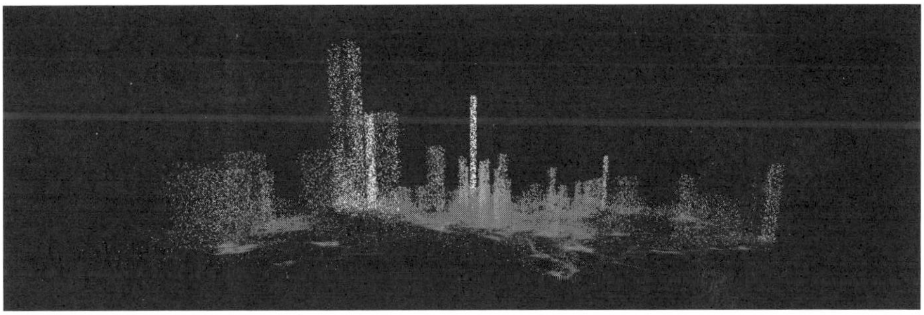

图 11-4 《阿姆斯特丹短信服务》

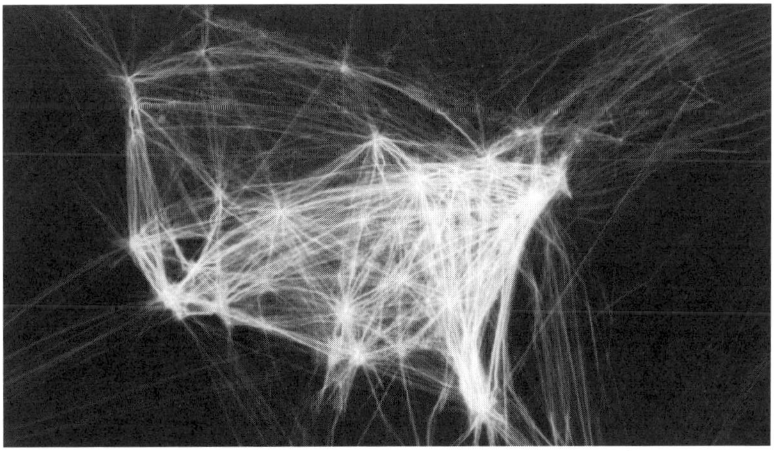

图 11-5 《飞机航班线路图》

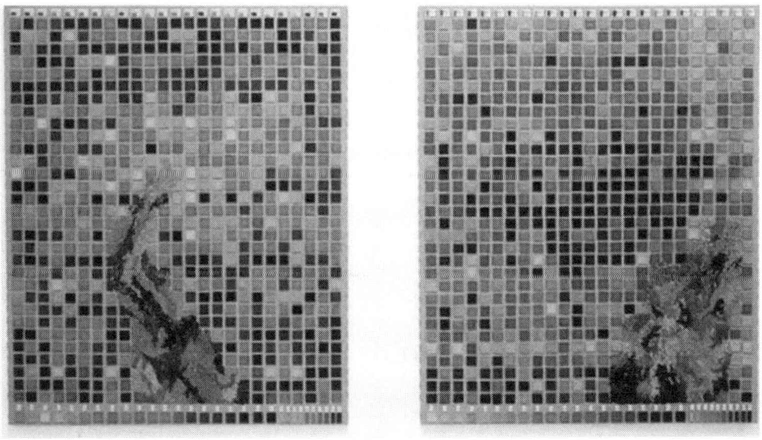

图 11-6 《感受到的个性》

图 11-7 《睡眠模式》

图 11-8 *fbFaces*

3. 复杂系统与自组织艺术

量子计算和复杂系统理论的结合催生出自组织艺术。这种艺术形式将不再依赖于艺术家的直接控制，而是通过复杂的算法和系统自发生成。艺术家将更多地扮演规则设定者的角色，而作品本身则由量子计算机根据这些规则自动生成。这种自组织艺术挑战了传统艺术创作的主导地位，强调了系统与随机性之间的平衡。

（三）生物科技与艺术的结合

1. 生物艺术与活体创作

随着生物科技的飞速发展，艺术创作已经不再局限于传统的绘画和雕塑。生物艺术是一种利用生物体或生物过程作为创作媒介的艺术形式。艺术家可以利用基因编辑技术和合成生物学来修改生物体的基因，从而创造出具有特定特征的活体艺术作品。这些作品不仅具有观赏性，能够展现生物体的自然美，还能通过生物发光、颜色变化或形态变异来表达艺术家的创意。例如爱德华多·卡茨（Eduardo Kac）在 2000 年创作的《绿色荧光兔》，他给兔子植入了从水母体内发现的荧光蛋白，使其在蓝光照射下能发出明亮的绿色荧光。

2. 跨物种艺术合作

未来，艺术创作可能不再局限于人类的范畴，艺术家可以通过与非人类生物的互动，探索共同创作的新途径。这种跨物种的艺术合作将拓展我们对生命和自然的理解，挑战人类中心主义的艺术观念，促使我们重新审视人类与其他生物之间的关系，鼓励艺术家和观众从更广阔的视角来理解生命和自然，从而促进生态意识和生物伦理的发展。例如，通过观察和模拟昆虫的筑巢行为，艺术家可以创造出反映自然界复杂结构的艺术作品，如蚁类研究专家沃尔特·钦克尔（Walter Tschinkel）浇铸的地下蚁穴塑像（见图 11-9）。或是借助昆虫的生活习性，让它们自主创造出不同于人类设计的艺术作品，如艺术家于贝尔·迪普拉（Hubert Duprat）利用石蛾习性制作的珠宝茧。他在水族箱中养了一些石蛾，并让它们只能接触到金箔、小颗珍珠和名贵石头，于是石蛾为自己建造了一个满是珠宝的茧（见图 11 10）。[①]

① MILLER G. The alien beauty and creepy fascination of insect art［EB/OL］.（2021-12-22）［2024-09-20］. https://knowablemagazine.org/content/article/living-world/2021/alien-beauty-creepy-fascination-insect-art.

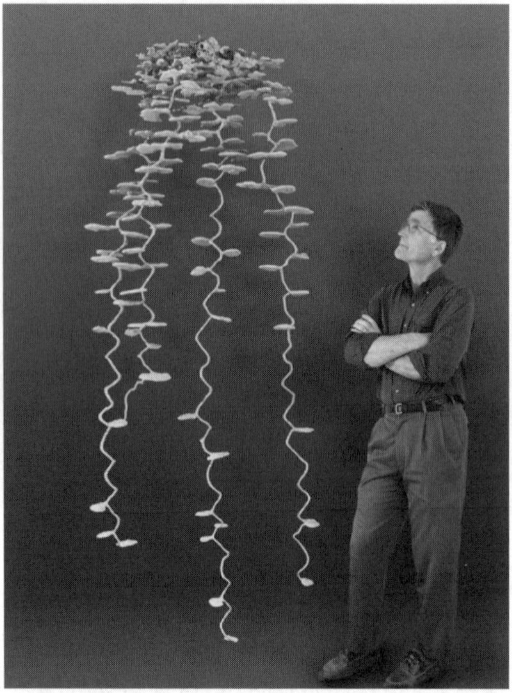

图 11-9　蚁类研究专家沃尔特·钦克尔浇铸的地下蚁穴塑像

图 11-10　石蛾的珠宝茧

3. 生物数据与个性化艺术

生物科技的发展还将促进个性化艺术的进一步发展。生物艺术可以根据个人的生物数据（如基因、健康状况、情感波动等）进行定制。例如，通过分析个体的基因序列，创作出专属于这个个体的艺术作品。这种作品可以表现出独特的色彩、形态或声音，从而为观众带来深层次的个人体验，引发观众对自身身份和遗传背景的思考。如杨千和卢煜明的艺术组合作品《基因重构序列 1 号》，通过荧光材料来呈现染色体，展现出独特的美感（见图 11-11）。

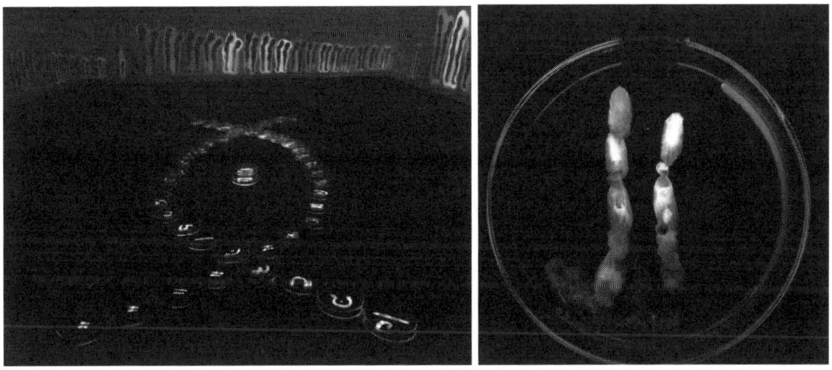

图 11-11 《基因重构序列 1号》

（四）区块链与数字艺术经济

1. 艺术品的数字化所有权

区块链技术通过其分布式账本的特性，为数字艺术品的所有权提供了一种创新的解决方案。通过非同质化代币（NFT）作为数字艺术品的所有权证明，确保了每件作品的唯一性和不可复制性。这种技术的应用不仅为艺术家提供了一种新的版权保护机制，艺术家可以为数字艺术作品创建唯一的、不可篡改的所有权记录，也为收藏家和投资者提供了一种可靠的资产所有权验证手段。随着区块链技术的成熟，我们可以预见，它将成为数字艺术品交易的主流平台，从而推动整个艺术市场的数字化转型。

2. 去中心化的艺术创作与分享

区块链技术的应用推动了艺术创作与分享的去中心化。艺术家可以通过区块链支持的平台，直接与全球观众和收藏者建立联系，无须依赖传统艺术市场的中介机构。这种去中心化的模式不仅赋予了艺术家更大的创作自由，也为他们提供了更多的经济收益机会。此外，它还有助于提高艺术市场的透明度，减少中间环节，从而促进艺术市场的公平竞争。

3. 智能合约与艺术作品的自动化交易

智能合约是区块链技术中的一项关键创新，它将使艺术作品的交易和版权管理实现自动化。它允许在没有第三方干预的情况下自动执行合同条款。在艺术领域，这意味着艺术家可以通过设置智能合约来自动管理作品的版权和版税。例如，当数字艺术品被转售时，智能合约可以自动确保艺术家获得一定比例的版税。这种自动化的交易和版权管理系统不仅简化了艺术作品的交易流程，还为艺术家提供了一种新的权益保护机制。

4. 艺术市场的新机遇与新挑战

随着区块链技术在艺术领域的应用，新的机遇和挑战也随之而来。一方面，艺术家和收藏家可以利用区块链技术来探索新的创作和交易模式，从而开拓更广阔的市场。另一方面，艺术市场也需要适应这种技术变革，包括制定新的法律法规来保护艺术家和消费者的权益，以及开发新的平台和工具来支持区块链艺术经济的发展。展望未来，区块链技术与数字艺术经济的结合将不断深化。可以预见的是，随着技术的进一步发展和市场的进一步成熟，区块链将为艺术创作、交易和版权保护提供更加全面和高效的解决方案。同时，这也将为艺术市场带来新的参与者和商业模式，推动艺术行业的创新发展。

二、新的生产、传播、受众关系与创作

（一）新的生产：新材料与新媒介的创新应用

1. 可持续材料

随着环保意识的提升，艺术家们开始探索使用可持续材料进行创作。例如，利用回收材料、自然纤维、生物可降解材料等来替代传统的塑料、金属等非环保材料。这不仅推动了环保艺术的发展，也让艺术创作与可持续发展理念紧密结合。如 Krill Design 公司推出的世界上第一盏用橘子皮做的 Ohmie 台灯（见图 11-12）。

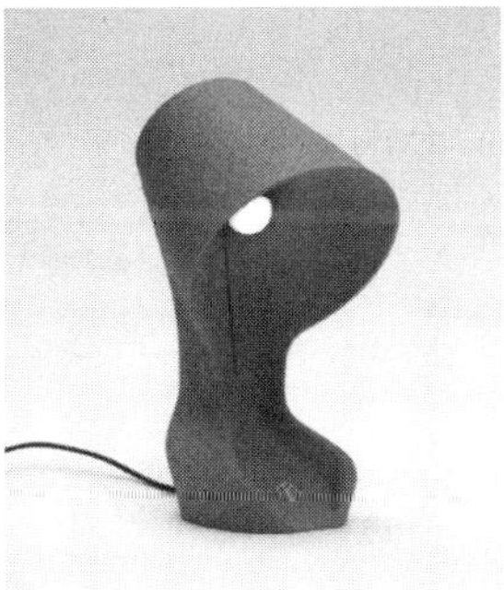

图 11-12 用橘子皮做的 Ohmie 台灯

2. 混合媒介

科技的进步使得艺术家能够在创作中混合使用多种媒介，如声音、影像、光线、机械装置等。混合媒介的使用丰富了艺术作品的表现形式，使其更加多样化和具有表现力。例如，声光互动装置艺术作品通过结合声波、灯光和传感器技术，创造出一种动态的、沉浸式的艺术体验。如梅莫·阿克滕（Memo Akten）的作品《激光森林》（*Laser Forest*）。这个作品由 150 多棵由杆子和激光构成的乐“树”组成，观众可以通过敲击、摇动、拨动和振动树木来触发声音和激光，产生光和声音的振动模式，最终通过环绕音响系统创造出和谐的声音空间效果（见图 11-13）。[①]

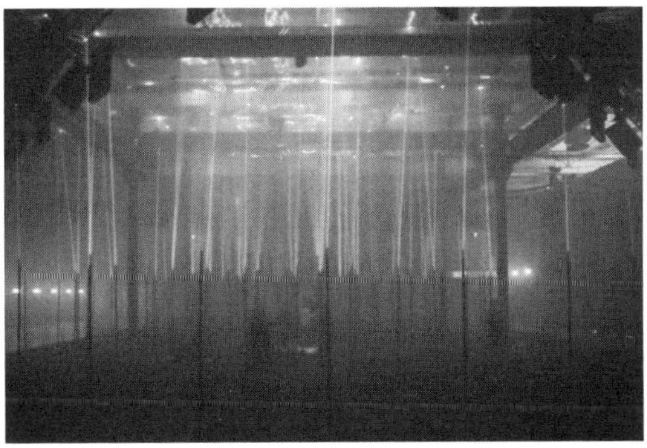

图 11-13 《激光森林》

① 城市光网 . 坠入声光交织的梦幻迷宫！沉浸式视听装置刷新艺术体验［EB/OL］.（2023-11-02）［2024-09-20］. https://www.artlab.org.cn/trendsdetail/bfd37f6d-d0e7-0b19-67e4-da917ebe430c#.

3. 动态与互动

传统艺术作品往往是静态的，而现代科技使得动态与互动成为可能。通过传感器、运动捕捉技术、人工智能等，艺术作品可以与观众的行为互动。这种动态与互动的艺术形式，不仅提高了艺术作品的表现力，也增强了观众的参与度和沉浸感。例如，互动装置艺术能够根据观众的动作和声音即时改变作品的表现形式，使观众成为艺术作品的一部分，从而创造出一种全新的艺术体验。如泰斯·斯特克（Thijs Biersteker）创作的交互式动态装置《塑料反射》（*Plastic Reflectic*），通过运动传感器捕捉观众的移动动作和轮廓，使水中的塑料实时模拟出人的形状（见图 11-14）。

图 11-14 《塑料反射》

（二）新的传播

1. 互联网推动艺术传播与合作

（1）全球化传播：互联网的普及使得艺术作品能够在全球范围内快速传播和分享。艺术家们可以通过社交媒体、网络平台将自己的作品展示给世界各地的观众，打破了地理和文化的限制。这种全球化传播不仅提升了艺术作品的影响力，也促进了跨文化的艺术交流与合作。

（2）网络艺术与虚拟展览：网络技术催生了网络艺术这一新的艺术形

式。艺术家们通过编程、数据处理、交互设计等技术手段，在互联网上创作出具有互动性和动态性的作品。此外，虚拟展览的出现让观众可以通过互联网在世界各地的博物馆和美术馆中“游览”，这种形式在疫情期间尤其受欢迎，展示了艺术传播新的可能性。

（3）在线协作：互联网还促进了艺术创作的在线协作。来自不同国家和地区的艺术家、技术人员、策展人等可以通过网络平台共同参与项目的创作和策划。这种跨地域的协作打破了传统创作的时空限制，使艺术创作变得更加多元和包容。前文提到过的亚伦·科布林与其合作伙伴川岛高（Takashi Kawashima）的作品《一万美分》（*Ten Thousand Cents*）就是一个合作完成的艺术作品。他们通过亚马逊（Amazon）旗下的 Mechanical Turk 网站雇用了一万名艺术家，请他们各自独立制作一张百元美元的极小一部分，然后再用计算机拼接成百元美元版画（见图 11-15）。①

图 11-15 《一万美分》

2. 信息传播的多样化与即时性

（1）全球信息共享：新媒体打破了地域和时间的限制，使信息能够在全球范围内即时传播。这为个人、企业和组织提供了前所未有的机会去分享他们的观点、产品和服务。社交媒体平台如 Twitter、Facebook、

① BBC News 中文 . 数字游戏：艺术家用大数据兴风作浪［EB/OL］.（2019-04-25）［2024-09-20］. https://www.bbc.com/ukchina/simp/vert-cul-48052126.

Instagram 等，使用户能够即时发布和传播信息，形成了一个全球互联的信息网络。

（2）用户生产内容的崛起：新媒体为用户生产内容（UGC）提供了广阔的平台。每个人都可以通过博客、视频、播客等形式发表自己的观点和作品，成为信息的生产者。这种去中心化的信息传播方式，赋予了普通人表达和影响的力量，使得信息传播更加民主化。

（三）新的受众关系

1. 商业模式的创新

（1）数字营销的广阔前景：新媒体的兴起改变了传统的广告和营销模式，数字营销成为主流。通过精准的用户数据分析，企业能够更有效地定位目标客户，并通过社交媒体、搜索引擎优化（SEO）、内容营销等方式，与客户建立更紧密的关系。这种基于数据驱动的营销策略，不仅提升了广告的效果，也大大降低了成本。

（2）电商与社交媒体的融合：新媒体为电子商务的发展提供了新的机遇。社交电商通过将社交互动与在线购物结合，使购物体验更加个性化和具有互动性。例如，直播带货成为一种流行的购物方式，消费者可以在直播过程中与主播互动，实时了解产品信息并下单购买。这种模式不仅提高了销售转化率，还提升了品牌的忠诚度。

（3）订阅经济的兴起：新媒体推动了订阅经济的发展，尤其是在内容创作领域。越来越多的内容创作者通过付费订阅模式向用户提供独家内容，如付费新闻、在线课程、播客等。这种模式为内容创作者提供了稳定的收入来源，也鼓励了优质内容的生产。

2. 社会参与和公共舆论的塑造

（1）公众参与度的提升：新媒体提供了一个开放的平台，让公众能够更容易地参与社会事务。通过社交媒体，普通民众可以表达意见、发起讨论，甚至组织社会运动。例如，#MeToo 运动就是通过社交媒体迅速传播并引发全球关注的。新媒体的互动性和即时性，使得公众能够更直接地影响公共政策和推动社会变革。

（2）舆论引导与危机管理：政府和企业可以利用新媒体迅速回应公众关切，管理危机。通过及时发布信息和与公众互动，政府和企业能够更好地引导舆论，减少负面影响。与此同时，新媒体也使政府和企业的透明度提高，公众对信息的真实性和及时性有了更高的期望。

3. 观众参与和互动体验的深化

（1）互动装置和参与式艺术：新媒体艺术的一个显著特征是观众的参与和互动。未来，随着技术的进步，互动装置艺术将变得更加复杂和智能化，观众的行为和反馈将更深层次地影响艺术作品的表现形式。参与式艺术将突破传统的观赏模式，观众将成为艺术创作的一部分，通过与作品的互动，共同创造出动态的、不断变化的艺术体验。

（2）个性化艺术体验：未来，新媒体艺术将更加注重个性化体验。通过大数据分析和人工智能技术，艺术家可以根据观众的个人喜好、情感状态和互动行为，定制化地创作出独特的艺术作品。每位观众都将能够获得专属于自己的艺术体验，这种个性化的艺术互动将增强艺术作品的感染力和亲和力。

（3）沉浸式体验的多元化：除了 VR 和 AR 技术，未来的新媒体艺术将整合更多的感官技术，如触觉反馈、气味传播和声音定位等，创造出更加多元化的沉浸式体验。这些技术将使观众全方位地参与艺术作品，打破视觉和听觉的局限，带来更加丰富的感官享受。

（四）新的创作：跨学科合作与艺术形式的多样化

（1）跨学科创作的兴起：新媒体艺术的未来将越来越依赖跨学科的合作。艺术家、科学家、工程师和设计师将共同参与艺术创作，将不同领域的知识和技术融入艺术作品中。例如，生物艺术、数据艺术和物联网艺术等新兴领域，都是跨学科合作的成果。未来，这种跨学科的融合将催生出更多创新的艺术形式和表达方式。

（2）多样化的艺术形式：随着技术的发展，新媒体艺术的形式将变得更加多样化。除了传统的视觉艺术和音频艺术，未来的艺术作品可能包括虚拟角色、游戏艺术、实时生成的动态影像、基于传感器的数据驱动艺术等。这些新形式不仅提升了艺术的表现力，还将吸引不同领域的受众，扩大新媒体艺术的受众范围。

第三节　新媒体艺术未来面临的新挑战

有机遇就有挑战。新媒体艺术未来面临的新挑战将是全方位、多领域的，对技术根源、文化层面、社会接受、人力资源以及知识产权等方面，都有切实的巨大冲击。

一、技术进步与艺术创作的平衡

（一）技术依赖与创意局限

新媒体艺术的核心在于技术与艺术的融合，然而，过度依赖技术可能会导致创意的局限。当艺术创作过于依赖现有的技术工具时，艺术家可能会陷入技术的框架之中，限制了创作的自由和多样性。未来，如何在技术进步与艺术创意之间保持平衡，将是新媒体艺术面临的重要挑战。

（二）技术更新带来的持续学习压力

随着技术的快速迭代、科技的快速发展，新媒体艺术面临需要不断更新技术的压力，这也对艺术家提出了持续学习和创新的要求。新媒体艺术的跨学科特性要求艺术家不仅要有艺术创作的能力，还需要掌握技术知识。

因此，艺术家需要保持对新技术的关注并持续学习，才能在创作中保持竞争力。这种持续学习的压力可能会对一些艺术家造成负担，特别是那些对技术不够熟悉或无法及时跟上技术发展的艺术家。

同时，艺术教育和培训也需要适应这种变革，以培养能够在这一领域内有效工作的、兼具创新精神和实践能力的人才。未来，如何为艺术家提供更多的技术培训和支持，将是应对这一挑战的关键。

（三）数字化时代的版权与知识产权问题

1. 作品的复制与传播

在数字化时代，新媒体艺术作品可以轻松地被复制和传播，这带来了严重的版权和知识产权问题。艺术家如何保护自己的创作不被未经授权地复制和使用，成为一个亟待解决的问题。未来，随着新媒体艺术的进一步发展，如何通过技术手段和法律法规来保护艺术家的知识产权，将是一个重要挑战。

2. 区块链技术的应用

虽然区块链技术被认为可以解决部分版权问题，例如通过 NFT 来验证艺术作品的唯一性，但这一技术尚未普及且存在争议。未来，区块链技术能否真正为新媒体艺术的版权保护提供有效的解决方案，还需要时间和实践的检验。

（四）伦理问题与社会责任

1. 隐私问题与数据滥用

新媒体艺术往往涉及对观众的数据收集和分析，例如互动装置艺术或个性化艺术体验。随着数据收集技术的进步，如何保护观众的隐私、防止数据被滥用，将是新媒体艺术面临的一个重大伦理挑战。艺术家和平台需要明确界定数据的使用范围，并确保透明和安全的操作流程，以维护观众的权益。

2. AI 创作的伦理争议

随着 AI 在艺术创作中的应用日益广泛，AI 生成的艺术作品引发了诸多伦理争议。例如，AI 创作的作品是否应被视为艺术？AI 创作是否会削弱人类艺术家的地位？这些问题将随着技术的进步变得越来越复杂，如何在 AI 创作的同时维护艺术的核心价值，将是未来需要探讨的重要议题。

二、技术进步带来的使用挑战

除了这些在艺术创作方面的挑战，新媒体还在具体的使用上带来了挑战。新媒体带来的高速传播以及数字技术带来的高度的数字化水平，也在一定程度上为用户的使用和文化的交流制造了隐患。

（一）信息过滤和数字算法加剧信息茧房

社交媒体平台使用算法来定制用户的信息流，这些算法根据用户的兴趣和行为推送内容。这种个性化推送可能会导致信息的“过滤泡沫”，即用户只会看到与他们已有观点一致的信息。这意味着用户可能会陷入信息的闭环，难以接触不同文化和观点，从而导致文化偏见和认知封闭。

（二）在一定程度上具有文化冲突和争议风险

新媒体是易于言论发表与传播的平台，同时也为文化冲突提供了更广泛的舞台。在网络的“隐身”效应下，新媒体平台提供了发布匿名言论的机会，这使得发表具有煽动性和冒犯性的言论更加容易。社交媒体上的这些观点和争论可能会引发文化冲突，甚至引发激烈的争议。这种情况可能会加剧不同文化群体之间的紧张关系，尤其是在涉及政治、宗教或社会问题时。

（三）数字鸿沟的扩大

虽然新媒体为信息传播提供了新的渠道，但某些欠发达地区与发达地区的数字鸿沟可能会扩大。许多欠发达地区的民众可能仍然难以访问互联网和新媒体，这意味着这些人可能错失了与其他文化互动和相互了解的机会。高速发展的数字时代可能会导致地区间的文化不平等问题，也可能会进一步加剧文化霸权现象。

我们不否认，在借助新媒体进行传播的过程中存在着多元文化发展的隐患，但我们依旧应该对新媒体的发展持有乐观的态度。艺术与技术说白了都只是传播文化的手段，其根本的目的还是发自人类。只要我们能够秉持着尊重其他多元文化的意愿来使用新媒体，就能最大限度地规避这些可能会在新媒体使用上出现的问题。

PBL 案例分析和学习——AI 技术的伦理困境和现实威胁

我们在第二章“新媒体艺术发展简史”中已经详细介绍了 2022 年美国一个男子用 AI 作画工具 Midjourney 生成并微调而完成的画作《太空歌剧院》匿名参赛并获得第一名的案例，科技媒体 TechCrunch 评价未经审查的“AI 画师”为“Deepfakes for all”（全能的深度伪造），这实际上已经在提醒我们 AI 中的很多软件及其功能会给我们的生活和艺术创作带来困惑，甚至是误解。

如今，更可怕的现象正在逐渐滋生。例如，“AI 脱衣”技术已形成一条黑色产业链。上游不法分子通过 AI 技术生成图片，并对这些图片进行整合，打包成图集，通过成套售卖的方式出售给下游买家，有的人为此建立起“付费会员群”，使一些无辜人士，甚至未成年人陷入“黄谣”旋涡。“AI 脱衣”应用因为伦理问题，目前在美国已被下架，但类似的“AI 脱衣”技术仍然存在。它不需要使用者掌握复杂的算法知识，只需要按照其提示，就能完成给照片“换脸”“脱衣”等操作。这一技术还有详细的精细化设置，能像美颜相机一样调整图片的各项参数。技术是中立的，只要给它喂了足够多的人体构造图，它就能在之后输入图片时，通过识别面部、身体等特征来重绘全图，生成一张“脱衣照”。

AI 技术的应用需要在法律和伦理的框架内进行。例如，中国已经发布了《关于规范和加强人工智能司法应用的意见》，强调在司法领域应用 AI 技术时需要遵循的伦理原则和安全要求。① 此外，欧盟也在积极推动人工智

① 最高人民法院 . 最高人民法院发布《关于规范和加强人工智能司法应用的意见》［EB/OL］.（2022-12-10）［2024-09-20］. https://enipc.court.gov.cn/zh-cn/news/view-2131.html.

能伦理立法，发布了《可信赖人工智能的伦理准则》，提出了实现可信赖人工智能全生命周期的框架。①

那么根据以上材料，请同学们思考：

（1）除了法律，我们还可以在什么方面防范 AI 带来的负面影响？

（2）在 AI 技术日益普及的今天，我们如何保护自己的隐私不被侵犯？

（3）当技术的发展与道德伦理发生冲突时，我们应该如何选择？是否有可能找到一个双赢的解决方案？

课堂或课后思考

（1）新媒体艺术如何改变艺术家与观众之间的互动和参与？请探讨这种新关系对艺术创作和接受的影响。

（2）区块链技术如何改变数字艺术的所有权和交易方式？请思考 NFT 对艺术市场的影响及其潜在的问题。

（3）AI 创作的艺术作品是否能够代表和尊重不同的文化背景和价值观？

（4）AI 是否能够触及艺术表达的深层次，如情感、讽刺和社会评论等？

（5）在未来，艺术家与 AI 的合作可能会变得更加普遍，这种合作模式如何影响艺术创作的过程和结果？

① 新华网．"信息茧房"、隐私外泄，如何应对人工智能带来的伦理风险？［EB/OL］．（2023-01-19）［2024-09-20］.http://www.xinhuanet.com/tech/20230119/849d98a850da4e6eba5a1d364f90adc3/c.html.

参考文献

[1] CURRAN J，HESMONDHALGH D. Media and society [M]. 6th ed. London：Bloomsbury Publishing，2019.

[2] 延森. 媒介融合：网络传播、大众传播和人际传播的三重维度 [M]. 刘君，译. 上海：复旦大学出版社，2012.

[3] 夏瓦. 文化与社会的媒介化 [M]. 刘君，李鑫，漆俊邑，译. 上海：复旦大学出版社，2018.

[4] COULDRY N. Media，society，world：social theory and digital media practice [M]. Cambridge：Polity Press，2012.

[5] MCLUHAN M，FIORE Q. The Medium is the massage：an inventory of effects [M]. Toronto：Bantam Books，1967.

[6] BRIGGS A，BURKE P. A social history of the media：from Gutenberg to the Internet [M]. Malden，MA：Polity Press，2005.

[7] MCLUHAN M. Understanding media：the extensions of man [M]. New York：McGraw-Hill，1964.

[8] NEUMAN R. Media，technology，and society：theories of media evolution [M]. Ann Arbor：University of Michigan Press，2010.

[9] SCOLARI C. On the evolution of media：understanding media

change［M］. London：Routledge，2023.

［10］DIXON S. Digital performance：a history of new media in theater，dance，performance art，and installation［M］. Massachusetts：MIT Press，2007.

［11］RUSH M. New media in art［M］. London：Thames & Hudson，2005.

［12］黄楚新 . 嬗变与重构：中国 IPTV 发展现状与走向［M］. 北京：中国传媒大学出版社，2008.

［13］钱珏 . "网剧"：网络与戏剧的联合［J］. 广东艺术，1999（1）：41-43.

［14］NAPOLI P M. Audience evolution：new technologies and the transformation of media audience［M］. New York：Columbia University Press，2013.

［15］王爽 . 影视 IP 热的传播学解读［J］. 视听界，2016（1）：42-44.

［16］冯霞玲 . HBO 的成功对我国影视剧频道的启示［J］. 新闻世界，2009（6）：98-99.

［17］尤达 . 简约美学与共振传播：韩剧《鱿鱼游戏》的传播力提升策略研究［J］. 传媒观察，2022（1）：44-51.

［18］张超 . 算法驱动下的内容深耕：Netflix 内容运营创新研究［J］. 电视研究，2022（5）：25-28.

［19］王志荣 . 中国网络剧发展成因与特性探析［J］. 兰州交通大学学报，2013，32（2）：120-122.

［20］郝雯婧，王雪梅，安静 . "剧"说网络小说（IP）：改编剧对外传播研究［M］. 成都：西南交通大学出版社，2017.

［21］陈旭光 . "电影工业美学"与"中层理论"的观念及方法论："电影工业美学"的理论资源与方法论阐述之一［J］. 民族艺术研究，2020，33（5）：6-14.

［22］COHEN P. Subcultural and working-class community［M］// HALL S. Culture，media and language. London：Hutchinson，1980：48-63.

［23］马中红，陈霖 . 无法忽视的另一种力量：新媒介与青年亚文化研究［M］. 北京：清华大学出版社，2015.

［24］列维 - 斯特劳斯 . 野性的思维［M］. 李幼蒸，译 . 北京：商务印书馆，1987.

［25］郭婷婷 . 青年亚文化视角下的网络剧研究［D］. 保定：河北大学，2021.

［26］张君成，李婧璇 . 国剧“出海”新格局已基本形成［N］. 新闻出版广电报，2022-11-16（5）.

［27］盖琪 . 网络综艺当前价值症候探析［J］. 中国电视，2017（6）：19-22.

［28］颜梅 . 从家长制到消费者制：网络视频原创节目的媒介生产机制［J］. 国际新闻界，2013，35（5）：112-119.

［29］冷凇，张丽平 . 网络综艺节目的创新发展、营销传播与价值解析［J］. 电影评介，2017（17）：80-82.

［30］鲍楠 . 网络综艺发展报告［M］// 国家广播电视总局网络视听节目管理司，国家广播电视总局发展研究中心 . 中国视听新媒体发展报告（2018）. 北京：中国广播影视出版社，2018.

［31］周嘉鸿 . 网络综艺《奇葩说》的狂欢式解读［J］. 视听，2019（9）：66-67.

［32］曲盛妍 .“小叙事”的“大传播”：网络短视频研究［D］. 长春：吉林大学，2019.

［33］鲍楠 . 短视频内容的主要类别与特征简析［J］. 中国广播电视学刊，2019（11）：25-26，32.

［34］郭沛沛 . 对短视频内容、形式及意义的再思考［J］. 北京社会科学，2022（8）：119-128.

［35］田智辉，解益坤．融媒体时代短视频的传播特色与创新［J］．青年记者，2019（15）：84-85.

［36］贾陈瑾．后现代视域下新媒体短视频的美学特征［J］．新闻世界，2016（5）：67-69.

［37］孙旭丹．MCN 模式下短视频专业化发展路径［J］．青年记者，2019（21）：59-60.

［38］邓子薇．移动互联网时代下短视频 MCN 模式研究［D］．成都：西南交通大学，2018.

［39］胡沈明，马婉莹．短视频 MCN 运作模式与存在问题探究［J］．现代视听，2018（7）：12-17.

［40］石冠哲．9 夜：戏剧与工程——1966 年的一次先锋展览［EB/OL］．［2024-09-01］. https://www.cafamuseum.org/exhibit/newsdetail/2416.

［41］张守信．短视频的本土化传播实践与创新图景［J］．中国编辑，2020（5）：80-85.

［42］范玉吉．新规能否治好短视频领域乱象?［J］．新闻战线，2019（11）：40-43.

［43］张润时．网络短视频的行政规制研究［D］．武汉：华中科技大学，2020.

［44］尹安学．基于产业链的网络短视频规制研究［D］．广州：广州大学，2020.

［45］金韶．5G 时代的短视频传播场景和平台运营策略［J］．新闻战线，2020（8）：101-102.

［46］陶秀天．5G 时代短视频传播策略研究［D］．杭州：浙江大学，2020.

［47］李都．从短视频到中视频传播的发展趋势探析［J］．青年记者，2021（23）：72-74..

［48］孙浩睿，王雪梅．“短视频 +”的内容价值与发展路径［J］．青

年记者，2020（18）：88-89.

［49］黄楚新．我国移动短视频发展现状及趋势［J］．人民论坛·学术前沿，2022（5）：91-101.

［50］张朝霞．新媒体舞蹈创意实践的类型学分析［J］．北京舞蹈学院学报，2012（2）：12-15.

［51］刘金龙．爆火的微短剧如何实现高质量发展［N］．文艺报，2023-12-22（6）.

［52］张瑶．试论数字化时代舞台美术的叙事功能：以中文版音乐剧《安娜·卡列尼娜》为例［J］．演艺科技，2022（4）：67-71.

［53］布鲁克．空的空间［M］．邢历，等译．北京：中国戏剧出版社，1988.

［54］熊辉．声音的回响：中国网络音频发展简史［J］．互联网经济，2017（7）：92-99.

［55］张馨元．“耳朵经济”的发展特征与样态探索［J］．新闻世界，2024（2）：20-22.

［56］刘诗琦．媒介环境学视角下网络微短剧研究：以快手App为例［D］．南宁：南宁师范大学，2022.

［57］屈定琴．智能推荐算法下微短剧内容生产优化策略［J］．视听理论与实践，2024（3）：71-76.

［58］王欣．网络微短剧受众互动行为影响因素研究［D］．杭州：浙江传媒学院，2024.

［59］朱自强，张树武．文化创意产业概念及形态辨析［J］．东北师大学报（哲学社会科学版），2012（1）：117-121.

［60］坎宁安．从文化产业到创意产业：理论、产业和政策的涵义［M］// 林拓，李惠斌，薛晓源．世界文化产业发展前沿报告（2003—2004）．北京：社会科学文献出版社，2004：134-147.

［61］厉无畏．创意产业导论［M］．上海：学林出版社，2006.

［62］哈特利 . 创意产业读本［M］. 曹书乐，包建女，李慧，译 . 北京：清华大学出版社，2007.

［63］霍克海默，阿道尔诺 . 文化工业：作为大众欺骗的启蒙［M］// 霍克海默，阿道尔诺 . 启蒙辩证法：哲学断片 . 渠敬东，曹卫东，译 . 上海：上海人民出版社，2020：121-172.

［64］韩英，付晓青 . 文化产业概论［M］. 福建：福建人民出版社，2012.

［65］邓静 . 从文化工业到文化产业：概念溯源［C］// 中国教育发展战略学会教育教学创新专业委员会 . 2020 全国教育教学创新与发展高端论坛会议论文集：卷 1. 中国教育发展战略学会教育教学创新专业委员会，2020：161-162.

［66］郭万超，马萱 . 全球视野下的中国文化产业价值链［J］. 人民论坛·学术前沿，2015（13）：82-90.

［67］联合国教科文组织统计研究所，联合国教科文组织文化处 . 1994—2003 年特定文化产品和服务的国际流通：国际文化贸易流通的定义和数据获取［M］// 李平，张晓明，尹昌龙 . 国际文化产业发展报告：第 1 卷（2007）. 北京：社会科学文献出版社，2007：1-102.

［68］余霖 . 文化产业、创意产业和文化创意产业概念辨析［J］. 厦门理工学院学报，2013，21（3）：73-77.

［69］董庆佳 . 文化产业诸概念再辨正［J］. 中华文化论坛，2015（7）：87-89.

［70］章建刚 . 文化产业，抑或创意产业？——概念与政策趋向的差异［J］. 学术探索，2009（5）：27-29.

［71］常凌翀 . 文化产业的概念与分类［J］. 新闻爱好者，2013（12）：30-34.

［72］赵继敏 . 文化产业与创意产业的概念探讨［J］. 对外经贸，2011（12）：62-64.

［73］朱自强．论文化产业理论的几个重要概念［J］．中国海洋大学学报（社会科学版），2016（3）：61-65.

［74］罗兵，温思美．文化产业与创意产业概念的外延与内涵比较研究［J］．甘肃社会科学，2006（5）：117-120.

［75］张振鹏．文化创意产业的中国特性和中国道路［J］．经济问题探索，2011（11）：37-41.

［76］韩骏伟．文化产业概论［M］．3 版．广州：中山大学出版社，2023.

［77］金元浦．从文化产业到数字内容产业［J］．今日中国论坛，2005（12）：32-35.

［78］孙振涛．动画性：一种历史建构［J］．人文杂志，2009（6）：99-106.

［79］张惠临．二十世纪中国动画艺术史［M］．西安：陕西人民美术出版社，2002.

［80］王岩松．真人动画电影“全年龄向”的本体论分析［J］．当代电影，2019（12）：151-154.

［81］徐旸．真人动画电影的发展分析［J］．美术大观，2013（11）：145.

［82］郭锦龙，左娜．当代美国真人动画电影的审美特征分析［J］．电影文学，2016（24）：99-101.

［83］孙烨，高红岩．迪士尼真人动画电影的 IP 衍生与跨媒介运营模式［J］．当代电影，2022（2）：64-72.

［84］张鹤炀．技术·用户·文本·未来：对电视剧短视频传播的四重分析［J］．当代电视，2021（8）：94-98.

［85］弗罗东．电影的不纯性：电影和电子游戏［J］．杨添天，译．世界电影，2005（6）：169-173.

［86］杜梁．影游融合：从联动到共生［M］．上海：上海社会科学院

出版社，2022.

［87］王官．互动电影、电影游戏与互动式电影游戏：基于观众（用户）叙事参与度的一种考察［J］．电影新作，2021（2）：152-156.

［88］张成．银幕与屏幕：互动电影的两种起源［J］．电影评介，2022（22）：71-77.

［89］闫世刚．数字内容产业国际发展模式比较及借鉴［J］．技术经济与管理研究，2011（1）：104-107.

［90］董毅敏，吴素平．我国数字内容产业发展趋势、挑战与建议：基于 2019 至 2023 年数据观察［J］．中国出版，2024（5）：34-40.

［91］范以锦，郑昌茂．信度·丰度·力度：数字内容生产的新维度建构［J］．新闻与写作，2023（12）：88-100.

［92］余钧．国内外数字内容研究热点、演化及其趋势［J］．长安大学学报（社会科学版），2022，24（2）：57-68.

［93］潘敏，凌惠，于朝阳．国内外 BBS 论坛发展及管理比较研究［J］．思想理论教育导刊，2007（7）：68-72.

［94］许文骏．论“拟真人 CG 动画电影”的困境和误区［J］．徐州师范大学学报（哲学社会科学版），2011，37（2）：51-54，112.

［95］ZHU J Q，CHEN A Q，YANG X A. Investigating the influence of online novel creation on plot-based short video：a study based on TikTok examples［J］. Communications in humanities research，2024（34）：190-195.

［96］向成龙．剧情类短视频的现状、不足与改进策略［J］．新媒体研究，2020，6（6）：83-85.

［97］尤达．短视频剧情化与网络剧迷你化：网络微短剧精品化发展的迷思与探索［J］．中国电视，2022（3）：75-82.

［98］王希．多元文化主义的起源、实践与局限性［J］．美国研究，2000（2）：44-80.

[99] 于海峰. 多元文化主义的局限性：理论、主张及实践[J]. 理论界，2023（8）：75-82.

[100] 张文瑜. 学术术语翻译面面观：以“Mass Culture”和“Popular Culture”为例[J]. 语言与翻译，2018（1）：62-66.

[101] 陶瑞，刘宝瑞. 沉浸式戏剧及其中国本土化实践探微[J]. 戏剧文学，2023（2）：110-113.

[102] 孙惠柱.“戏剧”与“环境”如何结合？——兼论“浸没式戏剧”的问题[J]. 艺术评论，2018（12）：43-49.

[103] 孟登迎.“亚文化”概念形成史浅析[J]. 外国文学，2008（6）：93-102，125

[104] 孙晓晨. 量子艺术：一个亟待研究的领域[N]. 中国社会科学报，2020-11-03（A04）.

图书在版编目（CIP）数据

新媒体艺术概论 / 马纶鹏著. -- 北京：中国国际广播出版社，2025. 8. -- ISBN 978-7-5078-5846-4

Ⅰ. J-39

中国国家版本馆CIP数据核字第20258YE370号

新媒体艺术概论

著　　者　马纶鹏
责任编辑　尹春雪
校　　对　张　娜
版式设计　邢秀娟
封面设计　赵冰波

出版发行　中国国际广播出版社有限公司［010-89508207（传真）］
社　　址　北京市丰台区榴乡路88号石榴中心1号楼2001
　　　　　邮编：100079
印　　刷　天津市新科印刷有限公司

开　　本　710×1000　1/16
字　　数　310千字
印　　张　21.5
版　　次　2025 年 8 月　北京第一版
印　　次　2025 年 8 月　第一次印刷
定　　价　58.00 元

版权所有　盗版必究